CB127530

CLASSES E GRUPOS SUBALTERNOS EM ANTONIO GRAMSCI

MIRELE HASHIMOTO SIQUEIRA

mórula
EDITORIAL

Copyright © Mirele Hashimoto Siqueira.
Todos os direitos desta edição reservados
à MV Serviços e Editora Ltda.

CONSELHO EDITORIAL
Ana Lole, Eduardo Granja Coutinho, José Paulo Netto,
Lia Rocha, Manoel Ricardo de Lima, Márcia Leite,
Mauro Iasi e Virgínia Fontes

REVISÃO
Marilia Pereira

IMAGEM (CAPA)
"Procissão dos trabalhadores no 1° de maio",
litografia de Vladimir Lebedev. In: *Russian Placards, 1917-1922*, Petesburgo, 1923.

CIP-BRASIL. CATALOGAÇÃO NA PUBLICAÇÃO
SINDICATO NACIONAL DOS EDITORES DE LIVROS, RJ
Elaborado por Gabriela Faray Ferreira Lopes — CRB 7/6643

S631c

Siqueira, Mirele Hashimoto
Classes e grupos subalternos em Antonio Gramsci / Mirele Hashimoto Siqueira. – 1. ed. – Rio de Janeiro: Mórula, 2024.
352 p. ; 21 cm.

Inclui bibliografia.
ISBN 978-65-6128-044-0

1. Gramsci, Antonio, 1891-1937 – Visão política e social. 2. Classes sociais. 3. Sociologia política. I. Título.

24-93010 CDD: 320.01
CDU: 321.01

Rua Teotônio Regadas 26 sala 103
20021_360 _ Lapa _ Rio de Janeiro _ RJ
www.morula.com.br _ contato@morula.com.br
morulaeditorial morula_editorial

SUMÁRIO

PREFÁCIO
PRECISÃO ANALÍTICA NECESSÁRIA PARA OS ESTUDOS GRAMSCIANOS NO BRASIL

GIANNI FRESU
Tradução: Ivete Simionatto

A PUBLICAÇÃO DESTE LIVRO, oriundo da tese de doutorado de Mirele Hashimoto Siqueira, intitulada "Classes e grupos subalternos em Antonio Gramsci", é mais uma prova do alto nível alcançado pelos estudos de Gramsci no Brasil, certamente um dos laboratórios mais ativos e estimulantes em âmbito internacional no panorama da pesquisa em torno do pensamento do intelectual sardo.

Fazendo parte da comissão de qualificação e defesa de seu doutorado, tive a sorte de acompanhar de perto a gestação deste trabalho, desde o primeiro rascunho da tese que deu origem a este importante ensaio, apreciando imediatamente o rigor da bibliografia adotada sobre as categorias de Gramsci acerca dos grupos subalternos, premissa fundamental para poder então focar no objetivo da pesquisa aqui apresentada.

Além de fornecer uma revisão bastante detalhada da literatura sobre o assunto, a perspectiva filológica adotada pela autora demonstra precisamente como o universo categorial dos subalternos não pode ser extraído e arbitrariamente descontextualizado da concepção mais ampla de Gramsci sobre a luta pela emancipação.

Como sabemos, nas últimas décadas as notas sobre a Questão Meridional e a investigação do tema grupos subalternos têm atraído grande atenção no contexto dos chamados estudos pós-coloniais e estudos subalternos[1]. Entre as muitas declinações internacionais do pensamento de Gramsci, essas categorias são sistematicamente utilizadas para reler os acontecimentos da história colonial e a relação Ocidente / Oriente à luz de um binômio categórico, dominação / hegemonia, em virtude do qual qualquer relação de poder é sempre configurada como uma relação complexa entre força e direção, coerção e consenso, política e ética[2].

---

1 Em agosto de 2011, no Brasil, na UNESP de Marília, foi realizada uma grande conferência internacional sobre esses temas. Os anais da conferência foram publicados recentemente no volume "Gramsci, periferia e subalternidade" (São Paulo: Edusp, 2017).

2 Entre os trabalhos recentes que tentaram aprofundar essas questões, destacamos o interessante *"Nazione e Mezzogiorno"*, de Giacomo Tarascio, que trata das contradições no sul da península antes, durante e depois do *Risorgimento*, traçando as origens da "questão meridional" em seus processos de modernização passiva. Ao descrever, tanto o intrincado entrelaçamento das tramas hegemônicas e de dominação no interior das classes dirigentes quanto a dinâmica insurgente dos grupos subalternos do Sul, Giacomo Tarascio faz uso extensivo e efetivo de categorias gramscianas e suas traduções conceituais na linha de pesquisa dos *Postcolonial studies* Em nossa opinião, esse é um trabalho muito útil, impulsionado pela necessidade de renovar os estudos sobre a questão meridional, sobre os quais são enxertadas algumas chaves de interpretação que também são úteis para a leitura dos processos de subjugação colonial e modernização passiva em outras partes do mundo. Nesse sentido, "o encontro com o pós-colonialismo" foi determinado a partir de um "discurso sobre o Sul global", conectando os estudos tradicionais do Sul com os grandes temas relacionados à questão colonial. Isso teria favorecido um novo desenvolvimento da análise do Sul, graças ao qual foi possível enfrentar novamente, e de forma menos estática, a história de seus grupos subalternos, catalogada açodadamente a partir de interpretações unívocas e unilaterais. Mesmo considerando tais avanços, no entanto, Tarascio também aponta algumas críticas, "devido a um uso impreciso do aparato analítico da história do colonialismo, em que a história do Sul está inserida em perspectivas às vezes enganosas". Nesse discurso, inevitavelmente, queremos redimensionar a questão da continuidade das relações vividas antes e após a Unificação, juntamente com a estreita convergência entre "a crise estrutural do

A partir dessas linhas de pesquisa, desenvolveu-se um novo enfoque na análise dos confrontos da dialética entre a parte subalterna e a parte hegemônica do mundo (Esercizi di potere, 2006), que, ao potencializar as reflexões de Gramsci, atribuiu à cultura um papel decisivo na definição das estruturas de dominação e na construção de blocos histórico-sociais (Said, 1991). Partindo desse pressuposto e da definição do conceito de subalterno, Gramsci aparece constantemente presente nos estudos pós-coloniais, mesmo que às vezes de forma aproximada ou até incoerente, pela transferência de suas categorias, da dimensão histórica e territorial da Itália àquela planetária na relação entre o Norte e o Sul do mundo[3].

A importância da dimensão espacial das relações de dominação e hegemonia, ou seja, a caracterização geográfica ou territorial do conceito de subalternidade, já está presente em Gramsci na definição do terreno comum entre as massas camponesas do Sul e o proletariado do Norte. De acordo com algumas interpretações oriundas desse campo de estudos, no entanto, em decorrência das profundas transformações globais de exploração, o conceito de subalternidade teria sofrido uma reviravolta tal que sancionaria a fuga dos cânones conceituais do "marxismo"[4] das lutas pela emancipação dos povos oprimidos pela dominação colonial (Spivak, 2004).

Reino das Duas Sicílias e o papel das classes dominantes". Valorizando a lição de Gramsci, Tarascio assinala que os traços do colonialismo devem ser buscados nos processos de construção do novo Estado a partir de uma coalizão de interesses entre as classes dominantes do Norte e do Sul, assentadas no protecionismo e no acordo mútuo sobre os quais o novo bloco histórico unitário foi estruturado. (Ver em: TARASCIO, G. *Nazione e Mezzogiorno*. Roma: Ediesse, 2020, p. 17-47).

3 A esse respeito, é de particular interesse a Conferência Internacional "Gramsci na Ásia e na África", realizada na Universidade de Cagliari nos dias 12 e 13 de fevereiro de 2009, cujos anais foram editados por Annamaria Baldussi e Patrizia Manduchi a partir do volume do mesmo nome publicado pela Editora AIPSA.

4 Ver em: CURTI, L.; CHAMBERS, I. *La questione postcoloniale*. Napoli: Liguori, 1997.

Como apontou Buttigieg na Conferência Internacional realizada em Turim em dezembro de 1997, tal uso excessivamente casual das categorias gramscianas deve-se ao fato de que:

> [...] em um número surpreendentemente grande de casos, aqueles que consideraram o termo subalterno útil e o utilizaram em suas obras não estão diretamente familiarizados com os escritos de Gramsci sobre esse assunto; tomaram-no de segunda mão – na maioria dos casos, graças ao ensaio de Gayatri Spivak - Can the Subaltern Speak?, bem conhecido e frequentemente incluído em antologias, e/ou graças ao trabalho do Grupo de Estudos Subalternos do Sul da Ásia, ou mais recentemente do Grupo de Estudos Subalternos da América Latina (Buttigieg, 1999, p. 194).

Segundo Buttigieg, aliás, esses intérpretes, além de nunca terem realizado nenhum estudo sistemático do conceito de subalterno antes de adotá-lo, utilizaram Gramsci para desenvolver suas próprias linhas de pesquisa e elaboração teórica, nas quais o autor dos *Cadernos* foi interpretado a partir das teorias desconstrucionistas de Derrida e Foucault, ou utilizaram-no para "formular uma política de oposição afastando-se do conceito de classe – conceito que, segundo a obra de Ernesto Laclau e Chantal Mouffe, é sempre considerado essencialista e, portanto, insustentável" (Buttigieg, 1999, p. 194). Por fim, as concepções de Gramsci em torno do tema da subalternidade têm sido utilizadas na análise dos fenômenos culturais e sociopolíticos em uma chave pós-moderna e pós-marxista, que desconsidera totalmente o quadro analítico e político em que Gramsci elaborou suas categorias. O conceito de subalterno de Gramsci, contudo, não pode ser descontextualizado de suas reflexões "sobre hegemonia, sociedade civil, transformismo, revolução passiva e a função dos partidos políticos". Gramsci, para Buttigieg, não pode ser objeto de uma "leitura seletiva e parcial" e usado para conceber "a luta dos subalternos contra a hegemonia dos grupos dominantes como um embate cultural puro travado no terreno racional da historiografia e de outras ciências humanísticas, ou mesmo na arena dos meios de comunicação de massa" (Buttigieg, 1999, p. 197). O conceito de subalterno em Gramsci, de fato, assume uma função analítica e política sem precedentes, precisamente graças à sua maneira de conceber o marxismo como uma concepção integral e autossuficiente do mundo, de interpretação e transformação da realidade, na qual se delineia a relação unitária e inseparável entre teoria e práxis. O conjunto desses problemas, repleto de relações circulares e reciprocidade dialética entre estruturas e superestruturas, esclarece por que, nos *Cadernos*, Gramsci a certa altura começa a usar a expressão "filosofia da práxis", com a qual Antonio Labriola tentou sintetizar a dupla superação operada pelo marxismo tanto em relação ao idealismo quanto ao velho materialismo naturalista:

> E assim chegamos novamente à filosofia da práxis, que é a medula do materialismo histórico. Esta é a filosofia imanente nas coisas sobre as quais se filosofa. Da vida para o pensamento, e não do pensamento para a vida; eis o processo realista. Do trabalho, que é um saber operando, ao saber como uma teoria abstrata: e não disso para aquilo. Das necessidades e, portanto, das várias camadas internas de bem-estar e mal-estar, decorrentes da satisfação ou insatisfação das necessidades, à criação mítico-poética das forças ocultas da natureza: e não vice-versa. Nesses pensamentos está o segredo de uma afirmação de Marx, que tem sido um enigma para muitos, em que ele teria colocado a dialética de Hegel de cabeça para baixo: o que significa, em prosa corrente, que a autodifusão rítmica de um pensamento estático a priori (a *generatio aequivocada* de ideias) é substituída pelo movimento autopropulsado das coisas, do qual o pensamento é, em última análise, um produto. Finalmente, o materialismo histórico, ou seja, a filosofia da práxis, na medida em que considera o homem enquanto totalidade histórica e social, bem como põe fim a toda forma de idealismo, que considera as coisas empiricamente existentes como reflexo, reprodução, imitação, exemplo, consequência ou o que quer que seja, de um

> pensamento, seja como for entendido, assim é também o fim do materialismo naturalista, no sentido da palavra até alguns anos atrás (Labriola, 1973, p. 702-703).

Como oportunamente apontou Massimo Modonesi em uma de suas publicações mais recentes, o lugar e a função do conceito de subalternidade na elaboração teórica do intelectual da Sardenha só podem ser plenamente compreendidos colocando essa categoria analítica em uma relação orgânica com as de autonomia e hegemonia.

> Gramsci, de fato, não é um teórico da subalternidade, mas, ao contrário, da superação da condição subalterna, a construção histórica de um sujeito social e político subordinado, ou seja, autônomo e, portanto, dotado de poderes e capaz de contestar e exercer hegemonia. (...) Em um nível teórico e lógico, a noção de subalterno torna-se a condição para pensar e desenvolver os conceitos de autonomia e hegemonia (Modonesi, 2024, p. 47).

Comentando as notas do *Caderno 3*, Liguori escreve que com a expressão "classes subalternas" o líder comunista forneceu um quadro extremamente articulado e diversificado das classes qualificadas como não-hegemônicas:

> [...] desde o proletariado industrial, uma classe capaz de lançar o desafio hegemônico e estabelecer o objetivo de tomar o poder, até as classes sociais mais marginais, periféricas e espontâneas. Referir-se indistintamente, sem especificação, às classes subalternas aumenta, portanto, o risco de uma verdadeira incompreensão do objeto do discurso de Gramsci. (...) Aqui "as classes subalternas não se opõem às 'classes dominantes', mas às 'classes dirigentes'. As classes que permanecem no nível da sociedade civil permanecem subordinadas. Aquelas que são incapazes de desenvolver sua própria proposta de Estado, de organização geral da sociedade, não podem lançar-se ao desafio hegemônico (Liguori, 2024, p. 237-238).

Tendo claro o caráter orgânico das questões aqui relatadas, o livro de Mirele apresenta uma pesquisa cuidadosa e ricamente articulada, que nos leva a enfrentar o problema dos subalternos com rigor metodológico, convidando-nos a seguir o ritmo do pensamento de Gramsci e mostrando-nos como o intelectual sardo foi aperfeiçoando, progressivamente, sua concepção nas diferentes fases de elaboração dos textos do tipo A, B e C dos *Cadernos*. Como a autora corretamente aponta, a definição complexa desse conjunto de categorias não pode ser limitada aos *Cadernos* 3 ou 25; envolve não apenas o estudo aprofundado dos *Cadernos* 10, 11, 12, 19 e, ainda, o 22 – no qual Gramsci descreve a essência da sociedade meridional a partir de um dado estrutural: a sobrevivência nela de classes geradas pela riqueza e pela complexidade da história passada, que deixaram uma estratificação parasitária de sedimentação passiva que vive explorando de forma desumana a miséria camponesa.

A concepção de emancipação humana de Gramsci coloca em discussão não apenas a estrutura de classes da sociedade, mas a relação entre governantes e governados como tais. A ideia de "reforma intelectual e moral", na verdade, não é apenas a abolição das contradições sociais que impedem a efetiva igualdade entre os homens, mas a subversão da hierarquia que divide a humanidade em dirigentes e dirigidos, opondo o trabalho intelectual ao trabalho manual. Essa fratura não tem nada de natural para Gramsci, mas é o resultado de um longo processo de divisão e especialização do trabalho funcional a certas relações sociais de propriedade. No *Caderno 22*, Gramsci explica como, no curso da história, o homem é moldado de acordo com as necessidades de produção, a ponto de se tornar, na produção industrial moderna, uma mercadoria, um fator de produção passivo, um apêndice da máquina.

Isso atinge seu auge na organização taylorista, que visa a transformar o homem em um "gorila amestrado", eliminando qualquer forma de participação ativa e criativa do trabalhador no processo de produção. Segundo Gramsci, entretanto, não obstante a alienação do trabalho transformar o produtor em escravo do produto, essa operação não consegue criar uma "segunda natureza humana". A natureza humana é intelectual para Gramsci, pois cada indivíduo contribui para fortalecer ou questionar certas visões de mundo, independentemente da natureza de seu trabalho.

Como este livro aponta precisamente, essa questão está no cerne de toda a estrutura dos escritos prisionais, e ainda intimamente ligada aos temas da hegemonia e da função dos intelectuais. O problema imanente à questão dos grupos subalternos, segundo Gramsci, é que esses acabam sendo veículos de visões episódicas e fragmentadas do mundo (incapazes, portanto, de elevação filosófica e de unidade política) devido a uma série de fatores: a hegemonia cultural das classes dominantes; a sobrevivência de concepções arcaicas e supersticiosas na cultura popular; o condicionamento do ambiente social em que nascemos, o que nos obriga ao conformismo social e cultural.

O problema é, portanto, libertar os "simples" dessas direções contrastantes que impedem a subjetividade autônoma, a independência e a autossuficiência das massas populares. Por isso, Gramsci recorre à ideia soreliana do "espírito de cisão", ou seja, um processo de autodeterminação material e espiritual dos subalternos, capaz de levá-los à elaboração de sua própria visão crítica e coerente do mundo, emancipada dos condicionamentos e interdições das classes dominantes. No pensamento de Gramsci, a questão dos intelectuais assume uma centralidade absoluta na relação político-pedagógica, por meio da qual o Estado (sociedade política + sociedade civil) educa o consenso, difundindo uma determinada visão de mundo que cria uma consciência coletiva homogênea.

Apresentar o conhecimento, a filosofia e a política como assuntos muito complicados e inacessíveis aos simples tem, segundo Gramsci, uma função operacional bem definida: propor a necessidade imperiosa de uma casta encarregada de gerir as funções intelectuais, em todas as suas dimensões, capaz de tornar intransponível a fronteira entre o trabalho manual e o intelectual e, portanto, a condição de subordinação das massas populares. Por todas essas razões, Gramsci elabora a ideia do intelectual orgânico, explica e pensa na produção como um novo *locus* da soberania política.

Assim, para Gramsci, o "Príncipe Moderno" (o partido político dos trabalhadores) não deve ser um órgão fora da classe, dirigido por especialistas políticos (por intelectuais puros, talvez de origem burguesa). O partido deve fazer parte da classe, não apenas representá-la, mas ser composto e liderado por seus membros.

A conquista de uma consciência crítica que transforme grupos subalternos em sujeitos históricos autoconscientes só é possível, para Gramsci, através da subversão dos "velhos esquemas naturalistas" da arte política no interior das próprias organizações do movimento operário, com o completo abandono de uma forma dualista de entender a relação entre a direção política e as massas, que as considera matéria-prima nas mãos de grupos dirigentes que devem se limitar a executar militarmente as intuições intelectuais dos líderes. Toda a biografia intelectual e política de Gramsci nasceu e permanece intimamente ligada a um problema histórico: tirar dos ombros dos "simples" o peso insuportável da subalternidade política, intimamente ligada à exploração e consequência da dominação do homem sobre o homem.

Nesse sentido, o livro aqui apresentado destaca a importância de David Lazzaretti na abordagem do problema da história dos grupos subalternos na perspectiva da história integral. Segundo Gramsci, de fato, a figura de Lazzaretti é fundamental, pois a mesma forma de aniquilação usada contra ele marcou a posição das classes dominantes e do próprio Partido Socialista Italiano (PSI) em relação à questão meridional e, dentro dela, da relação entre os grandes, intermediários e pequenos intelectuais e os grupos sociais amorfos que caracterizam a desintegração social no Sul. No *Caderno 25*, certamente um dos mais estudados e utilizados internacionalmente para investigar a questão colonial e pensar a descolonização, Gramsci concentra sua atenção na figura de David Lazzaretti[5], a seu modo paradigmática tanto pelo que representava em si mesma, bem como pelas formas de deslegitimação a que se recorria para anular sua função histórica e inerte, sua herança rebelde, evitando de toda forma qualquer estudo analítico sério a ela dedicado. Mais do que investigar seu papel político, a principal preocupação dos comentaristas em torno de seus eventos era relegar o "Cristo de Amiata" à dimensão da loucura, recorrendo aos paradigmas teratológicos em voga na antropologia criminal da época.

> Em vez de estudar as origens de um evento coletivo, o protagonista ficou isolado e limitado a fazer sua biografia patológica, muitas vezes partindo de razões que não foram apuradas ou interpretadas de maneira diferente: para uma elite social, os elementos subordinados sempre têm algo de bárbaro e patológico (Gramsci, op. cit., Q. 25, § I, p. 2279).

Citando em particular uma obra biográfica de Giacomo Barzellotti, Gramsci argumenta que tal abordagem, voltada a "formar a opinião pública italiana sobre Lazzaretti", constituiu "uma manifestação de patriotismo literário (por amor ao país! – como se costuma dizer), levando à tentativa de esconder as causas do mal-estar geral que existia na Itália depois dos anos 1870". A explosão desse mal-estar foi traduzida como "episódios individuais, explicações restritivas, individuais, folclóricas, patológicas etc. A mesma coisa [conclui significativamente o autor dos Cadernos] aconteceu de forma mais geral para o banditismo no Sul e nas ilhas" (Gramsci, op. cit., Q. 25, § I, p. 2279-2280).

---

5 Davide Lazzaretti (1834-1878) pregador (inspirador da corrente religiosa jurídica) e agitador socialista ligado às demandas de emancipação das massas rurais na Toscana na segunda metade do século XIX.

Com relação a todas as questões que aqui relembramos brevemente, e outras sobre as quais não podemos nos alongar para não tornar este prefácio excessivamente longo, o livro de Mirele Hashimoto Siqueira fornece um quadro interpretativo de extraordinária riqueza e precisão analítica que é extremamente importante para o desenvolvimento dos estudos gramscianos no Brasil e, de forma mais geral, para o aprofundamento com maior consciência filosófica e, ao mesmo tempo, política, das grandes questões teóricas que ainda animam o debate em torno do autor italiano mais estudado e traduzido no mundo junto a dois monstros sagrados da cultura italiana como Dante Alighieri e Nicolau Maquiavel.

Cagliari, 29 de julho de 2024.

REFERÊNCIAS

BUTTIGIEG, J. I subalterni nel pensiero di Gramsci. In: BURGIO, A.; SANTUCCI, A. A. *Gramsci e la rivoluzione in Occidente, (a cura di)*. Roma: Editori Riuniti, 1999. p. 194.

ESERCIZI DI POTERE. *Gramsci, Said, e il postcoloniale*. A cura di Iain Chambers. Roma: Universale Meltemi, 2006.

GRAMSCI, A. *Quaderni del carcere*, op. cit., Q. 25, § I, p. 2279.

LABRIOLA, A. Discorrendo di socialismo e di filosofia. In: LABRIOLA, A. *Scritti filosofici e politici*. Torino: Einaudi, 1973. p. 702-703.

LIGUORI, G. *Nuovi sentieri gramsciani, Bordeaux*. Roma: Edizioni, 2024. p. 237-238.

MODONESI, M. *Gramsci e il soggetto politico*. Subalternità, autonomia, hegemonia. Roma: Bordeaux Edizioni, 2024. p. 47.

SAID, E. W. *Cultura e imperialismo*. Roma: Gamberetti Editrice, 1998/ Orientalismo. Torino: Bollati e Boringhieri, 1991.

SPIVAK, G. C. *Critica della ragione postcoloniale:* verso una storia del presente in dissolvenza. Roma: Meltemi, 2004.

INTRODUÇÃO

É POPULARMENTE CONHECIDO o texto de Juan Carlos Portantiero[1], de 1977, intitulado "Los usos de Gramsci". Embora transcorridas algumas décadas dessa publicação, a advertência sinalizada pelo estudioso do pensamento de Gramsci vale ser recordada, visto que uma certa tendência ainda parece rondar as produções de inspiração gramsciana, isso é: a tentativa de estabelecer uma verdade absoluta sobre o pensamento de Gramsci, que deve servir unicamente para confirmar uma determinada teoria que o autor quer provar.

Abrir o presente livro recordando dessa sinalização não é ocasional. Afinal, os usos e abusos relacionados ao emprego das categorias gramscianas de classes e grupos subalternos saltam aos olhos dos leitores atentos à obra de A. Gramsci. Isso porque, como já demonstrado por diversos estudiosos, como Joseph Buttigieg[2], Guido Liguori[3],

---

1 Ver "*Los usos de Gramsci*", de Juan Carlos Portantiero, em "*Cuadernos de Pasado y Presente*", nº 54, de 1977.

2 Ver "*Sulla categoria gramsciana di 'subalterno'*", em "*Gramsci da um secolo all'altro*", organizado por Giorgio Baratta e Guido Liguori, de 1999.

3 Ver "*Subalterno e subalterni nei 'Quaderni del Carcere'*", em "*Internacional Gramsci Journal*", nº 2, v. 1, de 2016.

Peter Thomas[4], "classes e grupos subalternos" estão entre uma das expressões do léxico gramsciano mais incluídas e utilizadas nos vários meios: acadêmicos, científicos e, mesmo, políticos. Ocorre, porém, que essa frequente menção não é, muitas vezes, acompanhada pelo devido rigor teórico-metodológico com que Gramsci procurou desenvolvê-las no cárcere.

Não por acaso, é possível encontrar discussões sobre a subalternidade e, mais exatamente, a respeito das classes e grupos subalternos em que o pensamento de Gramsci é totalmente ausente: a apropriação destes conceitos acontece frequentemente por fontes de segunda mão, cujo famoso livro "Pode o subalterno falar?", de Gayatri Spivak, e os trabalhos do coletivo indiano *Subaltern Studies*[5], são as vulgatas mais ilustrativas, resultando em produções em que o nome de Gramsci é muito citado, mas muito pouco lido na fonte viva de seu pensamento (Buttigieg, 1999).

Além dessa apropriação indireta, os conceitos de classes e grupos subalternos aparecem, não sem frequência, identificados como sinônimos de classes baixas, pobres, inferiores, enfim, desprovidas das condições necessárias para a manutenção da subsistência. Esta equiparação, como veremos, além de não expressar a riqueza conceitual e o sentido com que Gramsci a abordou nos *Cadernos* implica em pressupor que classes e grupos subalternos são conceitos autoexplicativos, como se seu significado já estivesse dado *a priori* e cujos termos se explicassem pela capacidade *sui generis* de que são portadores.

Somando-se a esse caleidoscópio de interpretações, há ainda aqueles que afirmam as classes e grupos subalternos serem um

---

4 Ver "*Caso rimane dei subalterni ala luce dello 'Stato integrale'"?*, em "*Internacional Gramsci Journal*", nº 4, v. 1, de 2015.

5 Os "*Subaltern Studies*" correspondem a um coletivo de pesquisadores sul-asiáticos (indianos), vinculados à Universidade de Sussex, fundado em 1982. Foi liderado inicialmente pela figura de Ranajit Guha e responsável pela popularização e difusão do conceito de "subalterno" a partir de Gramsci (Buttigieg, 1999).

código para proletariado: suposto recurso utilizado por Gramsci para burlar a censura do cárcere. Marcus Green[6] é, certamente, um grande combatente desta perspectiva: demonstra filologicamente que ao lado de "classes e grupos subalternos", Gramsci também emprega a expressão "proletariado" em diversas passagens quando a ele pretende fazer referência. Por isso, tomá-los como equivalentes significa desconsiderar que Gramsci teorizou sobre a subalternidade.

Esses são alguns dos exemplos que registram os usos e abusos do pensamento gramsciano, que para evitar os reducionismos, simplificações e, mesmo, manipulações, exige o retorno aos escritos originais. Partindo dessas considerações e do nebuloso estado em que ainda se encontram os conceitos de classes e grupos subalternos, visto seus diversos usos e apropriações, propomos neste livro percorrer diretamente a obra de Gramsci, em particular, os *Cadernos do Cárcere*, buscando compreender como esse tema encontra-se desenvolvido. Mais exatamente, a finalidade consiste em investigar como a categoria classes e grupos subalternos está conceituada nos *Cadernos do Cárcere*, de Antonio Gramsci, tendo como referência os *Cadernos 3* e *25*.

Mas, por que chamar a atenção para a especificidade desses *Cadernos*? Porque são nestes que Gramsci alicerça substantivamente a temática: no *Caderno 3*, as "classes subalternas" são mencionadas pela primeira vez, passando a fazer parte do léxico gramsciano do cárcere e sendo empregada em diferentes passagens dos *Cadernos miscelâneos* e *especiais*. Destarte, o *Caderno 25* é dedicado monograficamente ao estudo do tema, de maneira que Gramsci o intitula de "Às margens da história (História dos grupos sociais subalternos)". Nele, grande parte das reflexões iniciadas no *Caderno 3* são retomadas, sofrendo modificações, acréscimos e reelaborações. Por esse motivo, tendo em vista a proximidade e o contato que Gramsci os coloca,

---

6 Conferir "*Rethinking the subaltern and the question of censorship in Gramsci's Prison Notebooks*", em "*Postcolonial Studies*", nº 4, v. 14, de 2011.

orienta-se as reflexões presentes neste livro a partir das seguintes indagações: Considerando especialmente as mudanças ocorridas entre os *Cadernos 3* e "25", como a categoria classes e grupos subalternos está conceituada nos *Cadernos do Cárcere*, de Antonio Gramsci? A partir desses *Cadernos*, qual é a relação que Gramsci estabelece com outros conceitos e *Cadernos*?

Compartilha-se do pressuposto de que, além dos *Cadernos 3* e *25* fundamentarem o conceito de classes e grupos subalternos, a compreensão dessa categoria não pode ocorrer de modo isolado em relação ao conjunto das reflexões e da totalidade do pensamento gramsciano. Afinal, para entender como, de que maneira e porque Gramsci se põe a desenvolver uma reflexão sobre as classes e grupos subalternos, é preciso contextualizá-las no conjunto geral dos *Cadernos do Cárcere* e buscar sua vinculação com o grande projeto revolucionário que, na realidade, ele representa.

Dito de outra forma, é preciso compreender como os conceitos de classes e grupos subalternos são desenvolvidos de modo *stricto sensu* por parte de Gramsci, mas sem perder de vista as mediações *lato sensu* que vai estabelecendo em conexão com o contexto geral da obra carcerária. Dessa ótica, entendemos os *Cadernos* como expressão de um conjunto totalmente orgânico, em que as categorias gramscianas só podem ser explicadas em sua inter-relação: cabe, portanto, saber quais categorias ou temas e *Cadernos* contribuem para explicar, complementar e justificar a reflexão gramsciana sobre as classes e grupos subalternos.

Em especial, destaca-se no presente livro a relação das classes e grupos subalternos com os conceitos de filosofia da práxis, intelectuais, Estado, hegemonia e revolução passiva, desenvolvidos tematicamente por Gramsci nos *Cadernos 10*, *11*, *12*, *13*, *19* e *22*. Certamente, esses *Cadernos*, ainda que sejam dedicados ao aprofundamento das respectivas temáticas a que estão vinculados, trazem um elenco de conceitos outros que vão se entrelaçando na trama dos *Cadernos*. No entanto, seleciona-se as categorias acima listadas, porque entende-se que elas caracterizam e situam a temática das classes e grupos subalternos no contexto geral da obra de Gramsci, permitindo dialogar com o conjunto dos *Cadernos* e seu fio condutor, isso é, com a perspectiva revolucionária!

Afinal, Gramsci desenvolve uma original leitura sobre as classes e grupos subalternos tendo como horizonte a perspectiva emancipatória. Sendo um atento observador de sua realidade, a cultura local ou nacional da Sardenha moldou seu modo de ser e pensar. Mas, temperando-a com as vivências de Turim e com as duas importantíssimas instituições que entra em contato, a Universidade e a fábrica, Gramsci faz dela uma cultura tendencialmente internacional. Não por acaso, a Revolução na Rússia e a guerra mundial são os eventos catalisadores que registram a permanência da cultura local e o forte meridionalismo de Gramsci, mas agora sob o vetor das forças internacionais (Bianchi, 2019).

Nessa direção, Gramsci universaliza-se. Na medida em que é um incansável militante na busca por respostas para sua própria terra, indica as tarefas essenciais para a libertação do povo italiano, mas também para os povos em geral: o progresso intelectual e moral de massa, a crítica às ideologias dominantes, a construção de uma vontade coletiva operante; todos esses elementos fazem de Gramsci, internacional! Seja ao povo italiano, seja aos povos em geral, a emancipação das classes subalternas é a conquista histórica que se realiza com a construção de uma nova hegemonia e de um novo Estado.

Com isso, baliza-se uma pesquisa teórico-bibliográfica sobre as classes e grupos subalternos, cuja principal fonte de pesquisa são os *Cadernos do Cárcere*. Optando pela conjugação da edição crítica organizada por Valentino Gerratana e publicada pela Einaudi e da segunda edição brasileira organizada por Carlos Nelson Coutinho e publicada pela Editora Civilização Brasileira, entende-se que essa forma de organização permite acessar a totalidade das notas carcerárias, isso é, desde aquelas elaboradas em primeira até a segunda versão e, por conseguinte, acompanhar o desenvolvimento do tema das classes e grupos subalternos no pensamento de Gramsci.

Para situar o leitor no vasto conjunto dos *Cadernos*, empregamos ao longo deste livro algumas referências simbólicas: quando citamos a edição crítica dos *Cadernos* organizada por Gerratana, incluímos uma referência ao número do *Caderno*, do parágrafo e da página cuja redação está localizada. Estes elementos estão identificados no texto pelos respectivos símbolos: "*Q*", "*§*" e "p.". Quando citamos a edição brasileira organizada por Coutinho, os mesmos elementos são destacados, mas por meio dos emblemas "*CC*", "*§*" e "p.", além do indicativo do número do volume[7] ("v."). Nos casos em que os parágrafos ou notas estão presentes, tanto na edição crítica italiana quanto na edição brasileira, ambos são referenciados conforme suas simbologias atribuídas.

A intencionalidade da proposta é oportunizar ao leitor brasileiro o acompanhamento do ritmo da escrita de Gramsci no cárcere. Afinal, a filologia configura-se no estudo da língua por intermédio dos textos escritos, observando-se neles as relações intertextuais, o contexto histórico, o período em que a obra foi produzida etc. Esse tipo de estudo fornece, certamente, um salto na apropriação das ideias e dos textos gramscianos, uma vez que torna possível uma melhor compreensão dos conceitos, contribuindo para mobilizar e conceituar as categorias desenvolvidas por Gramsci no cárcere (Silva, 2020).

---

7 A edição brasileira dos *Cadernos do Cárcere* de por Carlos Nelson Coutinho está organizada tematicamente através de seis (06) volumes. São eles: Volume 1 — Introdução ao estudo da filosofia. A filosofia de Benedetto Croce, publicada em 1999, contemplando os *Cadernos 10* e *11*; b) Volume 2 — Os intelectuais, o princípio educativo. Jornalismo, publicada nos anos 2000, reunindo os *Cadernos 12, 24* e *28*; c) Volume 3 — Maquiavel. Notas sobre o Estado e a política, de 2000, com os *Cadernos especiais* de número *13* e *18*; d) Volume 4 — Temas de cultura. Ação Católica. Americanismo e Fordismo, publicada em 2001, contendo os *Cadernos 16, 20, 22* e *26*; e) Volume 5 — O "*Risorgimento*". Notas sobre a história da Itália, de 2002, contendo os *Cadernos 19* e *25*; f) Volume 6 — Literatura. Folclore. Gramática. Apêndices. Variantes e índices, publicada em 2002, contendo os *Cadernos 21, 23, 27* e *29*.

Não obstante, deve-se lembrar que todo texto político, como só pode ser o texto de Gramsci, é precisamente político! Por isso, além de entender como a categoria classes e grupos subalternos está desenvolvida nos *Cadernos do Cárcere*, acompanhando o ritmo da escrita e a progressão das ideias, é necessário advertir para uma determinada mensagem que Gramsci quer comunicar: como romper com a ordem social burguesa instituída e emancipar as classes e grupos subalternos. esse é o fundamento que baliza toda a escrita de Gramsci, desde os escritos juvenis até a redação no cárcere fascista.

Por esse motivo, chama-se a atenção para a relação entre filologia e política na leitura dos textos gramscianos, ou seja, para a importância de compreender como nascem, se desenvolvem e se articulam as categorias gramscianas, mas também para a validade teórico-prática dos conceitos que podem, sem dúvida, auxiliar no entendimento e na transformação da realidade. Eis que o uso político de Gramsci pode fornecer importantes chaves analíticas para compreender o seu e o nosso tempo: a categoria de tradutibilidade de que fala o marxista sardo deve inspirar para pensar as suas ideias no contexto de um mundo novo, quer dizer, "[...] de se manter fiel a um autor e ao mesmo tempo traduzi-lo e atualizá-lo" (De Mari, 2023, p. 84).

O estudo dos conceitos de classes e grupos subalternos proposto no presente livro segue esta inspiração: de aprofundá-lo a partir de seu desenvolvimento na escrita gramsciana no cárcere, mas em conexão com a riqueza teórico-prática que eles representam, isso é, de emancipação! Afinal, iluminar as reflexões de Gramsci a respeito dessas categorias exige rigor científico para acompanhar a dinâmica e o método de trabalho gramsciano no cárcere e, ao mesmo tempo, compromisso ético-político para afirmar a luta revolucionária a ser travada pelos que estão às margens da história.

Espera-se, com isso, contribuir para o aprofundamento do estudo dos *Cadernos do Cárcere* e, especialmente, para os conceitos de classes e grupos subalternos: conferindo visibilidade aos diversos momentos e passagens com que Gramsci os emprega, procura-se destacar os sentidos atribuídos a estas categorias a partir da fonte viva de seu pensamento, adensando, assim, o uso direto de Gramsci em alternativa às fontes secundárias, estas, importantes, porém, por vezes, modificadoras do próprio pensamento.

A temática em questão também traz uma contribuição indispensável para o Serviço Social e áreas afins, visto que além de esclarecer o desenvolvimento dos conceitos na obra de Gramsci, o velho desafio de formar sujeitos coletivos, como observado pelo marxista sardo, organizando a vontade coletiva e a reforma intelectual e moral, ainda é o desafio recente dos nossos tempos, isso é: a ruptura com a dominação de hoje é também a ruptura com a subalternidade de ontem. Mas, Gramsci nos ensina que ela prescinde da unificação das classes e grupos subalternos: é um original marxista do século XX que destaca a importância da formação das subjetividades para a práxis revolucionária, sem deixar de ser marxista!

Afinal, a consciência e a subjetividade representam uma dimensão fundamental para a ação política. Isso porque se não é a consciência que determina o ser social, é por meio dela que os homens podem apropriar-se das contradições inerentes à sociedade burguesa e questionar os determinantes que neutralizam suas aspirações e disciplinam seu comportamento. Gramsci valoriza um marxismo que é antideterminista e antimecanicista, por isso, a dimensão subjetiva não é entendida nem como uma ideia pré-determinada que dirige misteriosamente a história, nem como derivada diretamente da estrutura objetiva, como se a cada estrutura correspondesse uma determinada superestrutura. Para ele, é na práxis política que ela se desenvolve, adquirindo formas mais ou menos conscientes (Semeraro, 1999).

Concorda-se com Semeraro quando afirma que "[...] o desenvolvimento dos elementos da subjetividade é a contribuição mais significativa de Gramsci ao marxismo contemporâneo [...] *uma concepção na qual os homens são sujeitos reais da história e não instrumentos passivos de determinações materiais ou espirituais*" (Semeraro, 1999, p. 73, grifo nosso). Aliás, é quando as classes e grupos subalternos tornam-se conscientes e ativos na história, críticos das concepções de mundo existentes, que podem pôr-se a construir e desenvolver um projeto alternativo de sociedade: Gramsci valoriza, sobremaneira, os traços de iniciativas autônomas dos subalternos, evidenciando a existência de um núcleo ativo de resistência.

Essa chave analítica é importantíssima para inspirar a reflexão sobre como as classes e grupos subalternos vêm hoje registrando ou não suas formas de resistência, de organização, de enfrentamento à hegemonia burguesa em um "mundo grande e terrível". Afinal, Gramsci é fonte para recordar da necessidade de unificação e formação de uma vontade coletiva dos subalternos diante dos desafios colocados pelos tempos presentes: a intensa fragmentação da classe trabalhadora, a decapitação de seus direitos historicamente conquistados, a aversão democrática, sobretudo, em um país dominado a séculos pelas elites agrárias, militares e evangélicas, o domínio sob os órgãos que formam a opinião pública e incitam o ódio e a intolerância, o tratamento de polícia no tocante aos movimentos sociais, o mimetismo do Estado etc.

Certamente, com Gramsci essas e outras questões tornam-se mais bem compreendidas, de modo que seu pensamento nos fornece as "armas da crítica" para entender um mundo convulsionado pela miséria humana, pela exponencial concentração de renda, pelas catástrofes "naturais" e depredação do meio ambiente (De Mari, 2023): com Gramsci despertamos, afinal, o ódio aos indiferentes!

Para o Serviço Social brasileiro, as categorias gramscianas também fornecem um importante contributo na medida em que balizam uma apreensão crítica da realidade social, fortalecendo a cultura profissional comprometida com os princípios e valores ético-políticos que espelham a autoimagem da profissão. Isso porque a defesa de um projeto societário alternativo e a construção de uma nova ordem social sem exploração e dominação de classe, gênero e etnia estão no horizonte da profissão, questões essas que encontram no pensamento de Gramsci uma fonte viva de inspiração.

Sobretudo, em um contexto marcado pelo avanço do conservadorismo e pela desqualificação da teoria social crítica, esse cenário abre espaço para reiterar práticas profissionais conservadoras. O pensamento de Gramsci é, assim, antídoto para lembrarmos de nosso compromisso profissional com as classes subalternas. Sem meios termos e neutralidade, o Serviço Social brasileiro é profissão que se vincula e legitima as demandas imediatas, mas também mediatas dos subalternos!

Por isso, na particularidade da temática aqui proposta, também a compreensão da categoria de classes e grupos subalternos contribui para esclarecer quem são os subalternos/as com que estamos cotidianamente em contato em nossa intervenção profissional: aquele/a que não só carece dos meios necessários para a reprodução da subsistência, mas, como nos lembra Gramsci, aquele/a que não consegue ainda tornar-se Estado e, muitas vezes, pensar autonomamente, propor uma concepção de mundo própria, incorporando acriticamente os valores propostos pela classe dominante. Todas essas questões sinalizadas por Gramsci devem ser lembradas não para fortalecer um exercício profissional que culpabilize ou tutele os/as usuários/as das políticas sociais, mas para compreender que mesmo na condição de subalterno/a, existe um potencial para a transformação revolucionária. Afinal, é preciso expandir seus traços de iniciativa autônoma, sua autonomia, suas reivindicações: esse é o verdadeiro compromisso profissional do qual compartilhamos, estabelecendo com as classes subalternas não um lugar de distanciamento, ou mesmo distinção, mas de unificação.

Assim, com o otimismo da vontade de que, sem dúvida, não faltava a Gramsci, organizamos o presente livro em quatro capítulos. No primeiro deles, destaca-se sua relação orgânica com o tema das classes e grupos subalternos: Gramsci advém de uma terra marcada pela marginalização de seu povo e submetida aos interesses da Itália setentrional. Não por acaso, o contato com a subalternidade não é uma questão acadêmica de interesse intelectual, mas é parte de sua vivência enquanto sardo e, portanto, da vinculação prático-social que o tema estabelece com suas experiências pessoais de vida. Mesmo na capital piemontesa e nas vivências em Moscou, Gramsci carregará o meridionalismo como forte traço de sua luta e ação política, amadurecendo-o com as mediações da classe operária do Norte, da Revolução Russa e do fascismo. Por isso, o percurso neste capítulo é o de demonstrar como a experiência orgânica de vida e a militância política do jovem revolucionário não estão dissociadas das reflexões realizadas no cárcere e, especialmente, daquelas que versam sobre as classes e grupos subalternos.

No segundo capítulo, percorre-se as "*Cartas* e *Cadernos do Cárcere*" para demonstrar como os conceitos em questão vão nascendo e se desenvolvendo na escrita gramsciana da prisão. Ainda que o tema das classes e grupos subalternos não seja anunciado por Gramsci como área de interesse a ser aprofundada, entende-se que ao longo das reflexões realizadas nos *Cadernos*, ele foi adquirindo gradativa relevância. Isso porque embora o *Caderno 25* tenha sido redigido tardiamente, apenas em 1934, a referência às classes subalternas constam desde antes, estando presente desde os primeiros *Cadernos*. Percorrendo o ritmo de Gramsci no cárcere é possível acompanhar os usos e as passagens em que os conceitos são empregados, de modo que vários são os verbetes utilizados por Gramsci para se referir ao tema.

No terceiro capítulo, examina-se mais de perto as notas ou parágrafos em que a discussão sobre a temática adquire fôlego no grande conjunto dos *Cadernos*, com destaque para os *Cadernos 3* e *25*. Observa-se que duas rubricas que nascem no *Caderno 3* são estruturantes do *Caderno 25*, isso é: as rubricas, *História das classes subalternas* e *Utopias e romances filosóficos*. A partir delas e de um conjunto de outros parágrafos, Gramsci elabora o Caderno 25, realizando algumas modificações e revisões: procura-se evidenciar, portanto, como os conceitos de classes e grupos subalternos são desenvolvidos de modo stricto sensu por parte de Gramsci.

No quarto capítulo, estabelece-se as mediações para situar as classes e grupos subalternos como categorias orgânicas vinculadas ao contexto geral dos *Cadernos do Cárcere*. Percorrendo os *Cadernos 10, 11, 12, 13, 19* e *22* e as temáticas que neles Gramsci desenvolve monograficamente, ou seja, a filosofia da práxis, os intelectuais, o Estado, a hegemonia e a revolução passiva, procura-se evidenciar como a reflexão sobre as classes e grupos subalternos se vincula a grande proposta dos *Cadernos*: a perspectiva revolucionária, a resistência de Gramsci que, mesmo encarcerado, luta como o revolucionário de que sempre se constituiu. Coloca-se em destaque a relação *lato sensu* que os conceitos de classes e grupos subalternos estão a respeito deste grande "projeto": a indissolubilidade das categorias gramscianas é, afinal, condição para compreender um pensamento que, embora nas condições mais adversas do cárcere, se mostrou totalmente orgânico.

GRAMSCI E OS GRUPOS SUBALTERNOS: A ORGANICIDADE DA VIDA PRÁTICO-SOCIAL E INTELECTUAL

1

QUAL O INTERESSE DE GRAMSCI pelos grupos subalternos? O que leva o sardo a dedicar especial atenção à vida e luta desses grupos? O ponto de partida para responder a essas questões assinala uma anotação que é pressuposto de toda a reflexão gramsciana, ou seja: o tratamento que Gramsci confere às classes e grupos subalternos não advém de um interesse puramente intelectual ou acadêmico.

Isso porque é impossível separar do pensamento de Gramsci a reflexão filosófica e intelectual de sua vida prático-social. Afinal, é o contexto político, social e cultural que o sardo está inserido que o impulsiona a ocupar-se da atividade e vida daqueles que estão às margens da história, tendo em vista contribuir para a superação da condição a que estão submetidos.

Gramsci é um autor que se destaca por ser o primeiro marxista no Ocidente a possuir profundo interesse pela cultura popular. Porém, esse interesse não deriva apenas de uma questão acadêmica que o marxista sardo quer se dedicar, mas transcende esse espaço para estabelecer conexão direta com a vida política que experiencia em carne e osso. Buscando estimular a ação política de massas, Gramsci quer entender quais são os significados e interpretações, expressos na cultura popular, que as classes e grupos subalternos são portadores (Capuzzo, 2009).

Assim, assinalando esta observação, a relação orgânica entre a vida prático-social e intelectual do sardo, o que explica a conversão dos grupos subalternos em exame para a reflexão gramsciana? Mais precisamente, qual é a relação que se estabelece entre Gramsci e as classes subalternas? Qual é o lugar que esta temática ocupa efetivamente na vida do sardo?

Partimos do pressuposto de que sua origem sarda, periférica e colonial está em relação direta com o desenvolvimento da reflexão sobre as classes e grupos subalternos, uma vez que, embora essas expressões não figurem na maior parte dos escritos pré-carcerários, entende-se que foi o contexto em que Gramsci se formou que impulsionou a sua aproximação com a política e o movimento socialista, bem como a intensa indignação que sente frente às injustiças sociais, tão notadamente experienciadas pelas classes subalternas de sua terra. Afinal, também a infância e a adolescência do pequeno Nino na Sardenha, o colocaram diante de uma realidade marcada pela condição de profunda pauperização, derivada, em grande medida, do estabelecimento de uma guerra alfandegária da Itália com a França que penalizou, em particular, sua terra natal (Fresu, 2020).

Esse solo material contribui não apenas para compreender as condições objetivas que formam a biografia humana de Gramsci, mas especialmente para entender a sua formação intelectual (Fresu, 2020), de maneira que a temática dos subalternos não é resultado de uma "célebre" intuição genial do intelectual do cárcere. Ao contrário, sua gênese e desenvolvimento derivam das experiências reais da vida de um jovem sardo que sente e é diretamente impactado pelas escolhas políticas realizadas pelos representantes do Estado italiano de sua época.

> De fato, sua produção [de Gramsci] não é um plano linear, pronto e acabado de um intelectual brilhante; é um trabalho que nasce no campo de batalha, no meio de lutas sociais, a partir da experiência direta de uma condição de miséria e marginalização social. Como já se disse inúmeras vezes, *entre Gramsci e o grupo subalterno se desenvolveu uma relação orgânica de afinidade, não uma mera relação de representação intelectual*, e isso em grande parte se deveu ao pano de fundo social e cultural, ao conhecimento pessoal das injustiças a que eram condenadas as massas de sem-vozes de sua terra (Fresu, 2020, p. 23, grifo nosso).

Por isso, as raízes de Gramsci na Sardenha, a infância em Ghilarza e os estudos em Cagliari são pressupostos para "[...] penetrar no universo intelectual e humano de Antonio Gramsci" (D'Orsi, 2022, p. 59), visto que os vinte anos em que o sardo permaneceu em sua terra natal são determinantes para entender as marcas a que a Sardenha haveria de deixar no jovem recém-chegado em Turim, em 1911.

Nessa perspectiva, afirmamos a necessidade de estruturar o debate sobre as classes subalternas a partir de dois elementos ou direções que contribuem para melhor adensar a temática, evidenciando sua organicidade com a vida prático-social de Gramsci: 1) alguns elementos de biografia e o pequeno "Nino" contra as injustiças sociais; 2) a Sardenha e a "questão meridional". Acreditamos que esse núcleo irradiador torna possível, além de explorar a riqueza dos conceitos em questão formulados por Gramsci, contextualizá-los no conjunto de sua vida prático-social. Afinal, Marx já advertia para o fato de que categorias não são intuições geniais que "brotam" do campo ideal em direção ao real, ao contrário, a sua existência mesma é real: deriva da realidade concreta, material e histórica e, por isso mesmo, traz consigo a exigência de uma atuação prática, quer dizer, está não apenas para auxiliar na interpretação e contemplação do mundo e das coisas, mas para tornar-se vetor de sua transformação, tarefa que nunca foi estranha a um jovem militante que fez, sentiu e respirou política.

O PEQUENO "NINO" CONTRA AS INJUSTIÇAS SOCIAIS

Compreender o personagem "inteiro" — manifesto naquele cérebro que Mussolini pretendia impedir que funcionasse por vinte anos —, nos auxilia a compor um retrato de Gramsci que, ademais de indicar a originalidade de seu pensamento, é capaz de sinalizar os elementos que o impulsionaram a desenvolver uma particular aproximação com as ideias socialistas, desembocando, em um primeiro momento, na militância política junto ao Partido Socialista Italiano (PSI) e, posteriormente, no Partido Comunista da Itália (PCdI). Assim, apresentar os elementos de biografia é fundamental para colocar em destaque os condicionantes que levaram o sardo a se indignar contra as injustiças sociais e a intensa marginalização a que acometia grande parte de seu povo, participando das fileiras de um socialismo e de uma luta social orgânica verdadeiramente comprometida com as classes e grupos subalternos e as suas aspirações revolucionárias.

Nesse sentido, Giuseppe Fiori (1979), na clássica biografia sobre "A vida de Antonio Gramsci", coleta uma série de informações junto a família Gramsci, demonstrando as minúcias da trajetória e da história humana do sardo. Como se sabe, "Nino" é filho de Francesco Gramsci e Giuseppina Marcias, sendo o quarto na geração dos sete filhos do casal[8]. Nascido em 22 de janeiro de 1891, em Ales — na Sardenha —, a cidade, à época, era composta por aproximadamente mil e duzentos habitantes, entre os quais, em sua maioria, constituíam-se de grupos de agricultores, pastores, funcionários da burocracia e artesãos.

Nesse ínterim, é importante situar as origens das famílias Marcias e Gramsci: por parte de mãe, poder-se-ia dizer que a sua família

---

8 "Em 1884, nascia o primeiro filho, Gennaro, ao qual se seguiram outros seis. Três nasceram em Ales — Grazieta, Emma e Antonio — e três em Sorgono — Mario, Teresina e Carlo" (D'Orsi, 2022, p. 26).

não era de origem propriamente humilde, embora também não se configurasse como favorecida (D'Orsi, 2022); por parte de pai, "[...] o senhor Ciccillo [Francesco], completou o secundário; [e] estudava advocacia quando, devido à morte do pai, teve de procurar um emprego. E o pai do senhor Ciccillo [...] era coronel dos carabineiros" (Fiori, 1979).

Em Ales, o pequeno Nino permaneceu por pouco tempo, visto que antes de completar um ano de idade, o pai de Antonio fora transferido de sede: trabalhava como titular do Ofício de Registro em um cartório e se mudou, devido a transferência, para Sorgono com a família. Ali, Nino permaneceria até os sete anos de idade, manifestando os primeiros sinais da doença que o acompanharia para o resto de sua vida: a doença de Pott, uma espécie de tuberculose óssea, que ocasionou o "caroço" nas costas (D'Orsi, 2022).

> Não um acidente, mas uma doença, arruinou para sempre a existência da criança, do jovem, do homem: a espondilite tuberculosa, uma doença gerada pela localização do bacilo de Koch nas vértebras, mais especificamente. Se for atingido, o corpo vertebral apresenta uma falha da coluna e a consequente formação de uma anomalia. Foi e é uma doença que pode ser tratada cirurgicamente, mas abandonada ou tratada inadequadamente, a má formação, com consequências internas para todo o corpo, tornaria-se uma companheira de vida muito desagradável e dolorida para Nino, e ajudando a encurtar sua vida [...] (D'Orsi, 2022, p. 31).

Afora a doença, comumente atribuída a uma suposta "queda" que Antonio havia sofrido por descuido da mulher que auxiliava na gestão domiciliar da família Gramsci, D'Orsi (2022) revela que ela representava, à época, uma marca infame, uma espécie de castigo sobrenatural e que, portanto, para se tornar aceitável, deveria ser associada a culpa humana no lugar da admissão da deficiência biológica: a empregada era, nessa relação, a ré mais frágil.

As dificuldades financeiras e de reprodução da subsistência da família Gramsci passam a ser enfrentadas quando a prisão de Francesco é decretada em 9 de agosto de 1898. Como descrito pelas biografias clássicas, por muito tempo, a questão da prisão de Francesco foi atribuída unicamente às disputas políticas, tendo como pano de fundo as eleições locais, de 1897: a) Francesco Cocco Ortu e b) Enrico Carboni Boy eram os candidatos em disputa na corrida eleitoral de março daquele ano. Na ocasião, Francesco Gramsci havia apoiado Enrico Carboni Boy, candidato que terminou derrotado no pleito eleitoral. Em razão disso, durante uma visita que Francesco realizou a Orzieri, em dezembro de 1897 — para comparecer ao velório de seu irmão, Nicolino, que havia falecido inesperadamente —, a fracção adversária aproveitou para solicitar uma inspeção no cartório em que Francesco trabalhava. Como consequência, foram descobertas algumas irregularidades administrativas (Fiori, 1979).

No entanto, como vem indicando a recente biografia de D'Orsi, intitulada de "Gramsci: uma nova biografia", é possível dizer que a prisão de Francesco não deriva somente de um interesse político, mas também e, inclusive, econômico, haja vista que o pai de Gramsci era um dos poucos a ter garantia de um salário regular, apesar da ausência de prosperidade econômica na Sardenha (D'Orsi, 2022).

Condenado a cinco anos, oito meses e vinte e um dias, a condição familiar ingressou em uma etapa cuja situação de extrema pobreza acometeu os Gramsci: permaneciam sem os rendimentos que eram provenientes do salário de Francesco; o pai encontrava-se preso; Giuseppina — mulher e, agora, responsável pela administração do lar — haveria de carregar o "peso" de sete filhos, tendo de garantir-lhes subsistência e assegurar os custos com os advogados de defesa (Fiori, 1979).

Como isso seria possível? Após a prisão de Francesco, a família mudou-se para Ghilarza, onde tia Grazia assegurava moradia. Para manter-se na nova cidade, além de vender parte da terra herdada dos pais (Fiori, 1979), visto que Giuseppina não se rendeu a solicitar ajuda da sogra e dos cunhados, oferecia pensão para o veterinário e para o tenente dos carabineiros. Ademais, à noite, mesmo que às custas da renúncia ao sono e da extensiva jornada de trabalho, se dedicava a passar camisas em troca de um pequeno pagamento (D'Orsi, 2022).

É com essa expressiva coragem, resistência e tenacidade que *Mamma* Peppina (D'Orsi, 2022) ocupará lugar importante na imaginação do pequeno Nino: como lembrará no cárcere, ela personifica a capacidade de enfrentar um mundo grande e terrível. Afora isso, foi *Mamma* Peppina quem também ajudou Antonio a escrever. A alfabetização, o aprendizado das letras e a leitura foram conhecimentos transmitidos em casa, de modo que o ingresso do sardo no colégio ocorreu tardiamente, próximo aos oito anos de idade, já em Ghilarza, dada a preocupação com a sua condição de saúde e a necessidade de protegê-lo dos fatores externos possivelmente prejudiciais ao seu desenvolvimento.

Por esse motivo, havia uma diferença de idade entre Gramsci e os demais colegas de classe — o que pode justificar o fato de Nino ter sido o melhor da classe (D'Orsi, 2022). Quando da passagem da quarta para a quinta série, em 1902, também uma nova condição instaurará marcas profundas em Antonio: no período de férias, aos onze anos de idade, juntou-se a seu irmão mais velho para trabalhar no Escritório de Impostos de Direitos e de Cadastro de Ghilarza.

Mais tarde, no cárcere, em uma carta de 3 de outubro de 1932 a Tatiana Schucht, sua cunhada, lembrará:

> Há muito tempo me oriento sozinho e já me orientava sozinho desde menino. Comecei a trabalhar quando tinha onze anos, ganhando minhas 9 liras por mês (o que, de resto, significava um quilo de pão por dia) por dez horas de trabalho diário, inclusive domingo de manhã, tratando de carregar livros de registro que pesavam mais do que eu, e em muitas noites chorava escondido porque o corpo todo me doía. Só conheci quase sempre o aspecto mais brutal da vida e consegui dar um jeito, bem ou mal (Gramsci, 2005b, p. 246).

Ademais dessa lembrança, a relação que Gramsci manterá com o pai para o resto de sua vida também se tornará conturbada na medida em que descobre da pior maneira possível sobre sua prisão: por zombaria dos colegas e das demais crianças. Gennaro, o irmão mais velho, era o único a saber do encarceramento, de modo que os demais pensavam que Francesco estava em Gaeta para passar uma estadia junto de sua mãe (D'Orsi, 2022).

Nesse sentido, mesmo com a sua saída da prisão, em 1904, a situação da família não terá uma melhora significativa. Afora a dificuldade de encontrar emprego e os julgamentos que o acometiam, Francesco conseguirá trabalhar na condição de escrivão do Cartório de Registro de Imóveis — mesmo local de trabalho de seu filho, Gennaro —, onde permanecerá para o resto da vida (D'Orsi, 2022).

Ao mesmo passo, Antonio, que, nessa época, havia terminado a primeira fase escolar, obtendo notas altas, teve de abandonar os estudos escolares, pois — ainda em 1903 — as dificuldades financeiras da família impediam a sua permanência no ginásio: ficou afastado por dois anos do sistema escolar, enquanto dedicava-se ao trabalho no Cartório de Registro. Esse período experienciado por Gramsci na Sardenha é, como revela D'Orsi (2022), o mais significativo da vida do sardo: aqui, dois elementos precisam ser destacados.

O primeiro refere-se à resistência de Antonio. Mesmo que impedido de frequentar os estudos escolares institucionais, permaneceu sendo autodidata, estudando sozinho e, uma vez ou outra, recebia aulas particulares de um rapaz que já havia cursado o ginásio, Enzio Cameda. Entre os intervalos do Cartório de Registro, estudava latim, de modo que a dedicação aos estudos o distraía (Fiori, 1979). O segundo elemento diz respeito à descoberta da diferença entre ricos e pobres (D'Orsi, 2022). O abandono dos bancos escolares fez despertar no pequeno Nino um sentimento de revolta: anos depois, em uma carta endereçada a Giulia de 6 de março de 1924, recordará: o "[...] instinto de revolta, que quando criança tinha contra os ricos, porque não podia estudar, eu que tirava 10 em todas as disciplinas da escola elementar, enquanto iam o filho do açougueiro, do farmacêutico, comerciante de tecido [...]" (Gramsci, 1992, p. 271). O fato deriva do profundo conhecimento das injustiças sociais que Gramsci sente e vivencia diretamente a partir da sua realidade concreta: todo restante de sua vida será dedicado ao combate das desigualdades e da relação opressores e oprimidos, legitimando a luta comprometida com a emancipação das classes subalternas.

O retorno aos bancos escolares tornou-se possível somente em 1905, quando foi para o ginásio de Santu Lussurgiu, em Oristano, há dezoito (18) quilômetros de Ghilarza, que dispunha de condições de ensino bastante precárias: somente três professores lecionavam nas cinco séries (Fiori, 1979). Na cidade, Antonio vivia na pensão de uma camponesa, que lhe cobrava cerca de 5 liras por mês em troca de alojamento e refeições frugais. Nas segundas-feiras de manhã, deslocava-se para Santu Lussurgiu, enquanto aos sábados, voltava para Ghilarza[9].

Ao concluir o ginásio em Santu Lussurgiu em 1908, Gramsci muda-se para Cagliari, junto de Gennaro, para cursar o Liceu Dettori. Seu irmão mais velho, que havia recém retornado de Turim em função da prestação de serviço militar, consegue transferência para o Cartório de Registro de Imóveis de Cagliari, mas, ao chegar na nova cidade, logo troca de ocupação: passa a empregar-se na fábrica de gelo Marzullo (D'Orsi, 2022).

---

9 "Em Ghilarza, os sábados, para Antonio, eram sempre uma festa, entre alguma advertência materna e um puxão de orelhas do pai. A mãe o recriminava porque tinha gasto todo os mantimentos da semana em Santulussurgiu. A família ouvia comentários de que Nino vendia parte dos seus mantimentos (espaguete, azeite, queijo, etc.) a pessoas do lugarejo. A mãe ficava indignada. Temia uma piora da saúde do filho, e não se cansava de avisá-lo. Francesco Gramsci o repreendia por causa de alguns folhetos subversivos que via nas mãos do filho. Ficava horrorizado. Os jornais e folhetos vinham de Turim. Gennaro prestava o serviço militar na cidade mais vermelha da Itália, e desde a época em que trabalhava no cadastro com os jovens técnicos, vindos de cidades mais adiantadas, simpatizava com as idéias novas" (Fiori, 1979, p. 51).

Se a infância em Ghilarza colocou Gramsci frente com as desigualdades e injustiças sociais, evidenciando o fosso existente entre ricos e pobres, os estudos e a vivência em Cagliari o farão deparar-se com a descoberta de sua própria ilha: a circulação das ideias socialistas e a eclosão dos movimentos na capital influenciarão sobremaneira o jovem sardo que, na entrada dos anos 1910, ruma em direção ao continente.

Por que Cagliari adquire esta centralidade? Apesar de Cagliari, à época, se constituir numa cidade relativamente pequena, com cerca de cinquenta mil habitantes, a capital da ilha se configurava como importante epicentro de circulação e irradiação do socialismo. Como demarca Fresu (2020), o fermento social e a agitação cultural da cidade, embora considerados, muitas vezes, como episódicos e, mesmo, elementos secundários da biografia de Gramsci, são fundamentais, visto que "[...] foi nesses anos que Gramsci formou seu caráter, começou a construir suas aptidões intelectuais e sua propensão a militância política" (Fresu, 2020, p. 25).

A deflagração dos levantes insurrecionais de 1906 — que começaram em Cagliari — demarcam um movimento popular na ilha, cuja principal reivindicação gravitava por melhores condições de vida e trabalho, manifestando a insatisfação de diversos extratos da população em relação ao aumento do custo de vida: camponeses, operários, mineiros, trabalhadores rurais, classes médias urbanas e rurais etc. (D'Orsi, 2022).

No fundo, tais levantes, sendo resultado do histórico descaso do Estado italiano em geral para com o Sul e com as ilhas — questão que retomaremos mais adiante —, é expressão do aprofundamento da separação entre Norte e Sul do país. Considerando a proteção alfandegária instaurada em favor das indústrias nortistas, a economia do Sul e das ilhas — incluindo, dentre elas, a própria Sardenha —, foram extremamente prejudicadas, de modo que o fato agravou a "questão meridional".

Importa ressaltar que, a partir daí e diante destes eventos, Gramsci não será mais o mesmo: o movimento de luta pela defesa de libertação regional marcará a vida do sardo que, mesmo durante os anos turinenses e no período do cárcere, não abandonará os temas e as reivindicações de sua terra. Por isso, os anos em Cagliari e a descoberta da Sardenha são elementos constitutivos e constituintes do intelectual do cárcere, legitimando a ausência de uma suposta ruptura entre o jovem revolucionário da Sardenha, o dirigente político de Turim e o teórico do cárcere (Fresu, 2020).

Também em Cagliari, Gramsci tomará contato com todo o ambiente cultural que circundava a capital. *L'Unione Sarda*, de Cocco Ortu, *Il Paese*, radical, e *Corriere dell'isola*, clerical, eram os três principais jornais em circulação. O semanário *La Voce del Popolo*, seguia inspiração socialista. Os teatros *Civico* e *Politeama Margherita* destacavam-se na cidade, conjuntamente com a variedade de serviços culturais, civis e clubes que davam palco a concertos e conferências (D'Orsi, 2022).

Apesar das cem liras (100) por mês que Gennaro recebia no novo emprego, a renda era quase insuficiente para manter a si e ao irmão na capital, sendo que, durante o período de férias, Gramsci se dedicava a realização de trabalhos de contabilidade e dava aulas particulares. Nesse período, é bastante evidente a referência de que Gennaro se constitui para o irmão: "[...] não apenas era um apoio para o jovem Antonio, mas também uma referência intelectual e política, e continuou a sê-lo assim também nos primeiros anos de Turim" (D'Orsi, 2022, p. 51).

Isso porque Antonio, quando criança, tinha inclinação para as Ciências Exatas e Matemática, mas devido às precárias condições ginasiais e a empobrecida preparação de seus professores em Santu Lussurgiu, acabou perdendo o interesse. No Liceu Dettori de Cagliari, opta por cursar grego, mas suas primeiras notas não são satisfatórias, tendo de recuperá-las ao longo dos demais trimestres (D'Orsi, 2022).

Figura central na formação de Antonio é seu professor de italiano, Raffa Garzìa, um jovem de trinta e três anos e diretor no jornal *L'Unione Sarda*, que lecionava no Liceu Dettori. Garzìa foi quem concedeu a Gramsci a primeira experiência como jornalista. Em 26 de julho de 1910, aparece no jornal a sua primeira matéria, intitulada de "A propósito de uma revolução". Em novembro deste mesmo ano, também redige o ensaio acadêmico, "Opressores e Oprimidos", demonstrando seu posicionamento para com os oprimidos na luta por romper com o "domínio de um só" (Gramsci, 2004a).

Nesse ambiente, Gramsci também é bastante influenciado por Gennaro, já tendo, nessa época, se aproximado de Marx para satisfazer uma curiosidade intelectual, embora também já fosse leitor de Benedetto Croce e Gaetano Salvemini. Também junto de Gennaro é que Gramsci participou de alguns encontros com os jovens líderes do socialismo na Sardenha, haja vista que seu irmão havia se tornado, em 1911, membro do Comitê Executivo da Câmara do Trabalho (Fiori, 1979).

Em Cagliari, Gramsci participou da Associação Anticlerical de Vanguarda, núcleo em que se encontravam professores, universitários etc., para travar debates de ideais revolucionárias, socialistas e anticlericais. No entanto, como destaca D'Orsi (2022), a propensão de Gramsci, nesse período, estava mais para os estudos filosóficos e para a literatura do que para a luta social e política. Mesmo estando em contato com a política e com a militância, nesse momento, até por conta das limitações físicas, seu interesse direcionava-se para os estudos, sendo um jovem aspirante a literato.

Bastante comum naquele período era o estudo sobre a questão meridional. Em voga, o debate incluía uma ambiguidade em seu movimento por convergir diversos posicionamentos. Importa dizer que, o sardismo, trazia como reivindicação a denúncia dos proprietários industriais e trabalhadores do Norte por provocarem a marginalização social e empobrecimento das massas camponesas do Sul. "[...] o 'sardismo' penetrou em todos os estratos sociais, em indivíduos de todas as condições, inclusive Gramsci [...]" (D'Orsi, 2022, p. 59).

Como demonstra D'Orsi (2022), Gramsci carregará, mesmo depois de deixar sua terra natal, sua *sardità*. Não obstante, é durante os anos turinenses que terá a possibilidade de amadurecê-la, indo além da defesa daquele "sardismo fechado", expresso na negação e recusa dos trabalhadores urbanos do Norte e dos proprietários industriais, tão difundido na Sardenha. Compreendendo a condição sarda e a "questão meridional", Gramsci transcenderá aquele sardismo polêmico, sem, no entanto, romper radicalmente com sua terra e protagonizar as reivindicações sardas. Tudo isso o levou:

> [...] a delinear com mais precisão os reais opressores dos camponeses, dos pequenos agricultores e da classe média trabalhadora: não os trabalhadores da indústria em uma improvável aliança com as classes proprietárias do Norte, mas as classes proprietárias, juntamente com os grupos reacionários do Sul (D'Orsi, 2022, p. 60).

Nessa perspectiva, embora a estadia em Turim tenha, sem dúvida, acrescido às experiências políticas e intelectuais de Gramsci, a sua desprovincialização não deve ser tomada como a refuta de todo o aprendizado e acúmulo obtido nos anos na Sardenha, ou seja, "*[...] não podemos relegar sua educação na Sardenha a um mero fator acidental, definitiva e organicamente superado pela 'desprovincialização' experimentada por um jovem que escapou da insalubridade de sua terra*" (Fresu, 2020, p. 25, grifo nosso).

Por isso, a desprovincialização que se refere Rapone (2014) e Fresu (2020), e a ampliação do espectro cultural e intelectual de Gramsci em Turim, citada pelo próprio sardo numa carta no cárcere, quando afirma ter sido um provinciano ao quadrado e ao cubo, não representa uma ruptura com os anos vividos na Sardenha. Isso não significa, porém, que entre a Sardenha e Turim, Gramsci tenha permanecido sempre o mesmo: representa tão somente que "*[...] o conjunto do legado gramsciano desenvolve-se num quadro de profunda continuidade [...]* as suas questões e suas conclusões se desenvolvem, ficam mais complexas, tomam novas direções [...]" (Fresu, 2020, p. 27, grifo nosso).

Portanto, é pela experiência dos anos sardos e a particular influência intelectual e cultural que recebe em sua terra natal, que chega na capital piemontesa tendo de deparar-se com as deficiências do socialismo italiano — essas, por sua vez, em grande medida derivadas das formulações dos teóricos da Segunda Internacional[10] (Fresu, 2020).

De igual modo, como indica Domenico Losurdo (2011), em "Antonio Gramsci: do liberalismo ao 'comunismo crítico'", o provinciano vindo da Sardenha, se diferencia do socialismo turinense do período, dado que não traz em sua bagagem os debates teóricos e políticos da Segunda Internacional. Embora seja muito clara a sua vinculação com as classes subalternas, tendo em vista sua origem social e as privações que experiencia no curso de toda a sua infância e adolescência, seu plano cultural estava circunscrito, especialmente, a autores como Benedetto Croce e Giovanni Gentile, ambos partícipes do movimento neoidealista e liberal na Itália.

Nesses autores, Gramsci encontra uma resposta para os problemas reais que acompanha direta e pessoalmente: em conexão com a Itália do *Risorgimento*, Croce e Gentile representam, na leitura do sardo, uma tomada de posição a favor do moderno, ou seja, do advento de um Estado nacional que se contrapõe ao Antigo Regime e a influência clerical (Losurdo, 2011). Mas, é preciso lembrar que:

> [...] o valor de tal resposta [que Croce e Gentile conferem a Gramsci] continuará a ser medido pela contribuição que possa fornecer à compreensão e solução dos problemas reais. Não surpreende, assim, o fato de a posterior evolução levar Gramsci a considerar os dois grandes intelectuais neoidealista não mais

---

10 A Segunda Internacional (1889-1916) foi criada por iniciativa de Friedrich Engels e sucede a Associação Internacional dos Trabalhadores (AIT) fundada por Marx, em 1864. A partir de 1914, quando se inicia a Primeira Guerra Mundial, seus elementos progressistas e revolucionários sofrem uma "guinada" a direta, predominando em seu interior a disseminação de ideais reformistas, uma vez que grande parte dos partidos vinculados a Internacional passam a prestar apoio aos seus respectivos governos e a guerra imperialista.

> como alfares da luta em defesa do moderno, mas como cúmplices do obscurantismo antimoderno de Pio X, empenhados, em nome da defesa do ordenamento social, em não afetar a influência da cultural clerical mais reacionária sobre as massas populares (Losurdo, 2011, p. 16-17).

Como Turim marcará a teoria e prática de Gramsci? Quais são os embates que enfrenta na maior cidade industrial italiana? O que faz o sardo destoar das interpretações do socialismo italiano em voga naquele momento no debate político turinense? Essas questões só podem ser compreendidas na medida em que se considera as origens de Gramsci e, por conseguinte, o *lócus* a partir do qual está situada a sua formação inicial no berço de sua terra.

Por isso, além das desigualdades, bem como das injustiças sociais conhecidas muito de perto, cabe destacar as complexas relações que permeiam o Estado italiano na transição do século XIX para o século XX, visto que a questão meridional e, mais particularmente, a condição periférica e colonial a que se encontra a Sardenha, rebate diretamente na formação de Gramsci: seja do ponto de vista da bagagem cultural e intelectual que acumula durante os anos sardos, seja da vinculação pessoal com os subalternos de sua terra, a Sardenha é determinante na compreensão do personagem por "inteiro" de que Gramsci se constitui.

Portanto, a relação entre Gramsci e as classes e grupos subalternos, afora importar o resgate dos elementos biográficos, já que estes nos permitem conhecer sua luta particular contra as injustiças sociais desde a Sardenha, demanda também o conhecimento das particularidades de sua terra natal, uma vez que, a questão meridional, especialmente para um jovem que vai do Sul ao Norte, para citar Aliaga (2021), lhe deixa marcas indeléveis: mais do que um posicionamento geográfico, o Sul — ou o Mezzogiorno — representa a aversão das classes dirigentes em relação ao atraso, ao "velho", ao modo de vida anárquico e camponês de que se contrapõe à Modernidade. Não somente abandonada, mas, sobretudo, criminalizada, a Sardenha é palco dos descasos e abusos do Estado italiano. Nesse contexto, nasce um revolucionário.

A SARDENHA E A "QUESTÃO MERIDIONAL"

1861 data um momento significativo para a história italiana: em 17 de março, é proclamada a constituição do Reino da Itália! Se consideradas as suas dimensões territoriais e geográficas, o país se configura como um dos maiores expoentes do continente europeu, ocupando, em escala proporcional, parte expressiva da cartografia. Mas, se essa premissa é verdadeira, outra também o é: apesar do fato, é possível dizer que existe uma diferença significativa entre a Itália e as demais nações europeias no que se refere ao seu desenvolvimento econômico e civil (Cammarano, 2011). A Itália possui um ritmo de desenvolvimento e constituição bastante peculiar, atravessada por diversos particularismos. Como esse ritmo, de maneira geral, se apresenta?

Se apresenta na medida em que, já no século XVI, é possível notar a diferença de sua história com a das demais nações do continente europeu: enquanto, nesse momento, assiste-se a um processo de centralização do poder político por intermédio da instauração das monarquias constitucionais e dos movimentos de unificação territorial, como na França e na Inglaterra, mas também na Espanha e em Portugal, a unificação política italiana ocorrerá somente no marco do século XIX: um processo tardio que se materializou através de um movimento conhecido como *Risorgimento* (Neres, 2009).

Por isso, até a primeira metade do século XIX, a Itália não existia propriamente como Estado-nação: até 1861, quando da constituição do Reino da Itália, o seu território configurava-se de uma série de pequenos reinos sob o domínio de diversas potências estrangeiras e, em particular, da Áustria.

Nessa perspectiva, o *Risorgimento* foi um processo que tornou possível unificar a Itália, sendo que a sua conclusão esteve condicionada a um longo movimento que se concretizou por meio de três principais fases ou momentos: a) a constituição do Reino da Itália, com Vittorio Emanuele II, da Casa de Saboia, como rei; b) a anexação de Veneza, em 1866; c) a conquista de Roma em 1870, concluindo a formação do "[...] Estado unitário por meio da constituição de uma monarquia nacional" (Neres, 2009, p. 103).

Destarte, para Fresu (2020), também o *Risorgimento* italiano tem como seus condicionantes ou premissas centrais: a) a primeira guerra de independência de 1848, travada com vista a libertar o território nacional da dominação estrangeira austríaca e de inspiração republicana[11]; b) a formação do Reino da Itália, encabeçada pela liderança monárquica da Casa de Saboia.

Longe de se constituir em um movimento unitário e homogêneo em seu percurso várias eram as forças que predominavam em seu interior, disputando a forma de condução, assim como realização da unificação: a) a tendência de inspiração republicana, liderada por Giuseppe Mazzini e Giuseppe Garibaldi; b) a de inspiração católica, que apregoava uma unificação sob a liderança do papado, tendo como referência central a figura de Vincenzo Gioberti; c) a de inspiração monárquica, liderada pela Casa de Saboia e representada por Vittorio Emanuelle II e Conde de Cavour, que se punham na defesa de um regime monárquico.

---

11 A Primeira Guerra de Independência na Itália ocorreu entre 1848 e 1849, envolvendo o Reino da Sardenha e o Império Austríaco. Diante dos movimentos revolucionários que se deflagraram em 1848, Carlos Alberto, rei da Sardenha até 1849, declarou guerra à Áustria em um contexto aparentemente favorável, pretendendo tomar a região da Lombardia-Vêneto que estava sob domínio austríaco. O desfecho foi a vitória da Áustria em relação ao Reino da Sardenha, assim como a abdicação do rei Carlos Alberto em favor de seu filho, Vitor Emanuel II. Foi sucedida pela Segunda Guerra de Independência de 1859, em que, dessa vez, com o apoio da França de Napoleão III, a região é conquistada e retirada do domínio austríaco.

Importa situar esse cenário, o movimento tardio que caracteriza a unificação italiana e as forças internas, porque Gramsci nasce precisamente no contexto de um jovem Estado italiano, que conclui seu processo de unificação apenas muito recentemente. Nos anos posteriores, nos diversos escritos políticos que realiza, Gramsci, inclusive, chegará ao suposto de que a unificação italiana se concretizou mediante uma particularidade nacional, qual seja: não resolveu as disparidades regionais existentes entre Norte e Sul, mas as aprofundou (Aliaga, 2021). Por esse motivo, o *Risorgimento* foi capaz de promover uma união política, mas não uma unidade social.

Ademais, não somente circunscrito no âmbito de um jovem Estado italiano que finalizara sua unificação territorial há pouco, mas as origens de Gramsci também estão situadas no estrutural atraso econômico e social a que a Sardenha fora lançada, sobretudo, no período pós-*risorgimentale*. Nesse período, o Estado italiano enfrentava uma profunda crise decorrente de seu envolvimento numa guerra alfandegária com a França. Essa guerra, por sua vez, penalizou sobremaneira a Sardenha, impactando demasiadamente toda a população e economia sardas (Fresu, 2020).

Assim, afora a constituição tardia de seu território, mesmo após a unificação, a situação interna não favoreceu o desenvolvimento do Estado como um todo, mas penalizou determinadas regiões em detrimento de outras: a principal expressão dessa relação desigual no contexto de um Estado unitário foi a subjugação do Sul e das ilhas a economia do Norte, intensificada pela guerra com a França. Mas, afinal, no que propriamente, consistiu essa "guerra"? Por que ela incidiu com maior intensidade na Sardenha? Qual é a sua relação com o atraso estrutural da região?

Destarte as desigualdades já existentes entre Norte e Sul da Itália, mesmo antes da unificação e após, quer dizer, a primeira região, a) industrializada, com intensa concentração de grandes massas operárias e urbanas; e a segunda b) de base agrícola, com predomínio das atividades ligadas a terra, a crise que abateu o Estado italiano na transição do século XIX para o século XX e, particularmente, a Sardenha, deriva de um protecionismo alfandegário instaurado em favor das indústrias nortistas do país. Ou seja: após a unificação, é bastante clara a escolha política dos representantes do Estado italiano em favorecer não a Nação como um todo, mas apenas uma parte de seu território, bem como determinadas classes sociais.

Pode-se dizer que, até meados de 1887, a economia sarda conseguia se sustentar, sem prejuízo de suas atividades. Embora o atraso se configurasse como uma das características da ilha, ainda assim, a exportação e a venda de diversos produtos para o mercado francês impediam a miséria crônica e total da população sarda: a política de livre-câmbio praticada favorecia a região e, de certo modo, subsidiava seu sustento (Fiori, 1979).

Como assinala Fresu (2020), com base no relatório de 1879 de Antonio Zanelli ao Ministério da Agricultura, até aquele momento, a Sardenha participava ativamente das exportações junto com a França, sendo que, inclusive, para atender as demandas francesas, uma parte dos agricultores da região chegaram a contrair empréstimos com a finalidade de expandir as suas terras e cultivar a pastagem e o gado.

Entretanto, nem sempre a Sardenha teve a mesma fortuna: "[...] *foi esmagada por uma série de infortúnios intermináveis* [...]" (Fresu, 2020, p. 21, grifo nosso). Afora a seca que a arrebatou no inverno, seguida de uma série de ciclones e inundações que provocaram a destruição das plantações e a proliferação de pragas agrícolas, foi afetada por uma onda de epidemias e pestes. Posteriormente, "As portas da Caixa Econômica de Cagliari foram fechadas em 1886; o Crédito Agrícola Industrial Sardo faliu em 1887 e, em seguida, o Banco Agrícola Sardo entrou em concordata" (Fiori, 1979, p. 37), ocasionado a falência dos sistemas de crédito.

Apesar dessa sequência de eventos, o fator determinante que ocasionou a intensa crise que se alastrou pela Sardenha, evidenciando seu histórico atraso e tornando-o estrutural, foi o cancelamento dos acordos comerciais com a França, o principal mercado exportador da ilha, e a introdução de novas leis alfandegárias que vieram a proteger a indústria do Norte e a burguesia industrial: aqui, é bastante claro o favorecimento de qual parte do território italiano e de qual classe social quer se privilegiar através das decisões políticas tomadas no marco da administração pós-*risorgimentale* (Fiori, 1979).

Isso significa que, não por acaso, o Norte e, especialmente, a região piemontesa (que acabou conduzindo o processo de unificação), quer assegurar a reprodução de seus privilégios e a prevalência de seus interesses. Afinal, se foi o Norte quem conduziu a unificação, também após a constituição do Estado unitário, são os seus interesses que continuam a prevalecer, não se eximindo de submeter e condicionar o *Mezzogiorno* às vontades setentrionais.

Nesse ínterim, o protecionismo alfandegário consistiu em uma política adotada para intervir em favor do Norte e da burguesia, sendo iniciada no governo de Agostino Depretis, o então Presidente do Conselho dos Ministros da Itália (1881-887) e continuada por seu sucessor Francesco Crispi (1887-1891). Não obstante, o abandono até então da política do livre-câmbio para dar lugar ao protecionismo, resultou no fechamento de um dos principais mercados para o *Mezzorgiorno*: a França, consumidora de produtos como azeite, cereais, vinho, frutas cítricas, gado (Fresu, 2020).

> Privada do seu mercado tradicional, a agricultura sarda, atingida também por outros problemas como a epidemia filoxérica daqueles anos, chegou ao auge da crise. Acima de tudo, a Sardenha carecia de indústrias capazes de atenuar as consequências do colapso agrícola e de absorver a mão-de-obra excedente no campo (Fiori, 1979, p. 38).

O que isso significou? Na prática, representou uma redução nas exportações italianas em 40%, ao passo em que, na Sardenha e, em algumas outras regiões do Sul, essa porcentagem chegou a 70%. Outrossim, seguindo os dados apresentados por Fresu (2020), para enfrentar o *déficit* orçamentário já acumulado, desde a introdução da legislação de 1864, que aumentou repentina e significativamente o sistema de tributos fundiários (sem considerar a realidade e a capacidade de arrecadação do território), a dívida hipotecária na Sardenha veio crescendo excepcionalmente, de modo que, no período de crise aguda, grande parte das terras chegaram a ser transferidas para o Estado por dívidas não pagas.

Nessa perspectiva, em um quadro de intensa crise econômica, política e social, em que a média: a) das exportações são reduzidas drasticamente, b) acrescem-se os tributos e os confiscos das terras c) e fecham-se grande parte das instituições de crédito agrícola, provocando a falência de empresas rurais na região, a alternativa que se colocava era o pastoreio — ainda que esse tenha se tornado uma atividade prejudicada por conta das instalações das primeiras indústrias de laticínios entre 1885 e 1900 (Fresu, 2020).

> À medida em que os fabricantes de queijo se organizavam em cooperativas e descobriam novos mercados, o poder contratual dos criadores [de gado] viu-se enormemente diminuído. Agora os patrões das fábricas de laticínios estavam em condições de impor o preço do leite e de vender na Sardenha queijo aos preços altíssimos do mercado internacional (Fiori, 1979, p. 38).

Assim, enquanto em um polo se somavam fabricantes de queijo, grandes proprietários de terra e concessionários das reservas de minério; no outro, a mineração se colocava como alternativa à fome na Sardenha daqueles tempos (Fresu, 2020): a atividade tornou-se extremamente atrativa por absorver a força de trabalho agrícola desempregada e expulsa dos campos.

No entanto, as condições de trabalho nas minas eram extremamente precárias, já que não se diferenciavam muito das condições dos escravos em Roma, alterando-se somente o patrão: agora, o capital estrangeiro, sobretudo, belga e francês. Como escreve Fiori:

> [...] cansados pelos turnos de trabalho espantosamente longos e pelo tipo de ocupação, sem ter um dia de folga por semana, sem direito a férias, privados de pagamento nos dois de ausência por doença, pagos quando o patrão queria, na medida e nos prazos de sua convivência (a cada dois ou quatro meses) e, por conseguinte, sujeitos a verem cortado o acesso às cantinas de gêneros alimentícios, que as companhias de mineração dirigiam diretamente ou entregavam a pessoas de sua confiança, morando em galpões que pareciam cocheiras e obrigados a esconder a tuberculose para não serem despedidos, nessas condições sub-humanas viviam, na passagem do velho para o novo século, cerca de 15 mil camponeses e pastores que foram trabalhar nas minas (Fiori, 1979, p. 42-43).

Tudo isso fez ascender o fenômeno da criminalidade, com episódios frequentes de banditismo social. Para mensurar a gravidade do fato, Fiori (1979) assinala que, antes do fechamento do mercado com a França, havia uma progressão descendente dos crimes na ilha "[...] (255 homicídios em 1880 para 148 em 1887; de 184 assaltos para 92)", ao passo em que, depois do fechamento, esta progressão tornou-se ascendente: "[...] novamente 211 homicídios e 222 assaltos em 1894" (Fiori, 1979, p. 39).

Sem qualquer tipo de organização política que fosse capaz de expressar os anseios e interesses da população, a criminalidade e o banditismo eram as manifestações mais imediatas da penúria do povo sardo, configurando-se como o efeito e a consequência do subdesenvolvimento a que a Sardenha fora lançada e não o seu contrário (Fresu, 2020).

Quer dizer: em oposição ao que muito se pretendia difundir, o banditismo não se constitui da causa e estopim do subdesenvolvimento da Sardenha, mas é antes o resultante das relações coloniais postas entre Norte e Sul, cidade e campo. Afinal, o *Risorgimento*, afirmando a clivagem entre Norte e Sul, submeteu o *Mezzorgiorno* a uma relação colonial com o Norte: "O *Risorgimento* [...] determinou um desnível de estruturas sociais e econômicas entre o Norte mais desenvolvido e o Sul, ainda ligado à sua economia feudal [...]" (Agostino, 2017, p. 62).

No Norte e na cidade, foi onde difundiu-se o desprezo pelo "caipira" e pelo suposto atraso de que o Sul se configurava, adensando a ausência de uma unidade social em torno do Estado italiano e promovendo uma espécie de cultura e preconceito antimeridional: "Particularmente perigosos [...] eram justamente os resultados mais propriamente racistas dessa ideologia [...]" (Mezzina, 2017, p. 721). Mas, de onde deriva esta perspectiva? O que fundamenta o banditismo social e o preconceito antimeridional largamente difundidos?

O fenômeno do *brigantaggio* repercutiu, sobretudo, na Sardenha, a partir da interpretação da antropologia criminal e da sociologia positivista, em voga naquele momento. Obtendo destaque, essas correntes situavam e interpretavam as causas da "questão criminal" na ilha a partir das características biológicas do povo sardo: para elas, a origem da criminalidade está em uma questão congênita desse povo, de maneira que suprimiam qualquer explicação do fenômeno da criminalidade e do banditismo baseado nos fundamentos econômicos, políticos e sociais a que a Sardenha estava envolta (Fresu, 2020).

Por isso, D'Orsi (2022) indica que as Ciências Sociais e Humanas têm um papel fundamental para o conhecimento da Sardenha: é a partir da segunda metade do século XIX, auge do positivismo, que a antropologia ganha destaque ao operar uma reconstrução "científica" do homem. Nesse ínterim, diversos estudiosos e pesquisadores se lançam, especialmente, ao estudo do povo sardo, de modo que, em 1882, em Paris, acontece a sessão de estudos "Sobre a antropologia e etnologia das populações da Sardenha". É nessa ocasião que, os estudiosos franceses se perguntaram:

> *"Os sardos são inteligentes?", e a resposta foi amplamente negativa.* Usando metodologias de pesquisa desenvolvidas sob a influência da cultura positivista, um dos estudiosos, o doutor Gillebert d'Hercourt, descreveu sua viagem "científica" à ilha, "onde, com a complicada aparelhagem de medição do crânio, [...] examinou 48 crânios humanos e 98 cabeças de homens vivos". [...] *A escola desses estudiosos é a de uma antropologia criminal,*

> praticada sobretudo em áreas atrasadas da Itália, que havia recentemente alcançado a unidade e se preparavam para a construção do Estado nacional (D'Orsi, 2022, p. 22-23, grifos nossos).

Tendo como principal expoente Cesare Lombroso, a escola positivista se ocupou da Sardenha no contexto de crise ocasionada pelo rompimento das relações comerciais com a França — exatamente o período em que os episódios de criminalidade irromperam e o fenômeno do banditismo se deflagrou pela ilha. Nessa condição, os sardos foram apontados como a "raça amaldiçoada", a "raça delinquente", assemelhando-se ao famoso livro de autoria de Lombroso, lançado em 1876, "O homem delinquente", que fez enorme sucesso dentro e fora da Itália (D'Orsi, 2022).

Afinal, o conhecimento da Sardenha e o interesse pela ilha, despertava na medida em que as Ciências Sociais e Humanas tornava o povo sardo objeto de investigação: a ilha ficou conhecida pela criminalidade que, supostamente, os seus nativos eram portadores, sendo esses propensos a uma "[...] *incapacidade organizativa, a refratariedade a qualquer cultura do trabalho e, no limite, a uma inferioridade biológica global*" (Mezzina, 2017, p. 721, grifo nosso), cujo patrimônio genético era fator determinante para a constituição de um povo pobre e bárbaro, como aquele.

Difundida essa perspectiva, aos sardos delinquentes, a que nada se podia fazer para alterar sua natureza, restava somente a intervenção repressiva do Estado, com o envio de tropas para reprimir os focos de resistência e rebelião. A intervenção estatal com medidas e políticas econômicas para a região não eram consideradas, visto o atraso e a pobreza cultural da ilha — que funcionava como uma grande prisão a céu aberto por receber e servir de "depósito" para funcionários públicos corruptos envolvidos em escândalos (Fresu, 2020).

Nessa perspectiva, a explicação do banditismo pela antropologia criminal em voga oculta uma reflexão histórica e política sobre a história sarda, não considerando aqueles "[...] acontecimentos econômicos, políticos e sociais pelos quais passava o *Mezzorgiorno*" (Agostino, 2017, p. 62). No fundo, a interpretação da questão não levava em conta o *Risorgimento* e a maneira como a unificação foi alcançada e administrada — daí a necessidade de a "questão meridional" ser colocada no centro da análise, pois é elemento que caracteriza a particularidade da unificação nacional italiana (Mezzina, 2017).

Realizar esse percurso, localizando a Sardenha e as particularidades da terra natal de Gramsci, nos possibilita, agora, fazer o caminho de volta: a) submetida a uma condição periférica e colonial, a Sardenha está subordinada aos ditames do Norte, funcionando como um "mercado semicolonial", "[...] totalmente subalterno aos interesses do desenvolvimento econômico setentrional" (Mezzina, 2017, p. 720) — esse é o nascedouro de um jovem, criado na periferia da Itália e submerso nas mais diversas desigualdades e injustiças sociais, acentuadas pela região de que marca a sua origem.

Em outras palavras, essa subalternidade a que o *Mezzogiorno* está em relação ao Norte, na qual se situa a Sardenha, é: b) reforçada e, mesmo, pretendida pelos dirigentes do Estado italiano após a unificação, com vista a fazer prevalecer os interesses das classes nortistas, em especial, da burguesia industrial. Tudo isso evidencia a ausência de uma unidade social no país, mesmo após o *Risorgimento*, contribuindo para que as desigualdades entre Norte e Sul, cidade e campo, sejam perpetuadas, com o Sul e as ilhas submetendo-se ao Norte.

Portanto, é a reprodução dessas relações coloniais que configuram c) o atraso estrutural da Sardenha, visto que o bloco histórico conservador que predomina na ilha, o bloco agrário, contribui não para a superação destas relações coloniais postas, mas, ao contrário, incentiva a permanência do crônico quadro de atraso, garantindo a manutenção de relações regionais extremamente desiguais.

Nesse ínterim, vista como "travagem" para o desenvolvimento, a condição de marginalização social e intensa pauperização do povo sardo não é explicada historicamente, mas buscada e justificada d) pela índole meridional: a criminalização do povo sardo, portador de uma inferioridade biológica, é a "raça delinquente" a ser combatida! "Os camponeses meridionais tiveram que suportar, portanto, não apenas a exploração e o domínio [...], mas também tiveram que aceitar a responsabilidade por sua própria miséria e atraso" (Aliaga, 2021, p. 78).

Imerso nesse contexto, a vinculação de Gramsci com os subalternos pode, agora, ser tomada e revista a partir da vivência prático-social. Desde a condição periférica e colonial que sua terra natal se insere até as dificuldades experienciadas em sua infância e adolescência, o interesse do sardo em relação às classes e grupos subalternos ultrapassa a questão acadêmica e intelectual: guarda relação direta com o real.

A experiência dos anos turinenses e os milhares de artigos políticos que estampam os jornais socialistas da época na capital piemontesa, refletem e expressam a intrínseca preocupação que o sardo sempre guardou com sua terra. Nessa perspectiva, percorrer os escritos pré-carcerários em busca dessa centralidade auxilia a localizar a questão meridional enquanto uma investida de Gramsci em buscar respostas para sua própria terra e, por conseguinte, seu povo: uma resposta que não se limita a reforçar a relação desigual Norte-Sul da maneira como se configura, mas, pelo contrário, procura romper com todas as relações de exploração e subalternidade a que historicamente está e esteve subjugada.

Em Turim: o jornalista militante

Quando Gramsci obtém o diploma colegial do Liceu de Cagliari em meados de junho de 1911, se candidata a uma bolsa de estudos destinada aos jovens carentes do ex-Reino Sardo, concedida pelo Colégio Carlo Alberto. Naquele ano, havia trinta e nove (39) bolsas disponíveis, de modo que o seu ingresso na Faculdade de Letras da Universidade de Turim esteve condicionado a obtenção da bolsa, conquistando o nono lugar na classificação geral e apoio econômico de cerca de setenta (70) liras por mês, única possibilidade de se manter financeiramente na capital piemontesa (Fiori, 1979).

Não obstante, aos vinte (20) anos de idade, Gramsci desloca-se para Turim para dar início aos estudos universitários, vivenciando, durante os primeiros anos turinenses, um período de intensa crise e dificuldades. O primeiro inverno na capital foi marcado pelas crises de saúde e a consequente piora de seu quadro clínico, além do agravo da desnutrição e da penúria dos meios de sustento. Os conflitos e incompreensões familiares, advindos, em grande medida, da impossibilidade da família de prestar maior apoio financeiro para a sua manutenção em Turim, também se somavam aos anseios do jovem sardo (Rapone, 2014).

Aliás, ademais de Gramsci, outros jovens de origem sarda, obtiveram oportunidade de estudar e receber auxílio mensal na Torino rossa: os irmãos Palmiro e Maria Cristina Togliatti e Angelo Tasca, primeiro grande companheiro de Gramsci, apesar de suas diferenças posteriores — todos entre dezoito e vinte anos de idade (D'Orsi, 2022).

A permanência de Gramsci nos estudos universitários, porém, durou até a primavera de 1915: os distúrbios nervosos, a dureza das condições de vida e os constantes pedidos de ajuda à família sem retorno, ocasionaram a ausência de Gramsci nos exames internos da Universidade. O fato acabou por resultar na suspensão temporária da bolsa de estudos e, posteriormente, na interrupção de seu currículo universitário (D'Orsi, 2022).

Não obstante, durante os anos universitários, adquiriu particular relevância alguns professores cuja figura marcou a vida de Gramsci. Cabe aqui destacar dois nomes centrais: a) Umberto Cosmo; b) Matteo Bartoli. O primeiro, compartilhou com o sardo de um movimento de reforma intelectual e moral promovido por Benedetto Croce na Itália, além de incentivá-lo a reunir e escrever notas sobre Maquiavel e apresentar um de seus ex-alunos no Liceu Gioberti: Piero Sraffa[12], que, anos depois, se revelará um importante amigo durante o período do cárcere (D'Orsi, 2022).

Com Bartoli, Gramsci sentiu-se atraído pelos estudos de glotologia: chegou mesmo a redigir um estudo introdutório sobre a questão da língua, sendo que o professor apostava no futuro brilhante de seu estudante e discípulo. Mas, apesar da desistência universitária, Gramsci guardará sua influência nos *Cadernos do Cárcere*, visto que "[...] a questão da língua é relacionada à organização da cultura e à função dos intelectuais, e é explorado o nexo entre linguagem e filosofia" (Rapone, 2014, p. 54).

Como, então, acontece a transição de Gramsci da carreira universitária para a aproximação com a militância política e a atividade jornalística? Nos dois primeiros anos em Turim, entre 1911 e 1912, a principal preocupação de Gramsci fora exclusivamente com os estudos universitários. A nova sensibilidade que desperta sua decisiva inserção na atividade política foi a primeira campanha eleitoral marcada pelo sufrágio ampliado na Sardenha, em julho de 1913, e a determinante influência de Tasca, jovem militante do socialismo

---

12 Piero Sraffa (1898-1983) foi colaborador do "*L'Ordine Nuovo*" durante o *biennio rosso* e desempenhou um importante canal de comunicação entre Gramsci na condição de prisioneiro e a direção do PCd'I. Participou ativamente de todos os recursos impetrados no cárcere a favor do prisioneiro de Mussolini e, quando entre os anos 1934-1935 o estado de saúde de Gramsci já encontrava-se bastante deteriorado, Sraffa esteve com ele por algumas vezes nas clínicas de Formia e Roma (Henriques, 2005).

italiano, em seu processo de engajamento e participação na vida política (D'Orsi, 2022).

Ao passar as férias de verão de 1913, em Ghilarza, junto de sua família, o sardo acompanhou a disputa eleitoral em curso que admitiu, pela primeira vez, as massas camponesas no exercício do voto (Rapone, 2014). Tratava-se de um episódio inédito para a Sardenha, haja vista que representou um aumento significativo no número de eleitores: de 42 mil para 178 mil (Fiori, 1979).

A possibilidade de inscrição de candidatos socialistas para a corrida eleitoral despertou o medo entre os conservadores ligados ao governo giolittiano[13]. Se era verdade que a inclusão dos camponeses no exercício do voto representou, naquele momento, um feito histórico, ao mesmo tempo, a ausência de organização e irradiação de novas ideias entre as grandes massas camponesas, fizeram com que se mantivessem fora das polêmicas e discussões que circulavam no discurso político. Nessa perspectiva, a nova prática eleitoral, centrou-se na propagação do discurso do medo, especialmente, entre os novos eleitores: incitar o medo quanto ao desconhecido (socialismo) em detrimento do que já era conhecido (conservadores) (Fiori, 1979).

Por isso, as eleições de 1913 marcam uma cisão bastante clara: de um lado, conservadores, e, de outro, trabalhadores. As classes proprietárias passam a unir-se ao governo, tendo em vista combater as forças socialistas em vias de ascensão. "A ameaça representada pelo ingresso no cenário eleitoral das classes subalternas serviu para assinalar *uma linha demarcatória entre os interesses que antes pareciam coincidir sob a fachada de um sardismo ambíguo*" (Fiori, 1979, p. 109, grifo nosso).

---

13 "Giovanni Giolitti (1842-1928), um dos líderes políticos mais importantes da Itália, foi primeiro-ministro e presidente do Conselho em cinco períodos, durante a monarquia liberal italiana" (Del Roio, 2023, p. 9). Centrou-se em seu governo em favorecer e desenvolver a política industrialista do Norte do país, adotando, para tanto, medidas protecionistas.

A mudança de "método" das classes proprietárias revelou a Gramsci a ambiguidade da antiga reivindicação sardista: cada vez mais, foi tornando-se claro — para o ainda estudante — que o atraso do Sul estava, em grande medida, assentado nos grupos reacionários do *Mezzogiorno*, que se punham em uma aliança com os proprietários do Norte (Fiori, 1979).

O retorno a Turim após o verão de 1913 marcou, portanto, como argumenta D'Orsi (2022), a adesão de Gramsci ao socialismo. Afora a campanha eleitoral, o curto período em Ghilarza também contribuiu para que Gramsci assumisse seu primeiro compromisso político, aderindo ao grupo de ação e propaganda antiprotecionista, evidenciando a centralidade de suas raízes territoriais.

Em novembro de 1913, as relações com Angelo Tasca também passam a se estreitar, uma vez que a centralidade dos estudos universitários dos anos iniciais vai dando lugar a ambientação à cidade e a aproximação aos colegas. Não obstante, nessa época, a constante submissão dos exames em atraso junto a Universidade se constituiu na principal causa para o seu desligamento dos estudos, somada às enormes dificuldades financeiras. Seu último exame foi prestado em 12 de abril de 1915, face de uma frequência bastante irregular às aulas e ao distanciamento das relações familiares, mas, por outro lado, a um estreitamento com a organização socialista e, finalmente, adaptação a Turim (D'Orsi, 2022).

A formação de Gramsci, nesse período, está bastante relacionada a sua vivência para além do ambiente universitário. Acompanhando a seção socialista, passou a frequentar as tabernas e cafés, de maneira a debater com jovens empregados e operários, e a estar presente, ao menos como espectador, nas reuniões da Federação Italiana dos Operários Metalúrgicos (FIOM), quando da greve promovida pela categoria (D'Orsi, 2022). Nessa perspectiva, "[...] Na adesão de Gramsci ao socialismo, em sua tomada de partido ao lado da classe trabalhadora, junto a influência das leituras dos textos marxistas, seus amigos tiveram um papel importante" (D'Orsi, 2022, p. 80).

A construção das relações humanas e políticas, especialmente, com os colegas universitários, segundo Rapone (2014), desembocaram na inscrição de Gramsci junto às fileiras do Partido Socialista Italiano, em 1913. Mas, é preciso assinalar que esta inscrição não é acompanhada da completa adesão ao horizonte ideológico e cultural propagada pelo partido, tendo em vista que o patrimônio teórico do PSI e o socialismo italiano esteve bastante relacionado com as formulações do marxismo da Segunda Internacional (Fresu, 2020).

Gramsci recusa e enfrenta radicalmente esta tendência do socialismo italiano, porque, devido a influência dos anos na Sardenha, a aproximação, sobretudo, com Benedetto Croce, Giovanni Gentile e o idealismo em geral, o levaram a estabelecer duras críticas a cultura positivista de que o marxismo, naqueles tempos, estava imerso. Quer dizer:

> Essa rejeição também pode ser atribuída à *forte influência que a filosofia idealista italiana, particularmente a de Benedetto Croce e também de Hegel,* tinha sobre Gramsci. [...] Entre os séculos XIX e XX, o marxismo afirmou-se no seio do movimento operário em grande parte graças à influência de intelectuais que chegaram a Marx a partir de Darwin e dos estudos positivistas das ciências sociais (Fresu, 2020, p. 32-33, grifo nosso).

Fresu (2016) explica que a riqueza da elaboração teórica de Gramsci consiste na distância que mantém em relação às importações positivistas e deterministas do marxismo. Pela influência idealista inicial, se contrapõe a tendência em voga no contexto do socialismo italiano, que substituiu a filosofia hegeliana pelo positivismo e pelas teorias evolucionistas. O que isso significa?

> [...] *a pretensão de aplicar às dinâmicas históricas os esquemas evolucionistas das ciências naturais.* A ideia de passar do modo de produção feudal para aquele capitalístico e, por fim, ao socialismo com a mesma linearidade com que na evolução natural se

> muda do macaco ao homem, pelas contradições todas internas as leis da economia, não pela intervenção ativo e consciente do proletariado (Fresu, 2016, p. 86, grifo nosso).

Na prática, representava a divulgação de um socialismo que se fundamentava na ideia de que o processo histórico e social se desenvolveria a partir de fases rígidas e pré-estabelecidas, ou seja, via de regra, só se chegaria ao socialismo, depois de se passar pelo capitalismo.

> Assim, no movimento operário, se afirmaram tendências de espera messiânica, que atribuíam um papel passivo ao proletariado e uma função de prevalência aos dirigentes encarregados de ler na economia as contradições insanáveis do capitalismo. A luta de classe foi uma lei da evolução social e os marxistas tinham só de desvela-la, assim como Newton explicara a gravitação, na espera que a história fizesse o seu curso (Fresu, 2016, p. 86).

A marcha progressiva em direção ao socialismo se constituía de um movimento determinista, autossuficiente, mecânico e que, por sua vez, viria "por si mesmo" (Galastri, 2015). Essa "crença" impregnou todo o movimento socialista mundial do período, incluindo os partidos nacionais, e, dentre eles, o PSI — daí decorre os embates de Gramsci junto às "deformações" do socialismo italiano, com exceção de Antonio Labriola[14], antídoto, conforme o sardo, para os limites filosóficos do socialismo do período na Itália (Fresu, 2020).

O momento em que Gramsci adentra no PSI é marcado pelas recentes rupturas, mudanças e cisões promovidas em seu interior.

---

14 Antonio Labriola (1843-1904) foi um filósofo marxista italiano. Representou, segundo Gramsci, um ponto de ruptura com o marxismo difundido na Itália de sua época: ao contrário de Benedetto Croce e Giovanni Gentile, neoidealistas, Labriola foi, para Gramsci, aquele que conseguiu resgatar a verdadeira dialética hegeliana, captando o fundamento do pensamento de Marx.

Desde 1910, no décimo primeiro Congresso do Partido (conhecido como Congresso de Milão), havia uma disputa entre reformistas, representados por Ivanoe Bonomi e Leonida Bissolati, que defendiam e apoiavam o governo giolittiano, e a ala esquerda, da qual Gaetano Salvemini[15] fazia parte, aderindo à crítica ao governo estabelecido, sem, porém, assumir uma posição radicalmente revolucionária: posicionava-se na defesa de uma reforma do partido que viesse a conferir maior autonomia em relação ao governo e afirmava a bandeira do sufrágio universal — sua principal concepção sobre o socialismo e a revolução. À parte, também já podia-se observar a ascensão de uma ala localizada a extrema esquerda, com Benito Mussolini despontando entre seus líderes: ingressando no Partido aos 17 anos de idade, foi fundador do *Lotta di Classe* e diretor do *Avanti!*, órgão oficial do PSI entre 1912 e 1914 (Mussi, 2014).

Neste contexto, o Congresso de Reggio Emilia, ocorrido em 1912, comprovou a expulsão dos reformistas giolittianos, bem como consagrou Mussolini como representante da ala revolucionária. À época, Salvemini já havia deixado o PSI e fundado a sua própria revista, *L'Unità*. "Esta divisão interna foi o contexto em que Salvemini iniciou seu afastamento progressivo do partido e ampliou sua crítica aos socialistas, combinada à criação da revista *L'Unità*, onde passou a expressar sua posição" (Mussi, 2014, p. 116).

Nesse cenário, Gramsci lança seu primeiro artigo em polêmica com Mussolini, "Neutralidade ativa e operante", no jornal *Il Grido del Popolo*, em 31 de outubro de 1914. O primeiro grande conflito mundial se inicia em 28 de julho de 1914. Pouco tempo depois, em 18 de outubro desse mesmo ano, Mussolini lança na terceira página do Avanti! o artigo "Da neutralidade absoluta a neutralidade ativa e operante", motivo

---

15 "Gaetano Salvemini (1873-1957): historiador e político italiano. Integrou o PSI. Em seus estudos, tratou do tema da aproximação entre a questão meridional e o socialismo, tendo sido um crítico do protecionismo dos operários da região Norte da Itália" (Del Roio, 2023, p. 9).

pelo qual inicia a crise de sua expulsão do PSI e fundação, pelo posterior líder do fascismo, do *Popolo d'Italia* (Fiori, 1979).

Importa ressaltar que, no escrito de 1914, Gramsci comenta e aborda a posição de Mussolini em relação à Guerra Mundial. Apesar de tachado de "intervencionista", demonstra uma autenticidade revolucionária ao assinalar a tarefa ainda a ser realizada pelo PSI: a intervenção consciente na história e na luta, concebidas como criação do próprio espírito. Aqui, a primeira observação a ser feita, como indica Edmundo Fernandes Dias, em "Gramsci em Turim", é o pensamento de Gramsci sobre o partido, que "[...] deverá passar da potência ao ato" (Dias, 2000, p. 54), e a defesa intransigente da revolução, que o acompanhará em toda a sua trajetória política, intelectual e social.

Após um período de isolamento, malgrado a repercussão do polêmico artigo, Gramsci assiste o ingresso da Itália na primeira Guerra Mundial e a convocação de seus colegas de Universidade para o *front*. Coincidentemente, é nesse mesmo ano, em 1915, que abandona os estudos na Universidade e, depois de superada a crise que o abateu, aos poucos, retoma o contato com a família e passa a integrar, em Turim, as fileiras de um jornalismo de novo tipo: o jornalismo militante (D'Orsi, 2022). Mas:

> Não foi apenas uma tentativa profissional ou um instrumento de ação militante. Já nos anos da juventude na Sardenha, o jornalismo foi para Gramsci uma grande paixão abrangente. Agora, numa realidade tão diferente da de sua terra, o exercício do jornalismo passou a ser um meio de afirmação existencial, graças ao qual sua personalidade e sua capacidade intelectual encontraram uma forma de se expressar e de se impor no panorama do socialismo turinense (Fresu, 2020, p. 60).

Pode-se precisar que sua atividade jornalística começa, efetivamente, no final de 1915, quando passa a colaborar com os jornais socialistas *Il Grido del Popolo* e *Avanti!*, com escritos assinados, ora sob a abreviação de A. G., letras do alfabeto grego *Alpha Gama*, ora, sem assinatura. A partir daí, sua redação vai adquirindo cada vez mais organicidade na medida em que, das primeiras críticas teatrais para a coluna intitulada *Sotto la Mole* e dos escritos sobre a cultura, a Revolução Bolchevique de 1917 impacta, sobremaneira, o jovem sardo que, na Petrogrado italiana se tornará um dos mais importantes líderes e organizadores do movimento operário, especialmente durante o *biennio rosso* e os Conselhos de Fábrica (D'Orsi, 2022).

A fundação do jornal *L'Ordine Nuovo*, juntamente com os antigos colegas de Universidade, se tornará o grande dinamizador dos escritos gramscianos durante o período de intensa luta de classe na Itália. Por sua vez, a ruptura definitiva de Gramsci com o PSI, acontecerá em 1921, quando auxilia na criação do Partido Comunista da Itália (PCdI), tornando-se, posteriormente, líder de seu segundo grupo dirigente (Aliaga, 2021).

Assim, entre 1915, quando começa a publicar os primeiros artigos nos jornais como atividade remunerada[16], até 1926, quando é preso, Gramsci redige um conjunto de escritos que nos auxiliam a compreender as reflexões posteriores do cárcere. É, pois, no conjunto dos milhares de artigos para os jornais socialistas e comunistas da época, agrupados nos conhecidos escritos pré-carcerários, que também se encontra uma das preocupações que o acompanha desde a Sardenha e que permanecerá a ser objeto de reflexão nos anos da prisão: a questão meridional.

---

16 "Uma lucrativa oferta de trabalho (dirigir uma escola em Oulx, a algumas dezenas de quilômetros da capital) foi recusada em benefício de uma proposta bem menos desejável no plano econômico, mas infinitamente mais gratificante do ponto de vista intelectual e político. [...] O salário [de editor na direção do *Avanti!*] era modesto, especialmente quando comparado ao que lhe foi oferecido no liceu de Oulx: 1.800 liras por ano, contra duas mil e 500 (e três meses de férias)" (D'Orsi, 2022, p. 87-88).

A trajetória de Gramsci é marcada, geograficamente, pela união que a história italiana nunca conseguiu organicizar em seu curso: se inicia no Sul e é concluída no Norte, de maneira a vivenciar profundamente as diferenças regionais. Apesar dos indiscutíveis aprendizados de que experiencia no Norte, em especial, em Turim, Gramsci não abandona as marcas que a região agrária do *Mezzorgiorno* o fez sentir (Aliaga, 2021).

Como parte integrante de sua condição e vivência pessoal, a "questão meridional" reverberará em toda a sua elaboração política, haja vista que, como destaca Fresu (2020), é a partir dessa "questão problemática" que Gramsci consegue definir algumas de suas categorias mais importantes, "[...] como hegemonia, intelectuais e grupos subalternos, tidas hoje como essenciais para se decifrarem as relações internacionais de domínio colonial" (Fresu, 2020, p. 211).

Portanto, não é somente na idade adulta e, em especial, nos *Cadernos do Cárcere*, que o sardo percebe que a revolução na Itália demanda a união entre as reivindicações do proletariado do Norte e das massas camponesas do *Mezzogiorno*, tampouco a descoberta da questão camponesa se realiza só a partir do contato e leitura de Lênin, mas, ao contrário: todas estas questões tiveram "[...] suas raízes na concretude da formação social sarda, no conjunto de experiências de vida e observação cuidadosa de seu mundo, com todas as suas contradições" (Fresu, 2020, p. 216).

OS ESCRITOS PRÉ-CARCERÁRIOS

Dos mil e setecentos (1700) títulos que, aproximadamente, Gramsci redige na totalidade dos escritos pré-carcerários, é possível encontrar algumas referências que sinalizam a menção a questão meridional[17] até desembocar no famoso artigo inacabado de 1926, intitulado "Alguns temas da questão meridional".

Nessa perspectiva, em abril de 1916, em um artigo para *Il Grido del Popolo*, *Il Mezzorgiorno e la guerra*[18], Gramsci destaca a análise que o economista Francesco Coletti realiza acerca do Estado formado na Itália: o regime centralizador que predominou no país trouxe uma série de consequências desastrosas, especialmente, para o *Mezzorgiorno*. Afinal, compreende que a unificação, ao centralizar duas regiões com formas de desenvolvimento social e cultural diferentes, ignorou as necessidades do *Mezzorgiorno*, submetendo-o à condição de mercado colonial do Norte (Fresu, 2020).

Assim, ao mesmo tempo em que de uma parte, na Itália, é possível ver o desenvolvimento de uma audaz burguesia, repleta de iniciativa, bem como a existência de um desenvolvimento industrial e econômico crescente do capitalismo (semelhante à dos países da Europa); de outra, há o predomínio de uma burguesia que não existe propriamente enquanto classe e uma agricultura bastante primitiva. É, precisamente, estas duas partes diferentes da península que a unificação colocou em contato (Gramsci, 2014a).

---

17 Recentemente, no final do ano de 2023, a Boitempo lançou um volume intitulado de "Vozes da terra": conjunto de escritos pré-carcerários redigidos por Gramsci entre 1916 e 1926 e agrupados pelos organizadores da edição, que versam a respeito da relação entre Norte e Sul na Itália e da questão camponesa. Deste volume já disponível ao público, dezessete escritos são inéditos no Brasil, não contemplados e traduzidos na edição dos *Escritos políticos*, organizados por Carlos Nelson Coutinho, pela Civilização Brasileira.

18 "O *Mezzorgiorno* e a guerra".

Gramsci conclui, portanto, que a centralização bestial a que unificação realizou, condicionou o *Mezzorgiorno* às vontades do *Settentrione*, transferindo todo o dinheiro líquido do primeiro para o segundo. Visto dessa maneira, a prática do protecionismo adotada pelos diferentes governos também já aparece aqui, na interpretação do sardo, como uma política que reforça a posição a que o Sul foi submetido, sendo um instrumento que tornou a questão meridional orgânica e estrutural. Não por acaso, em férrea crítica e oposição, Gramsci junta-se, como já registrado, a Liga Antiprotecionista da Sardenha, durante as férias de verão de 1913 (Fresu, 2020).

A principal crítica quanto a política protecionista que não hesita em realizar reside no fato de que a sua prática não vinha, na realidade, beneficiar as grandes massas camponesas do Sul. Como já assinala em *Clericali ed agrari*[19], publicado em 7 de julho de 1916, nas páginas do *Avanti!*, o caso do protecionismo sobre a produção de grãos na Itália e, especialmente, do trigo, ilustra bem a questão: a partir da fixação de um preço máximo para o trigo, o Estado italiano pretendia "proteger" as possíveis terras inférteis que não geravam produtividade. Portanto, ao elevar de 29 para 40 francos o valor do trigo, Gramsci mostra que se criou a ilusão naquele momento de que, "[...] mesmo semeando na areia, há sempre algo a ganhar" (Gramsci, 2023, p. 39).

Como em sua maioria os camponeses pobres do Sul não produziam para comercializar, mas, principalmente, para o consumo, a medida protecionista possuía pouco impacto sobre a sua situação. Não obstante, de outro lado, havia uma camada altamente beneficiada com o protecionismo e que, por esse motivo, a desejava, qual seja: a dos "[...] *industriais do vale do Pó, que não semeiam na areia,* mas nas terras férteis e irrigadas da Lombardia e especialmente da Emília, [...] [estes] obtêm lucros fabuloso, que só encontram paralelo nos superlucros de guerra dos industriais" (Gramsci, 2023, p. 39, grifo nosso).

---

19 "Clérigos e agrários".

Com esta análise, o sardo denuncia que a política protecionista beneficiava apenas os grandes produtores rurais e industriais e não os mais pobres do campo e da cidade, embora a maneira como procurava se apresentar ao camponês se colocasse como sendo benéfica e positiva. Na realidade, esta ilusão pretendia garantir sua própria adesão e colaboração aos ganhos dos grandes produtores de grãos (Aliaga, 2021).

Dessa mirada, o protecionismo consolidou-se no país colocando uma Itália contra a outra Itália, isso é, o Norte contra o Sul, o operário contra o camponês, enquanto unia a burguesia industrial do Norte e as classes parasitárias e proprietárias do Sul (Fresu, 2020). O protecionismo não propiciou uma melhora nas condições de vida dos camponeses, mas, ao contrário, impactou negativamente ao elevar o seu custo.

No conjunto dos escritos pré-carcerários, é interessante notar que os diversos artigos redigidos pelo menos até 1917, versam sobre a cultura e, especialmente, a crítica à cultura enciclopédica, tomada como restrita aos grandes intelectuais e separada do povo. Esta crítica deriva da intensa dualidade que o socialismo italiano guardava à relação dirigentes-dirigidos: "O socialismo reformista considerava a cultura algo complicado demais para os 'simples'. [...] O maximalista [...] limitava-se a rejeitá-la, por considerá-la irremediavelmente burguesa e contrária ao interesse dos revolucionários do proletariado" (Fresu, 2020, p. 47). A abordagem que Gramsci prioriza é, portanto, a superação da dicotomia entre cultura e política (Mussi, 2014), atingindo ponto alto com a publicação de *La Città Futura*, número único editado pela Federação Juvenil Socialista do Piemonte, e redigido inteiramente por Gramsci.

Apesar disso, já nestes anos iniciais de atividade jornalística, isso é, coincidentemente, os anos do primeiro conflito mundial, Gramsci não deixa de lado a centralidade de sua terra natal, escrevendo, desde o início de seu jornalismo militante, sobre a política protecionista e a sua denúncia, assim como a condição que o *Mezzorgiorno* se encontrava no contexto do Estado Moderno que se formou na Itália. Afinal, como socialista em Turim, buscava "[...] respostas novas às demandas que a experiência sarda lhe sugeria; mas, como sardo, tendia também a considerar o discurso sobre o campo não separável do discurso sobre a revolução socialista" (Fiori, 1979, p. 119).

Ponto de inflexão decisivo na formação do jovem revolucionário foi, sem dúvida, a Revolução Bolchevique de 1917. Embora com escassas informações e fontes seguras, Gramsci saúda a revolução de Outubro e redige o célebre artigo "Revolução contra o Capital". A respeito deste artigo, apesar de se afirmar as influências de tipo idealista que marcam a formação inicial de Gramsci e, muitas vezes, ser considerado como um escrito ingênuo, para Fresu (2020), ele se constitui de um importante manifesto sobre a concepção gramsciana de revolução, ou seja, isso porque foge das determinações positivistas do marxismo, somando, agora, as contribuições da filosofia idealista com as concepções leninistas da intervenção revolucionária.

Assim, o marxista sardo exalta como os bolcheviques não esperaram as condições "maduras" para a revolução, mas aceleraram a história, criando as próprias condições. Com esta leitura, Gramsci não se contrapõe a Marx, mas antes as leituras e tendências deterministas e positivistas que derivavam de seu pensamento. O sardo deu-lhe "[...] uma interpretação criativa, antirreformista em nível político e antipositivista em nível filosófico (ou seja, contra as teses de quem estabelecia uma correspondência mecânica entre situação socioeconômica e revolução, ou mesmo de quem convidava para uma espera pacífica do grande amanhecer do sol do futuro) [...]" (D'Orsi, 2022, p. 97-98).

A partir deste momento, a atenção de Gramsci volta-se, particularmente, para a revolução e a construção do socialismo que se esboça na Rússia, já que Turim ia se constituindo como uma cidade cada vez mais proletária, protagonizando e traduzindo, no período seguinte, a *Petrogrado Italiana*. Despontando como uma grande cidade industrial, a capital do Piemonte concentrava grande parte da classe operária, sendo que, apenas o setor metalúrgico, comportava 50 mil operários (Fresu, 2020). A Fiat, principal automobilística, acumulava ganhos exorbitantes, passando a experimentar o modelo produtivo taylorista. Com uma população estimada em 513 mil habitantes, "[...] mais de 185 mil eram trabalhadores assalariados, dos quais 150 mil na indústria" (D'Orsi, 2022, p. 105).

Dessa mirada, Gramsci alude a necessidade de realizar um intenso trabalho em nível cultural, a fim de auxiliar na organização e elaboração da consciência política do proletariado turinense, assim como haviam feito os bolcheviques na Rússia. Na conjuntura do período, o pós-guerra sinalizou um intenso *clímax* na cidade: o desemprego e o custo de vida da população aumentaram demasiadamente. No espectro político, novas forças ascenderam no cenário nacional: o Partido Popular, de organização católica e os *Fasci di Combatimento*, organização que dará origem ao fascismo (D'Orsi, 2022).

Mas, o mais importante a ser destacado deste período é a fundação em 1° de maio de 1919 do *L'Ordine Nuovo*, inicialmente, uma revista semanal de cultura socialista, organizada por Gramsci e seus colegas de Universidade: Angelo Tasca, Palmito Togliatti e Umberto Terracini. Entre os diversos membros do Conselho Editorial, no entanto, ficará claro, posteriormente, o distanciamento entre eles, dado que, se de início a revista gravitava sobre a necessidade do proletariado turinense construir a sua própria cultura, funcionando como espécie de estímulo a penetração cultural, com o golpe redacional de número 7, haverá uma mudança na direção do jornal e de seus escritos (D'Orsi, 2022).

Isso porque, os *ordinovistas*, sendo acusados de culturalistas, especialmente, por parte de um jovem napolitano chamado Amadeo Bordiga (com quem Gramsci ainda terá intensas divergências no PCdI), sob inspiração advinda de Tasca, que a valorizava como fortalecimento do sujeito e condição para compreensão da realidade, em Gramsci, passa-se, sobretudo, a ser valorizado o nexo cultura-política, visto que a organização do mundo operário e a Revolução Russa passam a ser centralidade em sua vida política e intelectual (D'Orsi, 2022).

> Nos primeiros tempos, *L'Ordine nuovo* baseia-se, sobretudo, nos artigos de Gramsci e Tasca (autor da maioria dos editoriais), mas [...] Em Gramsci, está amadurecendo uma sensibilidade nova e particular para os temas do presente, [...] ao passo que [em] Tasca [...] Não está em discussão a admissão da Revolução Russa como ponto de referência e do comunismo como novo horizonte da ação socialista, [...] para Gramsci, *torna-se fundamental identificar os aspectos dele nos quais se pudesse basear a tradução na Itália da experiência revolucionária* (Rapone, 2014, p. 117, grifo nosso).

Nessa perspectiva, o artigo "Democracia Operária" de 21 de junho de 1919, de Gramsci, marca uma nova fase do jornal. A partir daí, a centralidade das discussões passa a ser a fábrica e a produção, onde as Comissões Internas já constituídas deveriam desenvolver-se até a organização dos Conselhos de Fábrica, embrião do Estado proletário. Esta defesa é inspirada, sobretudo, nos *sovietes* russos, cujo germe já está situado na Itália, segundo Gramsci, pela existência das Comissões (D'Orsi, 2022).

Para Gramsci, os Conselhos permitiriam a instituição de um autogoverno da classe operária, que se iniciaria na produção e, posteriormente, se estenderia para o restante da vida social, ou seja, era o que anunciava a ruptura revolucionária — que começa pela direção econômica, ao obter controle operário sob a produção, até se estender para a direção política do Estado (Fresu, 2020).

> Na visão do Gramsci *ordinovista* e também do Gramsci dos *Cadernos*, operários e massas populares só poderiam libertar-se de sua própria subalternidade tomando plena consciência da legitimidade, mais do que da necessidade histórica, do próprio Estado. [...] Gramsci pensava o sujeito revolucionário [...] a partir de seu papel na produção, a classe operária deveria assumir a tarefa de dirigir os "estratos subalternos" e os grupos sociais intermediários hesitantes, de modo que, nas fases mais críticas da radicalização revolucionária, pudessem desorganizar toda a estrutura estatal burguesa (Fresu, 2020, p. 64).

O *L'Ordine Nuovo* se tornará, assim, quando da eclosão do *biennio rosso*, o grande educador e organizador do movimento conselhista. O trabalho de Gramsci se desenvolveu na prática, junto aos operários, apoiando a greve geral que se instaurou a partir da constituição dos primeiros Conselhos de Fábrica na Fiat e realizando um trabalho de base como um verdadeiro mestre autêntico do movimento operário (D'Orsi, 2022).

Como esse período se relaciona com a reflexão sobre a questão meridional e o *Mezzorgiorno*? Gramsci abandona esta centralidade, tão presente, como já visto, em sua vivência pessoal e, depois, política e intelectual? Após o golpe redacional do número 7, Gramsci redige "Operários e camponeses", publicado no décimo segundo número do jornal, em 2 de agosto de 1919, e que dará título homônimo a mais dois outros escritos lançados em 1920.

Impactado pela experiência da Rússia, Gramsci chama a atenção neste escrito, para os países atrasados no tocante ao desenvolvimento capitalista. Segundo ele, tal como na Rússia, Itália, França e Espanha, a separação entre cidade e campo e operários e camponeses tende a ser bastante acentuada. esse fato pode ser explicado pelo atento de que na transição para o Estado moderno liberal-capitalista, a essência feudal foi respeitada, sendo que a ela corresponde determinada psicologia: aquela em que "[...] as instituições econômicas e políticas não são concebidas como [...] históricas" (Gramsci, 2004a, p. 265) e, por esse motivo, integrantes de um processo de constante desenvolvimento que podem vir a se dissolver quando as condições de convivência social estiverem suficientemente esgotadas, mas, ao contrário, são concebidas como categorias naturais e, por isso mesmo, perpétuas e imutáveis.

Assim, nas formas sociais atrasadas, observa-se que a mentalidade do camponês assemelha-se ao do servo da gleba. No lugar de reconhecer-se e organizar-se coletivamente enquanto classe para promover uma ação sistemática, visando a modificação das relações econômicas e políticas, revolta-se violentamente contra os senhores (Gramsci, 2004a).

Por isso, para Gramsci, a psicologia dos camponeses limitava-se a um "[...] sistema de defesa contra as explorações, meramente egoísta, sem continuidade lógica [...]" (Gramsci, 2004a, p. 265), de modo que, em vez de protagonizar uma verdadeira luta de classes, suas ações se confundiam com o "[...] *banditismo, com a vingança, com o incêndio dos bosques, com o morticínio do gado,* com o rapto das mulheres e das crianças, com o assalto à prefeitura: era uma forma de terrorismo elementar, sem consequências estáveis e eficazes" (Gramsci, 2004a, p. 265, grifo nosso).

Na visão de Fresu (2020), quando Gramsci assemelha ainda a psicologia dos camponeses aos sentimentos mais primitivos, embora não esteja fazendo referência a Sardenha, refere-se diretamente a sua realidade social. Isso porque Gramsci identifica o camponês como o elemento anárquico: ainda não conseguia compreender o Estado e as questões relativas à organização, contentando-se com o esforço individual para extrair da natureza os frutos que lhe eram necessários e desejáveis e com os sacrifícios em nome da vida privada e familiar (Gramsci, 2004a).

Não obstante, na Rússia, o envolvimento na guerra e nas trincheiras, modificou radicalmente a psicologia dos camponeses. Concentrando grandes massas humanas que serviram de "carne viva" em enfrentamento aos instrumentos bélicos dos impérios centrais, todos foram igualmente submetidos a uma disciplina e condição semelhante, fato que ocasionou efeitos psicológicos nas massas e sujeitos, antes dispersos, tendo em vista a colocação em uma mesma vida coletiva. Na coletividade imanente, os sentimentos individuais e egoístas foram dando lugar a um espírito unitário (Gramsci, 2004a).

> [...] os camponeses conceberam o Estado em sua complexa grandiosidade, em seu desmesurado poder, em sua complicada construção. Conceberam o mundo não mais como uma coisa tão indefinidamente grande quanto o universo ou tão mesquinhamente pequena quanto o campanário da aldeia, mas passaram a figurá-lo em sua concretude de Estados e povos, de

> forças e fraquezas sociais, de exércitos e máquinas, de riquezas e pobrezas. Estabeleceram-se vínculos de solidariedade que, de outro modo, somente teriam sido suscitados por dezenas e dezenas de anos de experiência histórica e lutas intermitentes (Gramsci, 2004a, p. 267).

Neste ínterim, tornou-se possível a participação dos soldados camponeses nos *sovietes*, pois, ao adquirirem consciência de classe, uniram-se a unidade da classe trabalhadora para a construção de uma nova sociedade. Gramsci atribui, portanto, uma particular importância para a unificação entre operários fabris e camponeses pobres, visto que, para ele, esta é a espinha dorsal e base da revolução proletária, inclusive na Itália (Gramsci, 2004a).

A difusão da nova psicologia, que funda uma "vida comum" entre operários e camponeses, é a base da propaganda comunista, sendo que os camponeses organizados podem se tornar elemento de ordem e progresso, enquanto, abandonados, constituem-se somente de desordem caótica e paixões dispersas (Gramsci, 2004a).

Fresu (2020) ressalta que, particularmente esse escrito gramsciano, "Operários e camponeses", de 2 de agosto de 1919, adquire relevância pois já fundamenta os primeiros elementos que compõem a leitura de Gramsci sobre os grupos subalternos. Afinal, é a irrupção no cenário político dos diversos estratos e categorias sociais, entre elas, as massas camponesas, em união com a classe operária, que colocam a possibilidade de um amplo bloco social na construção da revolução. Para Gramsci, "[...] é preciso articular cidade e campo, [...] servir de cimento [...], [incorporar] ao movimento comunista as amplas forças dos trabalhadores do campo [...]" (Gramsci, 2004a, p. 270).

Bastante interessante também é a narração dos Acontecimentos de 2-3 de dezembro de 1919 não assinada, mas publicada no número vinte e nove do *L'Ordine Nuovo*, entre 6-13 de dezembro de 1919. Nela, Gramsci comenta sobre a insurreição popular dos camponeses pobres da zona de Andria. Por ocorrer simultaneamente junto aos dias de greve geral do proletariado urbano no Norte, destaca a coincidência das duas revoltas e seus respectivos ensinamentos: o modelo a partir do qual deverá se constituir a revolução italiana, quer dizer, o proletariado (operários da indústria e da agricultura industrializada) e os camponeses pobres formam as duas alas do exército revolucionário (Gramsci, 2023).

Os operários tornam-se revolucionários pela educação na fábrica, adquirido e desenvolvendo a consciência de classe, ao passo em que incitam a irrupção das grandes massas na revolução. Devem ocupar e tornar a fábrica, que é célula de exploração do trabalho, em máquina posta em movimento a seu favor e das massas. No mesmo sentido, os camponeses pobres necessitam resolver o problema da vida, ou seja, do pão, do perigo da morte por fome ou chumbo. Para tanto, precisam exercer pressão sob as demais parcelas da população agrícola, de modo a estimulá-las a criarem um órgão de controle coletivo sobre a produção no campo: para Gramsci, o Conselho Camponês. Isso porque, de maneira semelhante aos operários, os camponeses precisam colocar a si mesmos o problema da produção da riqueza.

É a partir dessa reflexão que a revolta de Andria expressa a seguinte lição: "[...] *o problema de todo o Sul da Itália*, o problema da conquista efetiva da terra por aqueles que nela trabalham [...]" (Gramsci, 2023, p. 69, grifo nosso). Gramsci é grande defensor da necessidade dos movimentos de operários e camponeses convergirem em direção única, isso é, na criação de órgãos que permitam às classes trabalhadoras se autogovernarem. E uma vez mais destaca o exemplo da Revolução Russa: os operários e camponeses no caso russo, mesmo partindo de pontos opostos, uniram-se pois entenderam que somente fundando coletivamente um órgão dirigente para toda a vida nacional do país (o soviete), é que poderiam libertar-se da opressão de seus senhores. Portanto, também na Itália: "O controle da fábrica e a conquista das terras devem ser um problema único. Norte e Sul devem realizar juntos o mesmo trabalho [...] só os trabalhadores têm hoje a capacidade de resolver o problema do Sul de forma 'unitária' [...]" (Gramsci, 2023, p. 70).

Atribuindo pela segunda vez o mesmo título, Gramsci redige e publica o escrito "Operários e camponeses", em 3 de janeiro de 1920, no *L'Ordine Nuovo*. Permanece a registrar que o problema agrário das massas camponesas só pode ser resolvido na medida em que, com os operários urbanos da Itália setentrional, se implementar a ditadura proletária. Afinal, não basta apenas o mote "dar terra aos camponeses", como sugerem resolver os parlamentares reformistas-oportunistas. Nesse sentido, Gramsci questiona: o que fará o camponês pobre com uma terra não cultivada ou mal aproveitada? O que fará sem maquinários, sem casa no local de trabalho, sem crédito disponível, sem instituições cooperativas? Certamente, tornar-se-á um bandido e não um revolucionário, ou seja, um combatente pelo comunismo (Gramsci, 2023).

Por essa razão, entende que "[...] *o proletariado setentrional, emancipando a si mesmo da escravidão capitalista, emancipará as massas camponesas meridionais subjugadas aos bancos e ao industrialismo parasitário do Norte*" (Gramsci, 2023, p. 73, grifo nosso). Visto que a burguesia do Norte sujeitou a Itália meridional e as ilhas e as colocaram na condição de colônias de exploração, a resposta ao problema agrário está na solidariedade junto ao proletariado industrial! Apenas ela pode regenerar econômica e politicamente os camponeses: ao impor o controle operário sob a indústria, o proletariado resolverá o problema da produção de máquinas agrícolas para os camponeses, da falta de luz elétrica, de tecidos, de calçados, isso porque, é de seu interesse transformar a produção em trabalho de paz e fraternidade entre cidade e campo, Norte e Sul. Para tanto, o problema agrário não pode ser resolvido dentro e a partir do Parlamento, mas, precisamente, como fala Gramsci, contra o Parlamento, e a favor do Estado operário.

Assim, a tarefa que cabe aos operários urbanos e camponeses é uma intensa obra de educação revolucionária entre as grandes massas, contribuindo para unificar seus sentimentos e aspirações. Esta passagem, não por acaso, é muito semelhante àquela com que nos depararemos no *Caderno especial 25*, quando Gramsci assinala a história desagregada e episódica das classes subalternas. Ainda que neste escrito em particular, também não haja referência ao conceito, pode-se possivelmente assinalar que o alicerce do tema desenvolvido no cárcere já se encontra aqui colocado, daí que, mais uma vez, a indissociabilidade entre a vida prático-social de Gramsci (de origem sarda, periférica e colonial) e intelectual, vai se apresentando.

A capacidade analítica do jornalista militante sobre a expansão imperialista promovida pelos Estados burgueses e as consequências dessa expansão para as colônias são anunciadas em um escrito intitulado "As populações coloniais", no número sete do *L'Ordine Nuovo* de 26 de junho de 1920, não assinado. Escrevendo a respeito do desenvolvimento da burguesia industrial, Gramsci pontua que esta teve de resolver historicamente alguns problemas: o de comprar matérias-primas baratas, o de elaborar condições para a absorção das populações rurais, agora, nas fábricas, etc. O conjunto destes problemas foram resolvidos pela burguesia industrial submetendo alguns países a outros Estados nacionais na condição de colônias diretas (Gramsci, 2023).

Neste contexto, a luta travada pela busca de mercados coloniais de matérias-primas tornou-se frequente, não podendo deixar de desembocar em um conflito mundial. Na hierarquia da exploração capitalista, Gramsci mostra como as populações coloniais e / ou populações das colônias diretas são as mais prejudicadas no contexto deste sistema, servindo, na realidade, de base para todo o aparato de exploração capitalista: afinal, são das colônias diretas que as matérias-primas transformadas pelo operário nas fábricas são saqueadas. A população colonial está subjugada aos interesses da metrópole, sendo obrigada a contaminar e empobrecer seus solos em benefício da civilização europeia, ou seja, no dizer de Gramsci, "[...] devem consagrar toda a sua existência ao desenvolvimento da civilização industrial, *sem obter com isso nenhum benefício, mas ao contrário, vendo seu território nacional sistematicamente despojado de suas riquezas naturais*, ou seja, vendo-se despojadas das condições necessárias para seu próprio desenvolvimento autônomo" (Gramsci, 2023, p. 77, grifo nosso).

Por isso, Gramsci acredita que o problema da exploração das populações coloniais não pode ser resolvido pelos Estados burgueses, mas somente pelo proletariado revolucionário, aquele que não tem interesse na propriedade privada e na opressão hierárquica de alguns países sob as colônias, mas sim no desenvolvimento das forças produtivas mundiais, tendo em vista a afirmação da liberdade de todas as populações. Aqui, versando sobre o mundo colonizado pelos europeus, parece ocorrer uma ampliação da questão meridional para além da Itália: uma reflexão que, certamente, tem origem e diz respeito a condição da Sardenha, mas também gravita para pensar a extensão do mundo colonial em geral (Del Roio, 2023).

O último escrito sob o título "Operários e camponeses" é redigido por Gramsci para a edição piemontesa do *Avanti!*, em 20 de fevereiro de 1920. Criticando a posição dos escritores do jornal *La Stampa*[20], Gramsci os acusa de não terem compreendido as teses e propósitos da III Internacional: "o significado mundial da Revolução Russa!". Essa representou a primeira tentativa vitoriosa de uma economia organizada em favor da classe operária: o Estado que se formou foi colocado para atender os interesses da classe operária, que também deve incluir o dos camponeses pobres (Gramsci, 2014a).

Mas, para Gramsci, a luta de classes na Itália ainda não conseguiu adquirir formas conscientes e orgânicas no campo, como ocorreu na Rússia. A revolução proletária italiana só pode alcançar uma forma resoluta quando os camponeses pobres e pequenos proprietários se separarem dos partidos de coalizão camponesa, ligando-se às lutas do proletariado revolucionário, pois somente esse possui uma doutrina

20 Jornal político fundado em Turim em 1867 de inspiração liberal e ligado a Giolliti. Particularmente no escrito "Operários e camponeses" datado de 20 de fevereiro de 1920, Gramsci critica a posição de seus redatores que defendem a necessidade sentida no período de restaurar a autoridade do Estado (burguês) e da sociedade italiana, cabendo e solicitando a cooperação da classe operária e do Partido Socialista.

política, isso é, o marxismo, uma cultura, uma disciplina capaz de organizar uma nova forma de sociedade. Em termos explícitos, isso significa desvincular na Itália estes estratos (dos camponeses pobres e pequenos proprietários) do Partido Popular, já que esse concilia camponeses e latifundiários (Gramsci, 2014a).

Nessa senda, ainda que ocupado pela centralidade da organização do movimento conselhista e dos operários de Turim, a questão dos camponeses sempre esteve presente nas elaborações políticas de Gramsci, não desarticulando a revolução proletária e a construção do Estado operário da orgânica relação "cidade-campo". A experiência do *biennio rosso* anunciou também ao sardo alguns caminhos que melhor se delineariam nos anos seguintes: o confronto com o socialismo italiano estava marcado, indiscutivelmente, pelo julgamento da experiência dos Conselhos (D'Orsi, 2022).

Isso porque, quando da eclosão do movimento conselhista, particularmente, em 1920, tanto o PSI, quando a Confederação Geral do Trabalho (CGDL), principal sindicato do período vinculado ao PSI, não prestaram apoio ao movimento. O imobilismo do PSI e a ausência de organicidade do partido junto ao movimento operário turinense já vinham sendo objeto de duras críticas por parte de Gramsci, a exemplo dos artigos Antes de mais nada, reformar o partido, de 24 de janeiro de 1920, e Para uma renovação do Partido socialista, de 8 de maio de 1920, ambos publicados no *L'Ordine Nuovo*.

Diante desse contexto, é muito comum a visão "negativa" do período que Gramsci estabelece em relação aos sindicatos e partidos no tocante a organização da revolução, apostando, por outro lado, nos conselhos enquanto àqueles que permitiriam preparar os trabalhadores para se tornarem Estado:

> [...] o conselho devia levar adiante, até as extremas consequências, o processo revolucionário, entendido como penetração cultural, ideológica, gestionária e econômica para a construção do Estado socialista italiano. No entanto, ao logo do percurso

> que levaria ao Partido Comunista, o ponto de vista seria em parte modificado, e o papel do partido seria exaltado na ideia gramsciana, que viria a desviar-se do hiperdemocratismo, se quisermos chamar assim, de 1919 (D'Orsi, 2022, p. 125).

Assim, é possível observar o isolamento do *L'Ordine Nuovo*, em especial, de Gramsci, quanto ao movimento dos conselhos: foi acusado de anarco-sindicalista pelo PSI, as divergências com Tasca se aprofundavam e o grupo de Bordiga, por mais que não compartilhasse das ideias predominantes no PSI, já assinalando a necessidade de uma ruptura com o partido, não aderia ao movimento conselhista por insistir na necessidade de organizar um partido revolucionário que viesse a tomar o poder político (Del Roio, 2005): Na visão de Bordiga, "[...] os conselhos [...] só deveriam surgir no momento de insurreição política ou no momento da máxima crise da burguesia; [...] não deu nenhum crédito ao [...] movimento dos conselhos, *demonstrando uma constante e quase patológica desconfiança em relação ao autogoverno operário*" (Fresu, 2020, p. 87, grifo nosso).

A derrota dos Conselhos de Fábrica, marcada pelo isolamento e falta de apoio das principais instituições que diziam representar o proletariado industrial, o PSI e CGDL, foi decisiva para as cisões posteriores que ocorreriam no interior do PSI. Afinal, o fracasso do movimento conselhista explicitou as frações a que o partido estava constituído: os maximalistas, de orientação dominante, entre os quais, Terracini e Togliatti do grupo *L'Ordine Nuovo* passaram a se aproximar; os reformistas, com maioria na representação parlamentar; e os comunistas, com Gramsci e o *L'Ordine Nuovo*, e Bordiga e o *Il Soviet*, respectivamente, e suas divergências (Fiori, 1979).

Nos anos posteriores, Gramsci analisará a derrota do movimento e perceberá o quão deveria ter organizado a fração política no interior do PSI com vista a combater a direção política dominante. A partir daí, a centralidade do partido passa a ocupar prioridade absoluta em sua atividade e elaboração política, teórica e prática (Fresu, 2020).

Apesar do isolamento a que se encontrava no partido, novo fôlego foi encontrado, quando da realização do II Congresso da Internacional Comunista ou Terceira Internacional[21]. "Aqui já podem ser vislumbrados os fundamentos da futura estratégia de Gramsci [...] diante do isolamento no interior do partido, *uma forte ênfase deve ser dada à política internacional dos comunistas, fazendo com que a questão nacional viva no contexto internacional*" (Del Roio, 2005, p. 46, grifo nosso).

Segundo Del Roio (2005), esse Congresso, ocorrido em Moscou entre 19 de julho e 7 de agosto de 1920, não contou com a representação de ordinovistas, mas foi marcado pela pressão exercida sob a delegação italiana em favor da expulsão dos reformistas, pois, na leitura da Internacional, a aliança desses com o Estado liberal, subordinaram o movimento conselhista e o levaram a derrota em razão da aliança estabelecida entre capital e trabalho. A expulsão dos reformistas e a transformação do partido em comunista eram recomendações para o cumprimento dos 21 pontos e/ou condições para a inclusão dos partidos na Internacional.

Ademais, é nesse Congresso que Lênin saúda o documento "Para uma renovação do Partido Socialista" de Gramsci, considerando-o como totalmente coerente com os princípios da Internacional. Por isso, seguindo as orientações da Internacional Comunista, Gramsci, em um primeiro momento, dedica-se a renovação do PSI, visto que acredita que, em seu interior, há um núcleo verdadeiramente comunista, que deveria se fortalecer e se fazer predominar no âmbito da direção do partido; mas, logo em momento subsequente, diante dos impasses da renovação, opta por se unir às forças direcionadas a cisão (Del Roio, 2005).

21 A Terceira Internacional (1919-1943) foi criada por inciativa de Lênin, reunindo partidos comunistas de diferentes países. Após sua morte, em 1924, é dirigida por Stálin, que a dissolve em 1943. Ao todo, realizou sete Congressos Mundiais.

Assim, o grupo de Bordiga, de Gramsci e os demais comunistas organizam-se em outubro de 1920 em Milão, para se opor ao PSI e aos reformistas, oficializando a fração comunista à esquerda no Congresso de Ímola. Frente a hesitação do PSI em acatar as recomendações da Internacional no que se refere ao cumprimento das 21 condições, o XVII Congresso do Partido, conhecido como Congresso de Livorno, realizado em janeiro de 1921, marca a ruptura definitiva: a fração comunista à esquerda, em um encontro à parte, no teatro San Marco, funda o PCdI (Del Roio, 2005).

Importante situar que, neste Congresso, o papel de Gramsci foi marginal. Como indica Fiori (1979), Gramsci nem sequer falou. A constituição do primeiro grupo dirigente foi liderada pela figura de Bordiga, que teve apenas Terracini como membro *ordinovista*: Gramsci participou na condição de suplente do Comitê Central, sendo que os seus posicionamentos se diferiam muito do primeiro grupo, em especial, no que diz respeito a "questão meridional" — embora tenha se submetido, neste momento de constituição, a sua liderança (Del Roio, 2005).

> No Comitê Central estavam presentes oito comunistas abstencionistas: Bordiga, Fortichiari, Grieco, Parodi, Polano, Repossi, Sessa e Tarsia; cinco maximalistas, Bombacci, Belloni, Gennari, Marabini e Misiano; e somente dois representantes do grupo de Turim, Terracini e Gramsci (contra o qual houve resistências, devido às acusações de que tinha sido intervencionista na juventude) (Fresu, 2020, p. 126).

Daí advém o antigo rótulo atribuído a Gramsci de grande fundador do Partido Comunista. No entanto, como demonstram D'Orsi e Fresu, a centralidade do papel fundador não coube propriamente ao sardo, mas sim a Amadeo Bordiga. Afinal, por ter sido o primeiro a construir uma forte oposição a direção do PSI, conquistou o respeito e a admiração dos revolucionários, possuindo grande carisma e capacidade organizativa (Fresu, 2020).

Ressaltar essa questão é importante para compreender a riqueza da produção teórica, prática e intelectual de Gramsci no período. Para Fresu (2020), os anos em que o sardo foi dirigente político no *Comintern*, representando o PCdI, foram um dos mais significativos para o desenvolvimento de suas categorias posteriores, visto que, as divergências com o primeiro grupo dirigente e, em particular, Bordiga, se irrompem abertamente com a experiência do internacionalismo.

Assim, o sectarismo das posições de Bordiga, rebatem no recém formado partido, pondo-o na condição de inércia e espera messiânica, características típicas do maximalismo que tanto se esperava romper com a cisão de Livorno e da abordagem da Segunda Internacional. Para o líder, o objetivo do partido era a conquista última do poder político, não cabendo posições "intermediárias", quer dizer, o avanço no terreno democrático e o estabelecimento de alianças. Partindo de princípios esquematizados e rígidos, a sua concepção de partido não partia da classe operária e da análise das situações reais, mas de esquemas intelectuais pré estabelecidos que deveriam ser aplicados a quaisquer situações (Fresu, 2020).

Além disso, a relação entre dirigentes-dirigidos, baseava-se em uma férrea disciplina exterior, na qual as massas deveriam seguir as orientações provenientes da executiva do partido, sendo-lhes, de certa maneira, "obedientes". Também o partido, para Bordiga, não deveria abarcar toda, ou mesmo, a maioria da classe trabalhadora, mas apenas seus núcleos mais conscientes, funcionando como espécie de intelectualidade e grupo restrito. Claramente, tais concepções não podiam ser compartilhadas pelo sardo que, sempre na defesa coletiva da classe operária e dos camponeses do Mezzogiorno, colocou-se organicamente na luta para "fazer na Itália como na Rússia" (Fresu, 2020).

Mas as contradições internas do PCdI logo começariam a aparecer, entrando em choque com as orientações da Terceira Internacional. Desde 1º de janeiro de 1921, *L'Ordine Nuovo* se tornou um jornal diário sob a direção de Gramsci, assumindo a condição de órgão oficial do Partido Comunista. O fato, porém, não impediu Gramsci de expressar os posicionamentos contrários ao partido, sobretudo quando da recomendação da fórmula da frente única pela Internacional durante a sua permanência em Moscou (Fresu, 2020).

Qual era o cenário que se apresentava? Por que Gramsci passa da defensiva a ofensiva? A fundação do PCdI ocorreu em um momento coincidente de derrota do movimento operário na Itália e no mundo, com o fim da primeira Guerra Mundial e da guerra civil na Rússia e em um contexto de grave crise econômica. Nesse cenário, o X Congresso do Partido Comunista Russo, ordenou uma alteração da rota para manter as conquistas obtidas com a revolução: a recomposição da ofensiva do capital exigia uma reorientação estratégica do movimento operário (Del Roio, 2005).

Por esse motivo, a Nova Política Econômica (NEP), proposta por Lênin, deveria ser adotada para substituir o comunismo de guerra, inaugurando uma nova etapa na luta de classes. Propondo e desenvolvendo um certo capitalismo de Estado, as novas medidas eram necessárias diante do contexto que se apresentava a fim de manter a atualidade da transição socialista (Fresu, 2020).

Os ecos da NEP e da fórmula da frente única recomendada, assumirão os debates do III e IV Congresso da Internacional Comunista. O III Congresso, realizado em Moscou entre junho e julho de 1921, explicitou a clivagem entre o PCdI e a Terceira Internacional, conhecida como questão italiana. Se a cisão de Livorno representou um passo à esquerda na Itália, visando a defesa da revolução diante da separação com os socialistas, o momento atual exigia um passo à direita: "[...] a aliança com os socialistas na 'frente única' para resistir à ofensiva reacionária" (Fiori, 1979, p. 190).

Isso porque, como Gramsci já vinha notando nos diversos artigos datados de 1921, a retração do movimento operário poderia ser sucedida por uma reação burguesa que adquiria contornos sólidos, especialmente na Itália: o fascismo se apresentava como um perigo imanente. Por isso, alertava para o necessário período de fortalecimento das liberdades e garantias democráticas, preferindo ainda, neste momento, não abrir confronto direto com o grupo dirigente do partido (Fiori, 1979).

Por outro lado, o grupo de Bordiga e a linha do partido, identificavam no fascismo uma reação burguesa passageira. Assim, sua defesa era a de uma estratégia baseada na luta pela conquista do poder e afirmação da cisão com os socialistas. No entanto, prova concreta de que o fascismo se tornaria uma reação mais profunda e duradoura, são as eleições de março de 1921: nelas, o PCdI elegeu apenas 15 deputados (entre os quais, não se encontrava o nome de Gramsci), enquanto os fascistas conseguiram eleger 35, sendo que Mussolini despontava como o mais votado em Milão (Del Roio, 2005). Aqui, como lembrar D'Orsi (2022), estariam dadas as condições para a abertura do *biennio nero* na Itália.

O II Congresso do Partido Comunista da Itália, realizado em Roma entre 20 e 24 de março de 1922, foi marcado pela linha de Bordiga e a opção de Gramsci por não aprofundar o choque com sua direção. Neste Congresso, Bordiga se posiciona

> [...] na luta inescrupulosa contra os socialistas — a "esquerda burguesa" —, apresentando uma análise incrivelmente superficial da situação italiana. Para ter uma ideia de sua abstração, [...] excluiu-se a possibilidade de um golpe fascista e, mais amplamente, omitiu-se quase completamente o perigo do movimento de Mussolini (Fresu, 2020, p. 150).

Claramente, esta é uma análise que muito diverge das orientações da Internacional, recusando a frente única, sendo que Gramsci na ocasião vota em favor da linha política predominante, pois ainda reconhecia a importância da figura de Bordiga na fundação do PCdI, bem como pretendia evitar uma divisão interna do partido, apenas muito recentemente formado. Entretanto, ao mesmo tempo, é pelo posicionamento adotado, que o nome de Gramsci é indicado para representar o Partido Comunista da Itália na Executiva da Internacional em Moscou, junto de Tasca e Graziadei (Fresu, 2020).

Em Moscou e Viena: o interlocutor

Gramsci viveu os seus últimos tempos em Turim em maio de 1922, quando deslocou-se para Moscou, deixando a direção do jornal *L'Ordine Nuovo* e a pensão da viúva Berra. Por lá, permaneceria até dezembro de 1923, completando, de acordo com Fresu (2020), o terceiro momento de sua virada existencial, destinado a formá-lo politicamente: o primeiro e o segundo, respectivamente, em Cagliari e Turim; e o terceiro, na Rússia.

Apesar das condições a que desembarca em Moscou, extremamente deprimido e doente, uma vez que a viagem debilitou sua saúde (chegando a ser internado para recuperação antes da realização dos trabalhos da Internacional e onde conhecerá as irmãs Schucht[22]), assistiu a ascensão do fascismo e de Mussolini na Itália por intermédio da Marcha sobre Roma. De lá, acompanhou entre os meses de novembro e dezembro de 1922, o IV Congresso do *Comintern* (D'Orsi, 2022).

O significado deste Congresso é indiscutível. Primeiro, porque é o último presidido por Lênin antes de sua morte. É nele também que as diferenças entre o Partido Comunista da Itália e a Executiva da Internacional assumem o seu ápice, criando as condições para a gênese de um novo grupo dirigente, que tem em Gramsci o seu principal líder, sendo que, conforme D'Orsi (2022), dele, Gramsci absorve

---

22 De passagem pela clínica de doenças neurológicas Serebryany Bor, a poucos quilômetros de Moscou, lugar utilizado e frequentado pelos líderes soviéticos para relaxamento, Gramsci conheceu as irmãs Schucht: Eugenia estava ali internada para tratar de um problema nas pernas que a deixou paralisada. Em setembro de 1922, durante uma visita de sua irmã e musicista Giulia à clínica, Gramsci teve o encontro "fatal" com sua futura esposa (D'Orsi, 2022). Da união do casal, dois filhos nasceram: Delio, em 1924 e Giuliano, em 1926. Em fevereiro de 1925, em Roma, Gramsci conhece Tatiana Schucht, irmã de Giulia, que se tornará uma importante correspondente nos anos da prisão.

as indicações que o levarão, nos *Cadernos do Cárcere*, a refletir sobre a guerra de manobra da e guerra de posição, ou seja, o problema da transição nas sociedades Orientais e Ocidentais.

Assim, decisivo foi o encontro de Gramsci com Lênin, em uma reunião no dia 25 de outubro de 1922, poucos dias após o advento do fascismo na Itália. D'Orsi (2022), revela, de maneira inédita, dois pontos a partir dos quais os líderes do movimento socialista discutiram: a aliança entre comunistas e socialistas e; a "questão meridional". Embora tenha criticado a cisão de Livorno, Lênin demonstrou concordância com as opiniões de Gramsci, sobretudo no tocante às dissidências em relação a Bordiga. Ambos concordaram na necessidade de cautela em relação a mudança de linha do partido, que deveria recuperar as relações com os bordiguianos e socialistas do PSI, visto que, para Lênin e a Executiva da Internacional, a aliança com a social-democracia se fazia necessária mediante a mudança do cenário mundial. Por sua vez, a cautela de Gramsci na ruptura imediata com Bordiga repousava na fratura que o movimento provocaria no interior partido, fato que levaria ao fortalecimento das forças de direita de Tasca. Mas, importa dizer que, a partir daqui, "[...] começaram a emergir as diferenças entre os dois — Bordiga e Gramsci — [...]" (D'Orsi, 2022, p. 169).

O desfecho deste Congresso resultou na permanência da posição antifusicionista de Bordiga em relação ao PSI, embora a delegação italiana tenha capitulado em favor da negociação e dos termos em que a fusão se realizaria, tendo em vista o manifesto elaborado pela Internacional e a possibilidade de expulsão do partido. Dentre os membros do PCdI, "[...] Scoccimarro e Gramsci decidiram tomar a iniciativa e discutir as condições da fusão, também para evitar a predominância da minoria de direita e dos maximalistas de Serrati [do PSI] na liderança do Partido" (Fresu, 2020, p. 160).

Depois de uma série de resistências e controvérsias por parte de ambos os partidos, a fusão na prática foi impossível e nunca aconteceu, agravando a situação interna do PSI e do PCdI. Gramsci foi enviado à Itália para participar da comissão da fusão, mas, em função das diversas ordens de prisão expedidas contra socialistas e comunistas — entre os quais, Bordiga e outros companheiros partidários foram enquadrados em fevereiro de 1923 —, transferiu-se para Viena. Até aqui, Gramsci acordou em levar a fusão adiante, porque a considerava inevitável, preferindo participar de seu desenvolvimento no lugar de deixá-la a cargo de Tasca e dos maximalistas do PSI, que poderiam assumir a direção da linha partidária. No entanto, com o avanço da ofensiva fascista e a crescente prisão e perseguição das lideranças socialistas e comunistas, "[...] começa a perceber os limites da estratégia política que dera vida e o guiara [o PCdI] até ali [...] percebe com uma clareza sempre maior que o vínculo com a IC e a aplicação das determinações de seu Quarto Congresso eram imprescindíveis para a sobrevivência do partido [...]" (Del Roio, 2005, p. 84).

Por essa razão, a ruptura de Gramsci com o líder do primeiro grupo dirigente do PCdI torna-se inevitável. Com a prisão da maioria da direção do Partido Comunista, o Comintern passa a designar uma nova Executiva, sendo que Gramsci assumiu um "[...] papel de liderança, adquirindo segurança, até que finalmente se emancipou de Bordiga para se tornar o homem da Internacional, o catalisador do novo curso do Partido" (Fresu, 2020, p. 166).

A experiência que Moscou soma à vida prática, teórica e intelectual de Gramsci é, sem dúvida, significativa. Como assinala D'Orsi (2022), esse foi um período em que o sardo mais se aproxima da "ortodoxia" de Lênin, expressando o ápice de seu bolchevismo, que combina realismo com o elemento de fé na revolução proletária, isso é, Gramsci, mais do que outro dirigente no plano nacional, era capaz de realizar uma análise concreta da situação concreta.

> Em resumo, se no pensamento de Gramsci antes da Marcha sobre Roma e da viagem para a Rússia, é central o tema da revolução, em seguida, a centralidade é ocupada pelo grande tema do poder, de sua gestão, de sua organização; e isso tanto em relação ao socialismo, à sua defesa e construção de um Estado

> socialista, na URSS, como em relação ao caso italiano, ou seja, ao problema do fascismo e sua tentativa de transformar o Estado liberal em uma forma incomum de Estado autoritário (D'Orsi, 2022, p. 174-175).

Podendo absorver a bagagem de Lênin, sobretudo a partir da conversa com o líder bolchevique e com os companheiros russos, Gramsci conectou o quadro nacional italiano com o supranacional, e o europeu, sendo que, acabou por aderir a posição da Internacional quanto às suas recomendações, já que o afastamento em relação às posições bordiguianas começa a amadurecer "[...] devida a inúmeros fatores: primeiramente às diferentes e divergentes concepções de partido, mas não podemos também excluir as contrastantes personalidades dos dois líderes. Entrava, na análise gramsciana, todo um nó de temas, decorrente dos problemas concretos emergentes da situação russa [...]" (D'Orsi, 2022, p. 173).

De Viena, as tensões na Rússia e na Itália começam a aparecer. A morte de Lênin no início de 1924 provoca uma luta interna no partido russo polarizada por Trotsky e Stalin. Na Itália, o fascismo avança na constituição de um Estado ditatorial, enquanto o PCdI vivenciava uma crise interna. Nessa conjuntura, duas questões precisavam ser resolvidas: a) dissuadir Bordiga; b) formar um novo grupo dirigente alinhado com as diretivas da Internacional (Fiori, 1979).

Assim, nos primeiros meses de 1924 em Viena, Gramsci retomará a publicação do *L'Ordine Nuovo*, tendo em vista reagrupar o grupo de Turim (com exceção de Tasca, convencido da perspectiva social-democrata). Os diversos artigos publicados nessa nova fase do jornal guardam relação com sua primeira etapa: o tema da cultura volta aparecer, mas, agora, diante de uma mudança significativa da situação histórica e pessoal. "[...] Estamos, por assim dizer, em uma fase de passagem da ação direta ao *für ewig* do cárcere, quando não só a derrota se tornara evidente, mas aparecera nos seus próprios termos gerais [...]" (D'Orsi, 2022, p. 182).

De Viena, Gramsci também se tornou o interlocutor mais confiável do *Comintern*, assumindo uma figura proeminente, dialogando com diversos camaradas austríacos e de outras nações. A fim de enfrentar com maior efetividade a linha de Bordiga, a Internacional aprovou a ideia de criação de um jornal, que se tornará o diário dos trabalhadores e camponeses (D'Orsi, 2022): Gramsci propôs o nome de *L'Unità*, recordando o título do periódico fundado por Salvemini, sendo que, não por acaso, pretendia fazer referência a unidade nacional, pondo em destaque a "questão meridional" e sugerindo a palavra de ordem República Federal dos Operários e Camponeses (Del Roio, 2005).

Tendo o seu primeiro número lançado em 12 de fevereiro de 1924, o jornal pretendia a união de todas as forças da esquerda operária, que, para Gramsci, representava a união entre camponeses do Sul e operários do Norte. A "questão meridional" é, portanto, o nó da questão, assumindo centralidade não apenas a partir de agora nas elaborações gramscianas, mas, convencido da necessidade de unir as forças antifascistas, de republicanos a anarquistas, de socialistas a sindicalistas, a questão meridional, que sempre permeou as suas elaborações, passa a assumir leitura original na medida em que Gramsci está atento para as questões de como conquistar o poder e manter sua estabilidade (D'Orsi, 2022).

Ainda na estadia vienense, publica em 15 de março de 1924 no *L'Ordine Nuovo*, um escrito intitulado *"Il Mezzogiorno e il fascismo"*[23]. Debatendo a tentativa de "solução" que o Partido Nacional Fascista pretende dar às relações entre Estado e *Mezzorgiorno*, Gramsci afirma que Mussolini não fez senão aplicar e continuar a tática giolittiana, mas, agora, em uma situação nova. No atual cenário, com a retração das forças operárias, as massas camponesas meridionais assumem papel central no campo revolucionário. Isso porque é urgente o

---

23 *"O Mezzogiorno e o fascismo"*.

proletariado do Norte estabelecer um sistema de alianças com o *Mezzorgiorno*. Caso isso não aconteça, os camponeses do Sul correm o risco de se ligar aos líderes políticos de sua própria região, o que significa se associarem à pequena burguesia (Gramsci, 2023).

Gramsci vê nessa conjuntura a reserva de uma contrarrevolução. Por esse motivo, "A palavra de ordem do governo operário e camponês deve, portanto, *ter em especial conta o Sul* [...] Hoje o problema é ainda mais complicado e difícil [...] *mas continua a ser o problema central de cada revolução* [...]" (Gramsci, 2023, p. 107, grifos nossos).

Cada vez mais, observa-se que o eixo de análise de Gramsci se descola da hipótese imediata da revolução, como continuam a pactuar os bordiguianos, para o "problema" da transição e do poder, visto que a sua luta em transformar a estrutura do PCdI de uma seita pequena e restrita de intelectuais para um partido que fosse capaz de abranger grande parte das classes subalternas, pretendia colocar em cena a questão da unidade, tão necessária, afinal, para a transição socialista: precisamente entre os trabalhadores do Norte e os camponeses do Sul (D'Orsi, 2022).

O trabalho junto ao *L'Unità* e, especialmente, ao *L'Ordine Nuovo* buscava refundar o partido em crise, torná-lo uma instituição de massas, alterar a correlação de forças em seu interior, de maneira a combater o sectarismo de Bordiga e o oportunismo de Tasca, ao mesmo tempo em que mantinha a sua unidade para agrupar uma ampla frente antifascista. As condições para esse trabalho encontrarão ressonâncias mais concretas quando Gramsci retorna à Itália em 12 de maio de 1924, após ter sido eleito a deputado pelo distrito de Vêneto e conquistado imunidade parlamentar. A partir daí, inicia-se uma espécie de revisão crítica e autocrítica por parte de Gramsci sobre o passado do grupo comunista, assumindo "[...] o papel de líder indiscutível do comunismo italiano [...]" (D'Orsi, 2022, p. 193). E, mais, poder-se-ia afirmar, que passa a assumir uma "[...] dupla nomeação nacional — *deputado e líder político da única força de oposição real ao fascismo, o Partido Comunista* — [...]" (D'Orsi, 2022, p. 198, grifo nosso).

Em Roma: o refundador comunista

Instalando-se em Roma, Gramsci estava convencido da necessidade de ocupar o "centro" do partido, tendo em vista a direita de Tasca e a esquerda extremista de Bordiga. Para tanto, a formação de um novo grupo dirigente agrupado ao centro, com a liderança de Gramsci, demandaria um intenso trabalho de educação, conquistando a adesão de amplas massas à nova linha política a ser fundada no partido. Aqui, é importante mencionar uma questão de fundo que começa a amadurecer em Gramsci e o separa substantivamente de Bordiga: a fórmula da frente única pressupunha a noção de hegemonia! "[...] o tema da hegemonia da classe operária e, portanto, das alianças e das mediações políticas era o que separava os dois revolucionários, com implicações diretas sobre a forma de conceber e organizar o partido e a sua atividade" (Del Roio, 2005, p. 117), de maneira que, no período do cárcere, Gramsci levará adiante as reflexões aqui já iniciadas.

A necessidade de fortalecer o centro no interior do PCdI e, portanto, trabalhar intensamente na educação política das massas, se tornou mais evidente quando, na Conferência de Cosmo, realizada em maio de 1924, verificou-se o predomínio da tendência esquerda de Bordiga no PCdI, que opunha-se a fórmula da frente única e as determinações do IV Congresso da Internacional (Del Roio, 2005).

Por sua vez, essa configuração passa a se alterar quando, na Itália, o autoritarismo se intensifica com o assassinato de Giacomo Matteotti, Secretário do Partido Socialista Unitário, que, depois de um discurso proferido na Câmara, denunciando a prática da fraude eleitoral e a corrupção de votos, é morto pela quadrilha fascista. Na ocasião, a possibilidade de deflagração de uma greve geral em decorrência do acontecimento, mobilizada, principalmente, pelos comunistas em torno do "Avantino"[24], fez com que o sardo permanecesse no país, não participando do V Congresso da Internacional Comunista, que ocorreu entre junho e julho de 1924, o primeiro após a morte de Lênin (D'Orsi, 2022).

As conclusões desse Congresso foram bastantes controversas: divergindo da linha adotada até então no III e IV Congresso, que recomendavam um sistema de aliança na fórmula da frente única, os elementos oportunistas do *Comintern* predominaram em seu V Congresso. Entendendo que a frente única não deveria ser interpretada como sinônimo de qualquer aliança no terreno político, sobretudo, com a social-democracia, mas antes entendida como um trabalho de "agitação e propaganda", reitera-se a atualidade revolucionária. "A contradição dessas teses com o que foi aprovado nos dois congressos anteriores e *especialmente com o que Lênin afirmou em seus discursos, é por demais evidente*" (Fresu, 2020, p. 183, grifo nosso). Apesar do fato, a nova Executiva do PCdI formada na ocasião, contou com uma maioria centrista, alguns representantes do grupo de Tasca e a ausência da esquerda do partido, tendo em vista a opção de não assumir responsabilidades (Fresu, 2020).

Após a referida série de acontecimentos nos planos nacional e internacional, Gramsci redige o artigo "A crise italiana" para o *L'Ordine Nuovo*, em 1º de setembro de 1924. Nele, assinala que o fascismo não conseguiu resolver a crise radical do regime capitalista. Isso porque, as classes médias, apostando as suas esperanças no fascismo, foram também envolvidas e afetadas por ele. Não por acaso, constata-se a ruína e a falência das pequenas e médias empresas, ao passo em que se assiste ao "[...] monopólio do crédito, o regime fiscal, a legislação

---

24 Após o assassinato de Matteotti, aliam-se "[...] populares, liberais, republicanos, socialistas, comunistas, que se retiram do Parlamento e passam a e reunir no 'Avantino' (oposição a Mussolini, que se retirou do parlamento)" (Schlesener, 2022, p. 153).

sobre os aluguéis triturou a pequena empresa comercial e industrial; ocorreu uma verdadeira transferência de riqueza da pequena e média para a grande burguesia, [...] o pequeno produtor não se tornou nem mesmo um proletário, mas sim um faminto permanente [...]" (Gramsci, 2004b, p. 264).

Em suma, aquele fenômeno que deveria servir de impulso para a retomada econômica, assim como para o favorecimento das classes que lhes serviram de base de apoio, contribui tão somente para expressar com maior intensidade a crise capitalista que se deflagra. Por isso, na leitura de Gramsci, tal crise só poderia ser revolvida pelo proletariado.

> Somente inserindo-se numa revolução operária e mundial é que o povo italiano poderá reconquistar a capacidade de pôr em funcionamento suas forças produtivas humanas e de fazer com que o aparelho nacional de produção volte a crescer. O fascismo somente atrasou a revolução proletária, mas não a tornou impossível: ao contrário, contribuiu para ampliar e aprofundar o terreno desta revolução, a qual após a experiência fascista, será verdadeiramente popular (Gramsci, 2004b, p. 265-266).

Considerando que uma das principais características do fascismo é ter conseguido estruturar uma organização de massa baseada no apoio da pequena burguesia, não pode, mesmo que tenha a pretensão, conquistar o Estado, visto que, conforme Gramsci (2004b), a conquista estatal prescinde da organização de uma classe social que venha substituir em suas funções essenciais a classe até então dominante. Por não exercer nenhuma função essencial no campo produtivo, sua atividade e ação é predominantemente policial. Nesse sentido, a pequena burguesia só pode conquistar o Estado aliando-se com a classe operária e aceitando seu programa, pois "[...] *conquistar o Estado significa, antes de mais nada, conquistar a fábrica, ser capaz de superar os capitalistas no governo das forças produtivas do país*" (Gramsci, 2004b. p. 270, grifos nossos).

Diante dessas questões, Gramsci indaga-se: qual deve ser o papel do Partido? Primeiramente, deve estar presente de modo orgânico entre as grandes massas, em cada fábrica, em cada aldeia, e etc. Afirma a necessidade de trabalhar politicamente para combater o seu número reduzido de militantes, transformando-o em um grande partido, atraindo operários e camponeses revolucionários para elevá-los politicamente. Este trabalho será necessário para a "[...] conquista da maioria dos trabalhadores [e para a] [...] transformação molecular das bases do Estado democrático [...]" (Gramsci, 2004b, p. 277).

O período entre 1925 e 1926 é emblemático, configurando-se, para Gramsci, como os últimos anos antes do cárcere. Depois da participação nos trabalhos junto ao Pleno Executivo da Internacional Comunista em Moscou, entre março e abril de 1925, já é possível a partir dali atestar a predominância de um conjunto de dogmas indiscutíveis a ser aplicado a diferentes situações, em que o marxismo em voga se encontra codificado na vulgata do marxismo-leninismo (D'Orsi, 2022).

Na Itália, a situação interna endurecia-se com as medidas governamentais, que preparavam o terreno para a aprovação das leis fascistíssimas, estas responsáveis por converter o regime monárquico parlamentar em regime fascista e estabelecer o controle e repressão sob os trabalhadores, aprovando a nova política sindical, as leis de regulamentação das associações etc. A partir daí, serão suprimidas as liberdades individuais e coletivas e as instituições parlamentares, consolidando o Estado autoritário, que resultou na prisão, dentre outras, de Gramsci em 1926 (Fresu, 2020).

O confronto com Bordiga acontece quando Gramsci, com a colaboração de Togliatti, elabora as "Teses de Lyon", que são apresentadas no III Congresso do PCdI, realizado em janeiro de 1926. Tais Teses marcam um verdadeiro programa de refundação do Partido Comunista, visto que realiza um exame da situação do Partido, da história italiana e do movimento mussoliniano, sendo expressão de uma síntese entre os escritos jornalísticos ou partidários e a reflexão de Gramsci, já como historiador e filósofo, no cárcere, ambos os momentos marcados pelo militante orgânico de que verdadeiramente se constituiu.

No Congresso de Lyon, duas concepções de partido, radicalmente, opostas, se apresentam:

> 1) o partido entendido como parte da classe, ou seja, uma organização com ambições de massa, articulada em células de fábrica e empenhada na formação permanente de todos os seus quadros; 2) o partido entendido como órgão externo à classe, ou seja, uma organização restrita aos dirigentes revolucionários, temperados e incorruptíveis, capazes de ler no quadro econômico e social as contradições fundamentais das quais brotariam, no momento oportuno, as causas do estopim revolucionário (Fresu, 2020, p. 196).

O posicionamento de Gramsci é aquele que entende o partido como sendo o organizador das massas, que se conecta a elas de maneira orgânica, atraindo extratos cada vez maiores, na medida em que se constitui como parte delas. Essa concepção está expressa nas Teses que, por sua vez, demarcam um completo amadurecimento de Gramsci quanto a sua orientação política que vinha sendo assumida desde 1923 pela experiência moscovita (Fresu, 2020).

Ao expor a análise sociopolítica sobre os camponeses meridionais e a necessidade do Partido Comunista de assumir a tarefa de organizar as massas camponesas do Sul em conjunto com a classe operária do Norte, realiza um balanço dos cinco anos de vida do PCdI, alertando que seu papel deve ser o de unificar as vontades individuais (D'Orsi, 2022).

Ademais, o valor estratégico da questão camponesa, já sinalizada por Lênin, é de importância significativa para Gramsci também pôr em análise a sociedade italiana. Gramsci fará a leitura de que, em um país como a Itália, em que a forma particular assumida pelo capitalismo permitia a convivência de um industrialismo tímido e frágil com a atividade agrícola, que se constituía, na realidade, como a base econômica nacional, havia entre a classe dominante industrial e agrária, classes "intermediárias", quer dizer, a pequena e média burguesia urbana. Essas classes "intermediárias" são parasitárias, sendo que trabalham para conservar o bloco agrário existente no Sul, como aprofundará posteriormente em alguns temas da questão meridional (Fresu, 2020).

Em decorrência da debilidade do modo de produção capitalista na Itália, desenvolveu-se certa solidariedade e conciliação social entre os industriais e proprietários agrários no lugar de uma efetiva mudança do grupo dirigente nos rumos do país, característica típica dos outros países capitalistas. Esta "solidariedade" representa uma fraqueza originária do país, sendo melhor explorada por Gramsci nos *Cadernos do Cárcere*, quando analisa o *Risorgimento* italiano (Fresu, 2020).

Importa afirmar que as "Teses de Lyon" marcam um divisor de águas ao se configurar no ponto mais alto da elaboração gramsciana antes do cárcere: nasce com elas, o Gramsci dirigente do segundo grupo diretivo do PCdI, que conquista a maioria no Congresso do partido, sendo "[...] o testemunho mais vívido do quanto é impossível separar o Gramsci político e militante do Gramsci 'desinteressado' ou 'homem de cultura'" (Fresu, 2020, p. 207).

Se esse percurso no universo pessoal e íntimo, mas, ao mesmo tempo, político e intelectual de Gramsci nos permite verificar que, sintonizado organicamente com seu tempo e seus acontecimentos, não hesita em mudar opiniões, perceber as derrotas e (re)calcular o caminho a partir delas, sem perder o otimismo da vontade, ainda que com o pessimismo do intelecto, a sua trajetória de enfrentamentos, combates e, simultaneamente, bastante cautela, em alguns momentos, tendo em vista salvaguardar as possibilidades para uma transição socialista na Itália, a "questão meridional" é tema que permeou as suas elaborações desde os primeiros escritos.

A sua terra e, particularmente, a questão dos camponeses do Sul assumem lugar privilegiado, de modo que, mesmo a partir do contato direto com os operários do Norte e a experiência conselhista, não abandona a questão que, desde a infância e adolescência, o impactou intelectual e pessoalmente: as disparidades regionais condensadas na "questão meridional". Mesmo antes do contato com Lênin e a experiência do internacionalismo, o "lugar" dos camponeses estava no núcleo irradiador de seus escritos, afinal, o jovem do Sul sentiu diretamente os dilemas de uma terra submetida ao atraso e cuja classes subalternas foram frequentemente criminalizadas.

Ainda que alguns temas da questão meridional sejam caracterizados como um escrito inacabado e interrompido pela prisão, seguindo a perspectiva de D'Orsi (2022), ele se constitui, por outro lado, de um ensaio totalmente orgânico: demonstrando uma extraordinária capacidade de síntese e lucidez de análise, o sardo desenvolve um exame histórico de largo fôlego, anunciando, originalmente, alguns temas presentes nos *Cadernos do Cárcere*. Mas, afinal o que ali está presente? Como o *Mezzorgiorno* e a "questão meridional" estão ali postos na perspectiva de Gramsci? Para nós, aqui a relação entre Gramsci e classes subalternas e vida prático-social e intelectual se convergem senão explicitamente, intrinsecamente!

A "questão meridional"

Polemizando contra um artigo intitulado "A revolução meridional", publicado no Quarto Stato, que acusa o antigo grupo ordinovista de tratar a questão meridional a partir de uma "fórmula mágica", isso é, como "problema" da divisão das grandes propriedades entre os proletários rurais, Gramsci nos lembra que os comunistas turinenses tiveram o mérito de retirar a questão meridional do debate restrito e puramente intelectual, de modo a apresentá-la a política concreta do proletariado (Fresu, 2020).

A "fórmula mágica" se referia, nesse caso, não somente a defesa da divisão do latifúndio, mas, mais do que isso: remetia a questão da aliança entre o proletariado do Norte e os camponeses do Sul, afastando a burguesia do poder do Estado. Afinal, é obrigando a vanguarda proletária a se ocupar da questão meridional que se torna possível mobilizar forças contra o capitalismo. "O proletariado pode se tornar classe dirigente e dominante na medida em que consegue criar um sistema de alianças de classe [...] Na Itália, nas reais relações de classe existentes, isso significa: na medida em que *consegue obter o consenso das amplas massas camponesas*" (Gramsci, 2004b, p. 408, grifo nosso).

Na perspectiva de Gramsci, em razão da formação e do desenvolvimento da história italiana, a questão camponesa assumiu duas formas específicas e particulares: a questão meridional e a questão vaticana. Para ele, o primeiro dos "problemas" poderia ser resolvido na medida em que fosse possível mudar a orientação política e ideológica do proletariado. Isso porque, como difundido cotidianamente na escola, no jornal, em suma, pelos propagandistas da burguesia, o Sul é apresentado às massas do Norte como sendo a "bola de chumbo" da Itália. Constituindo-se como vetor de travagem que impede os progressos do desenvolvimento civil do país, é demasiadamente propagada a raça bárbara e inferior de que biologicamente os sulistas são portadores. "[...] *se o Sul é atrasado, a culpa não é do sistema capitalista ou de qualquer outra causa histórica, mas da natureza,* que fez os sulistas poltrões, incapazes, criminosos, bárbaros [...]" (Gramsci, 2004b, p. 409, grifo nosso).

Gramsci acusa o Partido Socialista de propagar essa ideologia burguesa junto ao proletariado nortista, de modo que o partido deu sua "benção" ao meridionalismo, que, na realidade, não faz senão "esmagar os miseráveis e explorados". Em contraponto, os comunistas de Turim não aceitaram esta ideologia, reagindo a ela e ao suposto banditismo nato do Sul, criando, entre o ambiente turinense, os embriões para a solução da questão meridional (Gramsci, 2004b).

Por sua vez, isso demanda a superação de todo e qualquer resíduo corporativo, quer dizer, o proletariado, para que possa ser capaz de governar como classe, deve superar as distinções entre as profissões, além de assumir um papel de liderança em relação aos demais segmentos, conquistando o consenso dos estratos semiproletários e dos camponeses (Gramsci, 2004b).

> O metalúrgico, o marceneiro, o operário da construção civil, etc., devem não só pensar como proletários e não mais como metalúrgico, marceneiro, operário da construção civil, etc., mas devem dar ainda um passo à frente: devem pensar como operários membros de uma classe que tende a dirigir os camponeses e os intelectuais, de uma classe que só pode vencer e construir o socialismo se for ajudada e seguida pela grande maioria destes estratos sociais (Gramsci, 2004b, p. 416).

Por isso, quando após a ocupação das fábricas em Turim, a Fiat propôs a gestão da fábrica na forma de uma cooperativa, Gramsci adverte que o Partido Socialista, ou seja, os reformistas, ficaram ao lado do capital, pois entenderam que a constituição de uma cooperativa propiciaria a garantia de emprego ao conjunto dos operários, sugerindo massivamente a adesão à proposta. De modo contrário, Gramsci realiza duras críticas à proposta cooperativa, indicando que ela fazia parte do plano político de Giolliti: a burguesia italiana que vinha encontrando dificuldades em governar sozinha, já que tinha que enfrentar tanto a resistência dos camponeses do Sul, quanto dos trabalhadores operários do Norte, inaugurou uma nova política, precisamente, a de alianças de classes, de blocos políticos de classes, ou melhor, segundo Gramsci, encontrou um novo modo de conciliar os interesses, expresso na forma da democracia burguesa (Gramsci, 2004b).

Diante dessas dificuldades, a burguesia italiana deveria escolher entre uma democracia rural, em aliança com as massas camponesas meridionais, "[...] uma política de liberdade alfandegária, de sufrágio universal, de descentralização administrativa, de produtos industriais baratos" (Gramsci, 2004b, p. 417) ou a constituição de uma aliança encabeçada pelo bloco industrial capitalista-operário, "[...]

sem sufrágio universal, com protecionismo alfandegário, com conservação do centralismo estatal (expressão do domínio burguês sobre os camponeses, especialmente do Sul e das ilhas)" (Gramsci, 2004b, p. 417, grifo nosso). A escolha da burguesia italiana foi a de trilhar a constituição dessa última aliança, de maneira que Gramsci aponta o Partido Socialista como instrumento da política giolittiana, uma vez que serviu aos propósitos de opor massas desagregadas do Sul aos operários do Norte, no lugar de unificar as suas lutas.

A estratégia do capital tem sido, portanto, a de incorporar ao bloco giolittiano a classe operária setentrional, o que representa, no fundo, a própria subordinação da classe operária ao capital. "*Giolitti quer domesticar os operários de Turim.* Derrotou-os duas vezes, na greve de abril passado e na ocupação das fábricas, contanto para isso, em ambos os casos, com a ajuda da Confederação Geral do Trabalho [...] Pensa agora que pode enquadrá-los no sistema burguês estatal" (Gramsci, 2004b, p. 420, grifo nosso). Uma vez que a estratégia giolittiana for levada adiante, para Gramsci, o proletariado não existirá como classe independente, pois será um apêndice do Estado burguês. Perderá sua função de dirigente e líder e será visto como explorador semelhante à burguesia.

> A questão, então, seria rejeitar a aliança operário-burguesa e buscar unidade com os camponeses, principalmente os meridionais. *Para isto importava superar tanto o corporativismo e o reformismo no seio do próprio movimento operário, quanto a atuação dos intelectuais meridionais entre os camponeses* (Aliaga, 2021, p. 79, grifo nosso).

O que isso representa? Realizando um balanço das escolhas do proletariado turinense durante o movimento conselhista, Gramsci indicará que, por unanimidade, os trabalhadores da Fiat aceitaram o ponto de vista do grupo ligado ao *L'Ordine Nuovo* e recusaram a proposta de constituição de uma cooperativa. Alcançando uma maturidade de altíssimo nível, provaram a resistência ao reformismo e ao corporativismo (Gramsci, 2004b). Por isso mesmo, em sua leitura, o corporativismo não podia ser desconsiderado, devendo ser compreendido como "[...] um dos principais veículos através dos quais *a burguesia implementou seus processos inclusivos e transformistas em direção às aristocracias operárias*, destacando-as de todas as classes subordinadas, decapitando o movimento operário e [...] qualquer hipótese de radicalização revolucionária" (Fresu, 2020, p. 225-226, grifo nosso).

Nesse sentido, por um lado, enquanto adverte para a necessidade de combater o reformismo e o corporativismo entre o movimento operário, por outro, reivindica a libertação dos camponeses da influência dos intelectuais meridionais. Isso porque, para Gramsci, o Sul é compreendido como uma grande "desagregação social". Apesar de se constituir da maioria da população, os camponeses não apresentam nenhuma coesão entre si, de modo que a sociedade meridional é formada por um grande bloco agrário composto por três estratos ou camadas sociais: "[...] a grande massa camponesa amorfa e desagregada; os intelectuais da pequena e média burguesia rural; e os grandes proprietários agrários e os grandes intelectuais" (Gramsci, 2004b, p. 423).

A grande massa de camponeses se caracteriza por não conseguir centralizar suas aspirações e necessidades, sofrendo a influência direta do estrato médio de intelectuais ou intelectuais meridionais. Gramsci argumenta que, tais estratos de intelectuais, são característicos dos lugares em que as forças econômicas capitalistas não conseguiram se desenvolver em sua totalidade, predominando, assim, um "velho tipo" de intelectual. Tendo em vista que, nas formações capitalistas generalizadas, a dinâmica das novas relações foram, ao contrário, capazes de criar um "novo tipo" de intelectual, precisamente, o ligado à indústria, para organizar o Estado e o comércio; nas sociedades em que a agricultura exerce um papel significativo, como é o caso da Itália, o "velho tipo" tende a predominar e a exercer um dos mais importantes papéis na vida nacional (Gramsci, 2004b).

Suas características são bastante controversas, porque se apresenta como democrático para os camponeses, reacionário para os grandes proprietários e politiqueiro e corrupto para o governo, ainda que a sua função seja essencial: conservar o *status quo*. Para Gramsci (2004b), são esses intelectuais que ligam o camponês ou o agricultor ao grande proprietário, atuando para que as massas camponesas se mantenham distantes da política, "[...] isto é, trabalharam para aparecerem como seus porta-vozes, defensores de seus interesses, contudo, sempre buscaram impedir qualquer ação autônoma ou aliança com operários urbanos, representando um bloqueio para as classes subalternas na luta pela direção política na sociedade civil" (Aliaga, 2021, p. 82).

Os intelectuais meridionais estão representados, principalmente, pelo burguês rural na figura do pequeno e médio proprietário de terras, sendo que fornecem, inclusive, um corpo de funcionários ao Estado. É possível dizer ainda que esse estrato médio de intelectuais desdenha e possui um intenso desprezo para com o camponês trabalhador, estabelecendo em relação a ele uma profunda antipatia e aversão, "[...] *considerado máquina de trabalho que deve ser espremida até o osso* e que pode ser substituída facilmente, dada a existência de uma superpopulação trabalhadora [...]" (Gramsci, 2004b, p. 425, grifo nosso). Constitui-se, portanto, de uma camada parasitária que não trabalha com a terra, mas vive de seu aluguel, desfrutando com certa folga de seus benefícios, sendo capaz de "[...] mandar os filhos ou à Universidade ou ao seminário, para proporcionar às filhas um dote que lhes permita casar-se com um funcionário estatal militar ou civil" (Gramsci, 2004b, p. 425).

Nessa perspectiva, os intelectuais meridionais cimentam o bloco agrário formado no Sul, de maneira a atuar como o intermediário a favor do "[...] capitalismo setentrional e dos grandes bancos" (Gramsci, 2004b, p. 428). Não possuem nenhum tipo de programa particular ou projeto no sentido de propor melhoramentos, mas, ao contrário, estão para impedir a formação de quaisquer iniciativas das massas camponesas, ao mesmo tempo, em que contribuem para a "supervisão" do capitalismo de caráter parasitário do Norte (Gramsci, 2004b).

Acima desse bloco agrário, encontra-se, segundo Gramsci, um bloco intelectual. Sua principal função é a de impedir que ocorram fissuras no bloco agrário, freando as possibilidades de uma ruptura completa. Representantes desse bloco são, especialmente, Benedetto Croce e Giustino Fortunato, que conseguiram fazer com que a questão meridional não assumisse tom verdadeiramente revolucionário, mas fosse discutida e problematizada até certos limites. "Homens de imensa cultura e inteligência" e "ligados a cultura europeia e mundial" (Gramsci, 2004b, p. 431), Gramsci argumenta que Croce conseguiu cumprir sua função nacional: a de separar os intelectuais radicais do Sul das grandes massas camponesas, pois "[...] levou-os a participarem da cultural nacional e europeia e, através dessa cultura, fez com que fossem absorvidos pela burguesia nacional e, portanto, pelo bloco agrário" (Gramsci, 2004b, p. 431).

Ainda que Gramsci admita a influência destes intelectuais na formação do *L'Ordine Nuovo* e dos comunistas turinenses, afirma que há, "[...] ao mesmo tempo, uma completa *ruptura com aquela tradição* [...]" (Gramsci, 2004b, p. 432, grifo nosso). Isso porque, os comunistas de Turim, haviam conseguido colocar o proletariado como protagonista da história italiana e da questão meridional.

Na análise de Gramsci, o atual momento, demandaria, portanto, algumas tarefas de frente a serem realizadas: dentre elas, a necessidade de desestruturar o bloco agrário constituído no Sul, que une grandes proprietários e burguesia industrial do Norte, salvaguardando o capitalismo setentrional. Por sua vez, essa tarefa também exige a constituição de organizações autônomas próprias das massas camponesas, criando instituições que tenham um funcionamento a parte da estrutura dominante. Para tanto, é preciso que se forme intelectuais no campo da esquerda, visto que a capacidade de desarticular o bloco intelectual existente no Sul é caminho para desarticular o bloco agrário (Gramsci, 2004b).

Com essa análise, Gramsci parece anunciar, segundo D'Orsi (2022), a maior originalidade até então presente em seus escritos sobre a situação do Sul e do *Mezzogiorno*: o papel dos intelectuais, de modo que esta reflexão ocupará lugar importante nos *Cadernos do Cárcere*, sendo objeto de reflexão de um *Caderno especial* inteiro, o *Caderno 12*. Benedetto Croce e Giustino Fortunato aparecem como construtores de consenso, os reacionários mais aplicados da península. A posição do tema abre espaço para a guerra de posição e a construção de uma nova hegemonia, caminho a ser percorrido em direção ao socialismo, em que a nova classe dominante deve ser antes, dirigente. Não por acaso, Gramsci está reivindicando a formação de intelectuais de esquerda!

Afora isso, Gramsci também atribui centralidade aos camponeses meridionais, devolvendo-lhes a dignidade ao considerá-los como força motriz indispensável para as condições revolucionárias na Itália. Para tanto, seguindo a argumentação de D'Orsi (2022), Gramsci promove uma virada no meridionalismo que, para ele, só pode ser aquele de cunho progressista: os camponeses não se configuram em uma massa amorfa à espera da revolução, mas devem participar dela ativamente, junto aos proletários da fábrica setentrional.

Nessa perspectiva, a questão meridional assume ponto de destaque na reflexão de Gramsci de 1926, conjugando história e sociologia (D'Orsi, 2022). Despertada a partir de sua vivência íntima e pessoal, a questão meridional é interpretada à luz das condições necessárias para a sua superação: para o sardo, isso significa a emancipação das classes subalternas de sua terra, tão submetidas ao julgo do bloco agrário existente no *Mezzogiorno*. O terreno que se move suas elaborações, particularmente, esse ensaio original (mas também toda a sua produção carcerária), é o substrato de sua vida prático-social. Afinal, os problemas a que Gramsci pretende "resolver" advém das experiências reais que são vivenciadas desde os anos sardos. Aliás, são exatamente as condições que sente e observa por emergir da periferia que o faz buscar meios para superar a intensa marginalização e pauperização que seu povo vivencia diretamente. Cada vez mais, ao entender com maior clareza sobre a situação social e política de sua terra, Gramsci dedica-se a esclarecer as tarefas a se realizar a fim de libertá-la das amarras parasitárias do capitalismo setentrional.

Por sua vez, ao buscar essas tarefas, compreende que a libertação só seria possível a partir da união da maioria da população italiana, o que representa a união entre o proletariado do Norte e os camponeses do Sul — condição a que os intelectuais tanto buscavam separar, difundindo no Norte um desprezo em relação à figura do camponês e do *Mezzorgiorno*, apontados como sinônimos do atraso, ao passo em que impedia qualquer forma de organização autônoma no Sul e a elaboração de um novo modo de pensar, coerente e unificado, por parte dos camponeses, de modo a cimentar o bloco agrário.

Portanto, partimos do pressuposto de que essa origem sarda, periférica e colonial de Gramsci, lugar de sua "formação" inicial, é determinante para a reflexão sobre às classes e grupos subalternos. A experiência das privações pessoais e a observação das injustiças sociais para com seu povo, o fazem protagonizar a busca por uma resposta que lhe acompanha desde antes de sua estadia em Turim, ainda que, na capital do Piemonte, tenha condições de amadurecê-la ao se inserir no bojo do socialismo com todas as suas contradições e ao se aproximar do movimento operário em crescente ascensão: a questão meridional, as disparidades regionais, a condição que as classes e grupos subalternos estão submetidas.

Nessa perspectiva, Gramsci parece caminhar para a compreensão de que vários são os níveis de subalternidade na sociedade moderna, sendo que essa, além de incluir uma subordinação econômica, também porta uma sujeição cultural, daí que a necessidade de um intenso trabalho a fim de unir operários do Norte e camponeses do Sul, de modo a elevar as classes e grupos subalternos em seu conjunto a condição de classe dirigente e dominante. Isso demanda, por sua vez, a) a unificação de suas concepções de mundo até então desagregadas e episódicas, b) a elevação de sua filosofia a uma filosofia superior e, no limite, c) a elaboração de um consenso entre a classe operária e demais classes e grupos subalternos em direção a construção de uma nova hegemonia. Aí parece residir o papel central dos intelectuais junto as classes e grupos subalternos, quando Gramsci o reivindica com tamanha originalidade no escrito inacabado de 1926. Aí parece ter sido a função desempenhada pelo grupo do *L'Ordine Nuovo*, quando da organização do movimento conselhista durante o *biennio rosso*, e pelos comunistas de Turim, quando da constituição de um segundo grupo dirigente para o PCdI: de intelectuais! A experiência da vida prático-social subsidia e permeia toda a elaboração política e intelectual. Ainda que campos distintos, teoria e prática se convergem no pensamento gramsciano, de modo que perseguem um elemento em comum: a emancipação das classes e grupos subalternos, afinal, como poderia Gramsci acentuar os embates em relação ao papel dos camponeses na transição socialista na Itália — especialmente, nas discussões sobre a fórmula da frente única, quando o PCdI e o seu primeiro grupo dirigente se recusavam a aceitar as recomendações da Internacional —, sem conhecer íntima e pessoalmente a situação e condição que o povo sardo se encontrava, em particular, os camponeses meridionais? Como poderia Gramsci promover uma leitura do contexto econômico, político e social do *Mezzorgiorno* — até então inexistente e sem registro original no seio do socialismo italiano —, sem ser um profundo conhecedor da periferia de que se constitui sua terra natal?

GRAMSCI E O PROJETO DE PESQUISA NO CÁRCERE: CLASSES E GRUPOS SUBALTERNOS

2

O QUE PRETENDIA GRAMSCI com a redação dos Cadernos no cárcere? Sua escrita orientou-se por um projeto de pesquisa ou plano de trabalho com temas pré-estabelecidos? Como anunciou esse projeto?

Se nos determos ao conjunto dos escritos carcerários, quer dizer, as "Cartas" e os *Cadernos do Cárcere*, veremos que vários são os momentos em que Gramsci anuncia, revisa e, mesmo, altera seu "empreendimento". Isso porque interessa-nos, aqui, verificar se Gramsci já incluía ou mencionava a investigação das classes e grupos subalternos na versão inicial de seu projeto de pesquisa, afinal, por que dedicar um caderno inteiro para os que estão às margens da História?

Todos os estudiosos da obra de Gramsci ressaltam a complexidade dos escritos carcerários: são notas ou parágrafos diversos, muitos deles, provisórios e inacabados. Se a finalidade da redação gramsciana não almejava a publicação, visto que consistia mais na tentativa de vencer o pessimismo do intelecto, com o otimismo da vontade, Gramsci nos deixou um material que não foi capaz de morrer ao final de cada dia, mas, contribuiu, sobremaneira, para adensar as análises que se situam para além da conjuntura imediata, persistindo no tempo pela sua originalidade teórica.

Nessa perspectiva, como apreender o pensamento dialógico (Baratta, 2004) de Gramsci nos *Cadernos do Cárcere*, à primeira vista tão caótico e fragmentado? De que maneira proceder à leitura desse denso material? O ponto de partida é entender o próprio método de trabalho gramsciano no cárcere, pois nas inúmeras páginas dos *Cadernos*, Gramsci já deixou algumas indicações de como ler e estudar a sua obra.

Considerando que a escrita gramsciana no cárcere não segue uma linearidade, de maneira que Gerratana (2014) classifica as notas carcerárias a partir das notas de tipo redacional A, B e C, ou seja, notas de primeira, única e segunda redação, respectivamente, a segunda edição italiana dos *Cadernos do Cárcere*, ou edição crítica, como é popularmente conhecida, é a que reproduz, em sua totalidade e em ordem cronológica, a escrita de Gramsci no cárcere. Promovendo um minucioso trabalho com base em provas objetivas, ao organizar o material de acordo com a sequência em que foi escrito por Gramsci, a edição crítica fornece a possibilidade de acompanhar o ritmo do pensamento gramsciano, possível, pela primeira vez, aos estudiosos e pesquisadores.

Assim, o ritmo que segue o pensamento de Gramsci deve ser capturado seguindo as próprias instruções que o prisioneiro deixou nos *Cadernos*, quando está advertindo sobre o modo que as obras de Marx deveriam ser lidas: a partir de um trabalho filológico minucioso. No Q 16 § 2, em uma nota intitulada de "*Quistione di método*"[25], Gramsci afirma que, quando se pretende estudar uma concepção de mundo que não foi exposta por seu fundador, é necessário realizar um trabalho com o máximo de exatidão, honestidade científica e lealdade intelectual. Para tanto, esse trabalho deve se iniciar pela reconstrução do processo de desenvolvimento intelectual do autor, despindo-se de quaisquer tipos de preconceitos e apriorismos: é necessário, ainda, nele identificar "[...] os elementos que se tornaram estáveis e 'permanentes', ou seja, que foram assumidos como pensa-

25 "Questões de método".

mento próprio, diferente e superior ao 'material' anteriormente estudado e que serviu de estímulo [...]" (Gramsci, 2014b, Q 16 § 2, p. 1841; *CC*, v. 4, 2007b, p. 18).

Esse processo pode ser realizado levando em conta um período mais curto ou longo de tempo da vida do pensador, mas devendo sempre conduzir a uma série de eliminações, visto que, no decorrer do desenvolvimento teórico e intelectual de determinado autor, é possível que, em certos momentos, esse tenha guardado simpatia por algumas doutrinas e teorias, "[...] especialmente quando se é jovem, atrai por si mesma, domina toda a personalidade e é limitada pela teoria sucessivamente estudada" (Gramsci, 2014b, Q 16 § 2, p. 1841; *CC*, v. 4, 2007b, p. 19). Por isso, a distinção daquilo é primário e secundário ou essencial, é fundamental. Realizada as eliminações iniciais, pode-se, agora, proceder as seguintes linhas de trabalho:

> 1) *a reconstrução da biografia não só no tocante à atividade prática, mas especialmente no tocante à atividade intelectual;* 2) o registro de todas as obras, mesmo as mais secundárias, em ordem cronológica, dividindo segundo motivos intrínsecos: de formação intelectual, de maturidade, de posse e aplicação do novo modo de pensar e conceber a vida e o mundo. A pesquisa do *Leitmotiv, do ritmo do pensamento em desenvolvimento, deve ser mais importante do que as afirmações particulares e causais e do que os aforismos isolados* (Gramsci, 2014b, *Q 16 § 2*, p. 1841-1842; *CC*, v. 4, 2007b, p. 19, grifos nossos).

Para Gramsci, é também importante verificar quais obras o pensador em investigação concluiu e publicou e quais ainda são inéditas e não concluídas, mas que foram publicadas por discípulos e/ou amigos, verificando as revisões, modificações ou alterações realizadas. Essas obras, em particular, não podem ser tomadas como definitivas e acabadas, mas somente como material em desenvolvimento e, por isso, ainda de caráter muito provisório (Gramsci, 2014b).

Mas, o trabalho do analista crítico não se encerra por aí. Essa é apenas a primeira parte de um trabalho preliminar: organizar cronologicamente e estabelecer a gênese e desenvolvimento. Cabe, no momento seguinte, realizar o trabalho de tradução. Traduzir, segundo Baratta (2004), significa realizar um trabalho de decomposição e seleção, visto que demanda estabelecer comparações, acompanhar o desenvolvimento dos temas a partir da produção do autor que se pretende estudar, verificar como eles se dispõe ao longo do tempo e do pensamento. Tudo isso não a partir de lógicas impostas e criadas de acordo com a arbitrariedade do analista crítico, mas segundo o ritmo do pensamento do próprio autor. Em suma, realizando uma espécie de comparação com a apresentação musical e a busca pela tradução da melodia, "[...] deve-se traduzir a partir dos momentos organizados do texto, em primeiro lugar, de unidades melódicas (a frase) e unidades rítmicas (a cadência): estes, juntos, constituem os elementos que reproduzem — na nova língua — o texto" (Baratta, 2004, p. 106).

Embora na sugestiva nota do *Caderno 16* acima mencionada, Gramsci esteja referenciando a maneira como está lendo Marx, provavelmente também está indicando e pensando sobre seus próprios escritos. Afinal, é possível dizer que existe uma analogia entre o modo a partir do qual Gramsci considera Marx e o modo a partir do qual devemos considerar Gramsci, especialmente quando reconhecemos as condições em que a sua obra foi produzida e, posteriormente, publicada.

Conforme Baratta (2004), se esta analogia é verdadeira, a lógica dos *Cadernos* apresenta uma redação em que o "método de exposição" e o "método da investigação" são intrínsecos, de maneira que, inusitada, mas verdadeiramente, "[...] os Cadernos deveriam ser lidos em voz alta. Experimente-se. Apareceriam como *'Diálogos'* de Gramsci... com a própria sombra... em busca de um interlocutor real" (Baratta, 2004, p. 90, grifo nosso). Em uma conversa com os viventes, Gramsci nos ensina a não "impostar" uma lógica sob o pensamento de determinado autor, mas extrair dele a sua própria lógica. Em seu caso, "[...] estudar os Cadernos na sua globalidade e também na forma como se apresentam, como *fluxos de pensamentos* 'em incessante movimento'" (Baratta, 2004, p. 92, grifo do autor).

Revisto dessa mirada, a escrita gramsciana no cárcere e nos *Cadernos* se constitui não como emaranhado de notas e parágrafos dispersos, mas como unidade que possui um nexo orgânico, sendo possível uma leitura rítmica do pensamento gramsciano, porque também se compreende o fluxo de seu texto.

Como razão de vida e como meio de sobrevivência (Gerratana, 2014), a redação dos *Cadernos* permitiu a Gramsci suportar as condições adversas do cárcere. O prisioneiro de Mussolini, ainda que limitado pelo encarceramento, continuou a travar uma dura luta política através de seus escritos: nascia não apenas um dos mais originais marxistas do século XX, mas, sobretudo, aquele que marcaria toda a geração e a política de um tempo *für ewig*.

O PROJETO *FÜR EWIG*

A prisão de Gramsci em 8 de novembro de 1926 ocorre em um momento de intensa agitação do movimento comunista internacional. Se desde a morte de Lênin, as disputas no interior do Partido Comunista Russo são polarizadas por Trotsky e Stalin, em 1926, as "questões russas" atingem o seu ápice, visto que dois alinhamentos se formam em seu interior: a) a estratégia do "socialismo num só país", defendida por Stalin e Bukharin; b) a estratégia da "revolução permanente", defendida por Trotsky e Zinoviev.

Às vésperas da realização da XV Conferência do Partido Comunista Russo, que ocorrerá em novembro de 1926, Gramsci redige uma famosa carta, datada de 14 de outubro de 1926, ao Comitê Central do Partido Russo. Nela, realiza um apelo a unidade do Partido e ao seu núcleo leninista, uma vez que, em sua leitura, esta era a única condição que poderia assegurar a conexão entre a revolução na Rússia e a revolução mundial: sua posição, ainda que fosse favorável a maioria do Partido Russo, quer dizer, a Stalin, derivava da esperança de evitar um choque interno que pudesse levar a cisão do Partido (embora não deixasse de registrar críticas à sua direção, responsável, segundo ele, pela política desastrosa tanto no plano nacional, quanto internacional) (Vacca, 2012).

Como se sabe, esta carta, a pedido de Togliatti, não foi encaminhada ao Comitê Russo, dado que o antigo colega de *L'Ordine Nuovo* estava alinhado às posições da maioria stalinista. Mas, D'Orsi (2022) mostra que, apesar das inúmeras polêmicas sobre o confronto entre estes dois líderes, Gramsci e Togliatti, a despeito da repercussão da referida carta, não basta afirmar que houve uma ruptura definitiva entre ambos: o que houve foi, antes de tudo, uma "[...] diversidade irreparável de visões entre Gramsci e Togliatti nos princípios e na estratégia de desenvolvimento do movimento socialista internacional" (D'Orsi, 2022, p. 220). Afinal, em Gramsci já estava amadurecendo a necessidade de se trabalhar para construir e estabilizar o poder de Estado, sendo que "[...] a controvérsia de outubro de 1926 construiu o fundamento para as reflexões do novo programa de pesquisa gramsciano, que se concretizou na elaboração dos Cadernos" (D'Orsi, 2022, p. 222).

Interrompido pela prisão, Gramsci foi levado inicialmente para o cárcere de Regina Coeli, em que permaneceu por apenas 16 dias, até 25 de novembro. Em seguida, foi transferido para a ilha de Ustica, conforme decisão do Tribunal Especial para Defesa do Estado, reunido no dia 18 de novembro e que o condenou a cinco anos de confinamento. Mas, a lembrança que manteve em relação ao início de sua vida como prisioneiro do fascismo foi registrada em uma carta à cunhada, Tatiana Schucht, de 19 de dezembro de 1926, onde considerou a permanência em Regina Coeli como o período mais duro da detenção, tendo em vista o isolamento absoluto e a rigorosíssima disciplina (Gramsci, 2005a).

Descrevendo a sua rotina nos dezesseis dias, depois de passar por diferentes celas, a primeira, iluminada durante o dia e a noite, com insetos e a cama e os lençóis sujos, a segunda, sem iluminação durante o horário noturno, mas desinfetada com chama de gasolina, até, finalmente, se instalar em um quarto pago, Gramsci (2005a) assim a relembra:

> [...] às 7 da manhã, despertar e arrumar o quarto; às 9, o leite, que depois se tornou café com leite, quando comecei a receber comida do restaurante. O café chegava normalmente ainda morno e o leite, ao contrário, estava sempre frio, mas eu fazia então uma abundante papa com pedaços de pão. Das nove ao meio-dia era a hora do banho de sol: uma hora, ou das nove às dez, ou das dez às onze, ou das onze ao meio-dia [...] Ao meio-dia chegava o almoço; a sopa muitas vezes ainda morna, o resto sempre frio. Às 3 havia inspeção da cela, com a verificação das barras das grades; a inspeção repetia às dez noite e às três da manhã (Gramsci, 2005a, p. 86).

Gramsci chegou ao novo confinamento em 7 de dezembro de 1926, depois de uma extensiva viagem de navio: de Roma a Nápoles, de Nápoles a Palermo, de Palermo a Ustica. Afora a riqueza de detalhes quase socioantropológica com que Gramsci descreve a "aventura" da viagem por meio das cartas trocadas com Tatiana, é preciso ressaltar, como pontua D'Orsi (2022), a capacidade de análise e observação do novo prisioneiro: Gramsci descreve os detentos e conversas que se transcorrem entre eles, realizando uma "[...] coleta de dados, reelaboração, construção de hipóteses interpretativas a partir dos dados, das informações [...]" (D'Orsi, 2022, p. 238).

Ustica constituía-se de uma pequena ilha, com cerca de oito quilômetros quadrados, em que aproximadamente 500-600 presos estavam cumprindo pena em razão de delitos comuns. Ali, Gramsci permaneceu por 44 dias, onde pôde dispor de um período de relativa "liberdade", quando comparado aos anos seguintes da prisão.

Como descreve em uma carta, tinha "[...] permissão de passear por todo o território da ilha, com a obrigação de voltar aos limites às cinco da tarde" (Gramsci, 2005a, p. 88).

Coincidentemente, dividiu os dias em Ustica com Bordiga, "seu querido inimigo", para citar as palavras de D'Orsi (2022), além de outros companheiros políticos. Juntos, puderam realizar leituras e discussões, organizando uma verdadeira "escola" na ilha. Não por acaso, a comunicação com Piero Sraffa nesse período, especialmente como esclarece a carta de 11 de dezembro de 1926 endereçada ao amigo, possibilitou a solicitação de alguns livros e revistas de cultura geral para resolver o problema do "embrutecimento intelectual" do cárcere. À Tatiana, Gramsci confirma, posteriormente, que Sraffa havia aberto, em seu nome, uma conta sem limite numa livraria de Milão através da qual poderia pedir jornais, revistas e livros.

Tatiana Schucht e Piero Sraffa desempenharam, sem dúvida, o papel dos dois "intermediários excepcionais" de Gramsci: a) o amigo Sraffa foi fundamental para a comunicação entre Gramsci e o partido e, em segundo plano, com o *Comintern*; b) Tatiana, como mediadora de Sraffa e, sobretudo, com Giulia. Por meio deles, é possível reconstruir as vicissitudes políticas e humanas do prisioneiro durante os anos de encarceramento, afinal, as diversas correspondências trocadas permitem subsidiar o percurso de Gramsci no cárcere (Vacca, 2012).

Após receber uma ordem de transferência para Milão por designação do juiz Enrico Marcis, cujo destino é o presídio de San Vittore, Gramsci deixa Ustica em 20 de janeiro de 1927, chegando ao presídio milanês em 7 de fevereiro. A viagem constituiu-se de um "[...] teste triplo ou quádruplo, tanto do ponto de vista moral quanto, especialmente, físico" (Gramsci, 2005a, p. 113). Para Gramsci, uma vez que, como descreve em uma carta de 12 de fevereiro de 1927, à Tatiana e à Giulia, "Não gostaria [...] alarmá-las nem dar a impressão de que me encontro na condição de um farrapo" (Gramsci, 2005a, p. 113).

Em San Vittore, Gramsci aguardava pelo julgamento do processo, enquanto passava por sua fase instrutória, sendo interrogado pelo juiz

Marcis a 9 de fevereiro e 20 de março. Sem poder dispor de papel e caneta e, não possuindo autorização para receber livros de fora, como em Ustica, Gramsci recorreu a biblioteca da prisão, ocupando-se do estudo das línguas, tendo em vista a ausência de livros de que desejava para estudar. Por isso, as "Cartas", nesse período, funcionaram como uma antecipação dos *Cadernos*: sendo a única possibilidade de exercitar a escrita e as anotações, nelas Gramsci realiza algumas notas, apontamentos e esboços (D'Orsi, 2022).

Não por acaso, a conhecida carta datada de 19 de março de 1927 a Tatiana, contém o esboço de um primeiro programa de trabalho anunciado por Gramsci no cárcere (Gerratana, 2014).

> [...] gostaria de me ocupar intensa e sistematicamente de alguns temas que me absorvessem e centralizassem minha vida interior. *Pensei em quatro temas até agora,* e já isto é um indicador de que não consigo me concentrar. São eles: 1) uma pesquisa sobre a formação do espírito público na Itália no século passado; em outras palavras, uma pesquisa sobre os intelectuais italianos, suas origens, seus agrupamentos segundo as correntes culturais, seus diversos modos de pensar, etc., [...] 2) Um estudo de lingüística comparada! [...] 3) Um estudo sobre o teatro de Pirandello [...] 4) Um ensaio sobre os romances de folhetim e o gosto popular na literatura (Gramsci, 2005a, p. 128-129, grifo nosso).

A exposição dos temas parece evidenciar uma continuidade em relação ao programa de ação política que levou Gramsci a prisão: o interesse em se ocupar sobre a Itália Meridional, em especial, quando menciona a "pesquisa sobre os intelectuais italianos". A partir desse ponto de vista, pretendia desenvolver um trabalho "desinteressado", *für ewig*, afinal, o desafio se colocava, agora, em "falar", por meio da palavra escrita, não a um público imediato — com quem sempre conseguiu muito bem se comunicar —, mas a "leitores ideais", sem saber se esses se tornariam, de fato, reais (Gerratana, 2014): "Estou atormentado (e este, penso, é um fenômeno típico dos prisioneiros) por esta idéia: *de que é preciso fazer algo für ewig* [...]" (Gramsci, 2005a, p. 128, grifo nosso).

Mais do que o sentido literal do termo (para sempre), a expressão pode ser entendida, segundo D'Orsi (2022), como a retirada do imediatismo da luta política, não por vontade, mas imposição, e a resiliência desenvolvida no cárcere: determinado a ir mais longe, Gramsci, mesmo com a ausência de interlocutores, recorreu às poucas reservas de energia e paciência para realizar um trabalho que fosse capaz de permiti-lo transcender o cativeiro. Por esse motivo, Gerratana (2014) mostra que, superando os limites do imediatismo, coube a Gramsci aprofundar teoricamente toda a sua experiência anterior.

Esse primeiro projeto inicial, apesar de ser revisto posteriormente e parecer, em um primeiro momento, bastante incerto, possui uma vinculação orgânica com as diversas experiências da vida de Gramsci: a) a pesquisa sobre os intelectuais italianos tem as suas origens no artigo inacabado de 1926; b) o estudo da linguística comparada recorda as influências da Universidade de Turim, em particular, de seu professor Matteo Bartoli; c) o teatro de Pirandello e a literatura popular retomam a experiência de Gramsci como crítico teatral de 1915, quando redigia para a *Sotto la Mole* (Gerratana, 2014).

Se em Milão o projeto dos *Cadernos* começa a ser esboçado, em 11 de maio de 1928, Gramsci deixa o cárcere de San Vittore e parte para Roma, cidade em que ocorre o julgamento de seu processo. Permanece novamente encarcerado na prisão romana de Regina Coeli até 28 de maio, dia efetivo do início de seu julgamento: o caso, na realidade, se transcorre como um verdadeiro "processão", uma vez que todas as lideranças do PCdI foram colocadas sob acusação. Apesar das tentativas do Partido Comunista da Itália e de Togliatti, e do Partido Russo, com o apoio do *Comintern*, de libertar Gramsci e Terracini, seu colega desde os anos universitários, em 4 de junho de 1928 Gramsci recebe a sentença: "Por 20 anos, devemos impedir esse cérebro de funcionar", mais exatamente, 20 anos, 4 meses e 5 dias, sendo considerado "a mente diretiva do Partido Comunista" e "a alma de todo o movimento" (D'Orsi, 2022).

Inicialmente, seu novo destino seria a penitenciária de Porto Longone, mas, depois do pedido de Teresina, irmã de Gramsci, a 8 junho de 1928, por uma visita médica fiscal a fim de comprovar a necessidade de detenção do prisioneiro em uma casa penal de saúde, Gramsci foi diagnosticado com "periodontite expulsiva em consequência de distúrbios uricêmicos e um leve colapso nervoso", sendo enviado para Turi, próximo de Bari. Ali, permanecerá até 19 de novembro de 1933, iniciando o projeto de conversa com os leitores ideais que, décadas mais tarde, tornar-se-ão bastante reais: os *Cadernos do Cárcere* (D'Orsi, 2022).

Chegando em 19 de julho de 1928 no novo cárcere, Gramsci estava limitado pelas restrições impostas às correspondências: inicialmente, apenas para parentes de primeiro grau e sendo, no limite, duas por mês, o que resultava em uma carta enviada para Tatiana, responsável também por mediar a comunicação de Gramsci com Sraffa e Giulia, quando necessário, e, outra, para algum parente. Podia receber roupas íntimas e livros de fora, esses desde que passados pelo crivo do Ministério do Interior (D'Orsi, 2022).

Desde sua chegada em Turi, também se iniciam os pedidos para obtenção de cela individual e permissão para escrever. A primeira é concedida em agosto, quando anuncia em uma carta do dia 27 à Tatiana: "Fui colocado em uma cela sozinho. Deste ponto de vista, estou muito melhor do que antes. Será preciso, porém, dar continuidade ao requerimento para que o Ministério me conceda papel e caneta" (Gramsci, 2005a, p. 283-284). A permissão para escrever só é obtida entre os meses de janeiro e fevereiro de 1929, depois de passar por uma intensa crise de uricemia ao final de 1928.

Portanto, a redação dos *Cadernos* se inicia, efetivamente, em 8 de fevereiro de 1929, quando um dia depois, escreve a cunhada: "Agora que posso escrever na cela, vou fazer as listas dos livros de que preciso e, de vez em quando, enviá-las à livraria. *Agora que posso fazer anotações em caderno, quero ler de acordo com um plano e aprofundar determinados temas*, e não mais 'devorar' os livros" (Gramsci,

2005a, p. 316, grifo nosso). Dois anos após sua detenção, Gramsci dá início ao seu trabalho intelectual, que tem como pano de fundo e razão de ser a moldura da "[...] guerra e pós-guerra, [do] desenvolvimento e crise do movimento operário, revolução de Outubro e Internacional comunista, [...] nascimento e advento do fascismo" (Gerratana, 2014, p. XVIII-XIX).

Desenvolvendo inicialmente exercícios de tradução para destravar as mãos, que lhes serviam como trabalho preparatório e terapêutico, Gramsci colocava em ordem os pensamentos e, ao mesmo tempo, cumpria com o estudo das línguas proposto, o qual já havia sinalizado na prisão de San Vittore (Fresu, 2020). Assim, inicia pelo estudo da língua alemã, voltando-se posteriormente a língua russa, inglesa e italiana. Não obstante, é preciso advertir que a "tradução" representava um passo adiante da simples leitura, visto que, embora não correspondesse ainda a escrita criativa das notas dos *Cadernos,* permitia superar a fadiga e a angústia do cárcere, ademais de estabelecer uma estreita relação com as notas desenvolvidas posteriormente nos *Cadernos*. Gradativamente, esses exercícios de tradução vão sendo reduzidos até desaparecerem por completo, dando lugar a escrita *für ewig* (D'Orsi, 2022).

Nessa perspectiva, o "*Primo Quaderno*"[26] de 1929 anuncia uma nova configuração em relação aos temas que Gramsci pretendia desenvolver no cárcere, comportando uma complexidade maior se comparado ao projeto inicial de pesquisa, exposto na carta de 19 de março de 1927, embora seguindo a mesma inspiração. Provavelmente, como demonstra Vacca (2012), agora, com a sentença julgada e a pena a perder de vista, Gramsci reorganizava a pesquisa. Reagrupando as temáticas e enumerando-as, abre o *Caderno 1* com o título "Notas e apontamentos", listando uma série de dezesseis argumentos principais:

26 "Primeiro Caderno".

1. Teoria da história e da historiografia.
2. Desenvolvimento da burguesia italiana até 1870.
3. Formação dos grupos intelectuais italianos: desenvolvimento, atitudes.
4. A literatura popular dos romances de folhetim e as razões de sua permanência e influência.
5. Cavalcante Cavalcanti: a sua posição na estrutura e na arte da Divina Comédia.
6. Origens e desenvolvimento da Ação Católica na Itália e na Europa.
7. O conceito de folclore.
8. Experiências da vida no cárcere.
9. A 'questão meridional' e a questão das ilhas.
10. Observações sobre a população italiana: sua composição, função da emigração.
11. Americanismo e fordismo.
12. A questão da língua na Itália: Manzoni e G. I. Ascoli.
13. O 'senso comum'.
14. Tipos de revisa: teórica, crítico-histórica, de cultura geral (divulgação).
15. Neogramáticos e neolinguistas ('essa mesa redonda é quadrada').
16. Os sobrinhos do padre Bresciani (Gramsci, 2014b, *Q 1*, p. 5, grifos do autor).

Esse "novo" e segundo reordenamento do programa de pesquisa gramsciano de 8 de fevereiro de 1929 especifica-se, quando em uma carta do dia 25 de março de 1929 à Tatiana, Gramsci reforça e destaca três grandes áreas de interesse: "*Decidi me ocupar predominantemente e tomar notas sobre os três assuntos seguintes:* 1) A história italiana no século XIX, com especial referência à formação e ao desenvolvimento dos grupos intelectuais; 2) A teoria da história e da historiografia; 3) O americanismo e o fordismo" (Gramsci, 2005a, p. 329, grifo nosso).

A partir daí, Gramsci redige notas variadas, tecendo comentários sobre os livros e artigos que lia, sendo que, por vezes, os títulos das notas repetiam-se ao longo dos diversos *Cadernos*, indicando o tratamento contínuo, ainda que em "tempos" diferentes, de temas específicos por parte de Gramsci (Bianchi, 2008).

Nesse verdadeiro "diário do século XX" (D'Orsi, 2022) de que se constituem os *Cadernos do Cárcere* a primeira impressão que fica é a fragmentação. Afinal, através de notas dispersas com temas que se intercruzam, Gramsci trabalhava de maneira a registrar indicações, realizar resumos de obras, iniciar o esboço de um ensaio que, posteriormente, seria revisto. Tudo isso com intervalos de tempo, muitas vezes, bastante espaçados entre si: meses e, mesmo, anos depois, Gramsci retoma temas que até então havia deixado para "trás", de modo que o "[...] enriquece com novas elaborações, reescreve, amplia, junta grupo de notas anteriores" (Fiori, 1979, p. 293).

O hábito de se passar de um *Caderno* a outro sem ter terminado o precedente também dificulta a localizar com precisão o período em que cada nota foi escrita. Entretanto, nenhuma destas questões autoriza a afirmação de que os *Cadernos* são fragmentados. Se à primeira vista essa é a impressão que transparece, em um segundo momento, é possível compreender a sua inspiração unitária. O próprio exercício de Gramsci de reelaborar as notas na forma de ensaios e agrupar os parágrafos em capítulos, dando origem a pequenas monografias, sob as condições de um prisioneiro, cuja saúde debilitava-se a cada dia e com o escasso acesso às ferramentas bibliográficas, representa precisamente o esforço de Gramsci em tornar os *Cadernos* um conjunto orgânico e sistemático (D'Orsi, 2022).

Além disso, as diversas notas que compõe esse grande "diário" organizam-se em torno de uma pauta bastante orgânica: analisando as causas da derrota, Gramsci quer entender as forças que levaram ao enfraquecimento do movimento proletário internacional e nacional, tendo em vista a libertação das classes oprimidas, especialmente na Itália. Por sua vez, tal análise prescindia do estudo das duas faces que, naquele momento, investia-se o capitalismo: o fascismo e o americanismo (D'Orsi, 2022).

Vê-se, portanto, o fio condutor que inspira a redação dos *Cadernos*: questões eminentemente políticas que já se faziam presentes no universo-mundo da vida prático-social de Gramsci. No cárcere, o "[...] homem de luta deveria se transformar em homem de ciência, sem perder o espírito militante [...]" (D'Orsi, 2022, p. 293).

Na verdade, ao mesmo tempo em que redigia os *Cadernos*, Gramsci também se destoava dos rumos que a Internacional vinha tomando. Tendo em vista que o *Comintern* passava por uma espécie de aceleração sectária, fortemente inspirada pelo Partido Comunista Russo, o X Pleno, realizado em julho de 1929, apresentava a tese da identificação entre social-democracia e fascismo, conquistando adeptos para o "social-fascismo". Dentro dessa orientação, não cabia a aliança com as forças fascistas, mas, tampouco com a social-democracia — para Stalin, sua "irmã gêmea". Assim, a palavra de ordem deveria ser revolução proletária, assumida pelos comunistas, sem falsas alianças, considerando que o início da crise final do capitalismo se aproximava pela "Terça-feira negra" de 29 de outubro de 1929, ocorrida em *Wall Street*. Sem dúvida, o movimento comunista internacional atravessava uma fase contaminada por um "vento de loucura", com a qual Gramsci divergia profundamente[27]. A teoria da hegemonia desenvolvida nos *Cadernos do Cárcere* marca exatamente o contraponto em relação a esta tendência, que julgava atual a radicalização do governo proletário sem considerar a necessidade de uma fase democrático-burguesa e a constituição de uma Assembleia Constituinte (D'Orsi, 2022).

---

27 "Em essência, o raciocínio de Gramsci se desenvolvia assim: 1) mesmo nas condições mais favoráveis, o partido não poderá contar senão com um máximo de 6 mil ativistas; 2) a tática mais conveniente não é o isolamento sectário, mas a busca das alianças de classe; 3) os camponeses atrasados e a pequena-burguesia descontente com a sua situação são passíveis de se aliarem com a classe operária, mas só através da realização de um objetivo intermediário, a recuperação das liberdades confiscadas pelo fascismo. Era preciso portanto promover e dirigir um vasto movimento antifascista" (Fiori, 1979, p. 317).

Entre 1931 e 1932, Gramsci escreve o *Caderno 8*. Nele, continua a esboçar o seu programa de estudos. Nomeado de "Ensaios principais", anuncia:

> *Introdução geral.* Desenvolvimento dos intelectuais italianos até 1870: diversos períodos. — A literatura popular dos romances de folhetim. — Folclore e senso comum. — A questão da língua literária e dos dialetos. — Os sobrinhos do Padre Bresciani. — Reforma e Renascimento. — Maquiavel. — A escola e a educação nacional. — A posição de B. Croce na cultura italiana até a guerra mundial. — O *Risorgimento* e o partido de ação. — Ugo Foscolo na formação da retórica nacional. — O teatro italiano. — A história da Ação Católica: católicos integristas, jesuítas, modernistas. — A Comuna medieval, fase econômico-corporativa do Estado. — Função cosmopolita dos intelectuais italianos até o século XVIII. — Reações à ausência de um caráter popular-nacional da cultura na Itália: os futuristas. — A escola única e o que ela significa para toda a organização da cultura nacional. — O 'lorianismo' como uma das características dos intelectuais italianos. — A ausência de 'jacobinismo' no *Risorgimento* italiano. — Maquiavel como técnico da política e como político integral ou em ato. Apêndices: Americanismo e fordismo (Gramsci, 2014b, *Q 8*, p. 935-936, grifo do autor).

Os "Ensaios principais" possuíam caráter provisório e indicavam a possibilidade de construir, a partir deles, ensaios independentes. Além disso, de acordo com Bianchi (2008), embora expressem o projeto gramsciano de pesquisa, não expressam todo o projeto gramsciano de pesquisa, uma vez que já existiam temáticas trabalhadas por Gramsci por meio de diversas notas que não se enquadravam, necessariamente, no tema dos intelectuais, como é o caso do americanismo e fordismo (indicado aqui no *Caderno 8* apenas como apêndice) e dos Apontamentos de filosofia, título que se reproduz através de várias notas nos *Cadernos 4*, *7* e *8*, cujos parágrafos serão retomados em *Cadernos* posteriores.

D'Orsi (2022) acrescenta que os *Cadernos* iniciados em Turi são, em sua maioria, de natureza *miscelânea*, ou seja, compostos por parágrafos diversos com temas bastante variados entre si. Mas, a partir de meados de 1932, inicia-se uma nova fase do trabalho de Gramsci no cárcere, haja vista que se dedica a elaboração dos primeiros *Cadernos* de natureza *especial* ou *monográfica*, ou seja, aqueles que se orientam por um critério metodológico temático, ao mesmo tempo em que continua a se dedicar a composição de outras *miscelâneas*. O que determina o início dessa nova fase de trabalho de Gramsci no cárcere?

Os *Cadernos do Cárcere*

Em agosto de 1931, Gramsci sofre a sua primeira grave crise de saúde e a descreve à Tatiana em carta de 17 de agosto:

> Começou assim: à uma da manhã de 3 de agosto, exatamente há quinze dias, soltei uma golfada de sangue, repentinamente. Não se tratou de uma hemorragia contínua, no sentido próprio, de um fluxo irresistível, como ouvi outras pessoas descreverem: sentia um gorgolejo na respiração, como quando se tem catarro, a tosse vinha e a boca se enchia de sangue. [...] Isto durou até mais ou menos quatro horas e, nesse meio-tempo, expeli 250-300 gramas de sangue (Gramsci, 2005b, p. 70).

No mesmo dia em que se inicia a crise, Gramsci já colocava em questão o seu programa de pesquisa e estudos, confessando a sua cunhada em uma carta de 3 de agosto de 1931:

> Pode-se dizer que já não tenho mais um verdadeiro programa de estudos e de trabalho, o que, naturalmente, devia acontecer. Tinha me proposto pensar uma certa série de questões, mas devia acontecer que, num certo ponto, estas reflexões deveriam passar a uma fase de documentação e, portanto, a uma fase de

> trabalho e de elaboração que requer grandes bibliotecas [...] o fato é que não tenho mais grandes curiosidades por determinadas direções gerais, pelo menos por ora. Quero lhe dar um exemplo: uma das questões que mais me interessaram nestes últimos anos foi estabelecer alguns aspectos característicos na história dos intelectuais italianos. Este interesse nasceu, por uma parte, do desejo de aprofundar o conceito de Estado e, por outra parte, de compreender alguns aspectos do desenvolvimento histórico do povo italiano [...] [Mas] Como vê, este tema poderia dar origem a toda uma série de ensaios, mas para isto, é necessária toda uma pesquisa erudita. Mesmo se aplica a outras pesquisas (Gramsci, 2005b, p. 66-67).

Seguindo as indicações de Gerratana (2014), considera-se que a partir daí, mediante a saúde debilitada, Gramsci não deseja perder mais tempo, abandonando qualquer trabalho terapêutico, como se constituíram os exercícios de tradução, e se concentra em aprofundar sua pesquisa, reestruturando-a em uma nova série de *Cadernos*, quer dizer: dá por encerrada a fase das traduções, que contempla, ao final, o preenchimento de quatro *Cadernos*, e se dedica, especialmente, aos *Cadernos especiais* ou *monográficos*.

Eis o novo plano de trabalho gramsciano: reordenar as notas já escritas, mas estruturando-as, agora, em cadernos que agrupam as notas de mesma temática, antes dispersas pelos diversos cadernos miscelâneos (Bianchi, 2008). Essa indicação é feita pelo próprio Gramsci, quando troca uma nova correspondência com Tatiana em 22 de fevereiro de 1932.

> Em relação às breves notas que escrevi sobre os intelectuais italianos, não sei realmente por onde começar: *elas estão espalhadas numa série de cadernos, misturadas com várias outras notas, e deveria inicialmente reunir todas para poder ordená-las.* [...] Se puder, mande-se cadernos, mas não como aqueles que mandou há algum tempo, que são incômodos e grandes demais: devia escolher cadernos de formato normal, como os escolares, e de

> não muitas páginas, no máximo entre quarenta e cinquenta, de modo que não transformem necessariamente em calhamaços miscelâneos cada vez mais confusos. De fato, *gostaria de ter estes pequenos cadernos para reordenar estas notas, dividindo-as por temas e, assim, sistematizando-as;* isto me fará passar o tempo e me será útil pessoalmente para conseguir uma certa ordem intelectual (Gramsci, 2005b, p. 161, grifos nossos).

Nessa perspectiva, o projeto de pesquisa dos *Cadernos* se apresenta em sua última versão no *Caderno 8*, quando o prisioneiro do fascismo anuncia, abaixo do Ensaios principais, o título Notas esparsas e apontamentos para uma história dos intelectuais italianos, acompanhado de um elenco de temas com o nome Reagrupamento de matéria:

> 1º. Intelectuais. Questões escolares.
> 2º. Maquiavel.
> 3º. Noções enciclopédicas e tema de cultura.
> 4º. Introdução ao estudo da filosofia e notas críticas a um Ensaio popular de sociologia.
> 5º. História da Ação Católica. Católicos integristas — jesuítas — modernistas.
> 6º. Miscelânea de notas variadas de erudição (Passado e presente).
> 7º. *Risorgimento italiano* (no sentido da *Età del Risorgimento italiano* de Omodeo, mas insistindo sobre os motivos mais estritamente italianos).
> 8º. Os sobrinhos do Padre Bresciani. A literatura popular (Notas de literatura).
> 9º. Lorianismo.
> 10º. Apontamentos sobre jornalismo (Gramsci, 2014b, *Q 8*, p. 936, grifo do autor).

Após a intensa crise de saúde, o período que vai do final de 1931 ao final de 1933, representa particularmente, os dois piores anos no tocante às condições clínicas de Gramsci no cárcere, dado que enfrenta circunstâncias bastante difíceis, encontrando no isolamento uma reação para as dificuldades que o atormentavam. Não por acaso, os "fios são rompidos", tanto do ponto de vista das relações políticas, com o advento da tese do "social-fascismo" e sua divergência com os rumos do movimento comunista internacional, quanto do ponto de vista das relações afetivas, especialmente, pelo longo silêncio de Giulia.

Nesse período, na verdade, os últimos vividos em Turi, Gramsci se divide entre a redação dos *Cadernos especiais*, muitos deles terminados somente em momento posterior, e miscelâneos. Por um lado, se da ótica das condições clínicas e afetivas, o estado do prisioneiro é alarmante, por outro, sob a ótica da produção teórica, vive um dos períodos mais férteis de sua elaboração.

Assim, na primeira fase de trabalho no cárcere, que vai do início da redação dos *Cadernos* (em fevereiro de 1929) até a primeira crise de saúde (em agosto de 1931), Gramsci redige 7 *Cadernos*, com exceção daqueles dedicados aos exercícios de tradução. Os *Cadernos* da primeira fase são todos de natureza *miscelânea* e compreendem os *Cadernos* numerados de *1* a *7* (tabela 1).

TABELA 1. ***Cadernos* da primeira fase de trabalho no cárcere (fev./1929 – ago./1931)**

NÚMERO DO CADERNO	NATUREZA DO CADERNO
1. Caderno 1	Miscelânea
2. Caderno 2	Miscelânea
3. Caderno 3	Miscelânea
4. Caderno 4	Miscelânea
5. Caderno 5	Miscelânea
6. Caderno 6	Miscelânea
7. Caderno 7	Miscelânea
TOTAL: 7 Cadernos	TOTAL: 7 Miscelâneas

FONTE: Elaboração da autora (2023).

Na segunda fase de trabalho (iniciada após as complicações que acometem a sua saúde até a saída de Turi, em novembro de 1933), Gramsci inicia a redação de mais 10 *Cadernos*, entre os quais, 5 são de natureza *miscelânea*, abrangendo os *Cadernos 8, 9, 14, 15* e *17*, e *5* são de natureza especial, a saber: os *Cadernos 10, 11, 12, 13* e *16* (Tabela 2).

TABELA 2. ***Cadernos* da segunda fase de trabalho no cárcere (ago./1931 – nov./1933)**

Nº DO CADERNO	CADERNO MISCELÂNEO	CADERNO ESPECIAL OU MONOGRÁFICO
1. Caderno 8	Caderno 8	
2. Caderno 9	Caderno 9	
3. Caderno 10		Caderno 10
4. Caderno 11		Caderno 11
5. Caderno 12		Caderno 12
6. Caderno 13		Caderno 13
7. Caderno 14	Caderno 14	
8. Caderno 15	Caderno 15	
9. Caderno 16		Caderno 16
10. Caderno 17	Caderno 17	
TOTAL: 10 Cadernos	TOTAL: 5 Cadernos miscelâneos	TOTAL: 5 Cadernos especiais ou monográficos

FONTE: Elaboração da autora (2023).

Não obstante, se considerarmos toda a produção teórica de Gramsci durante o período em Turi (fevereiro de 1929 a novembro de 1933), podemos afirmar que ocorre a elaboração de 17 *Cadernos*[28]: desses, a) 12 são iniciados e concluídos em Turi, sendo *miscelâneos*

28 Se acrescidos os *Cadernos* de tradução, que somam 4 (todos desenvolvidos neste período inicial em Turi), Gramsci redige, ao total, 21 *Cadernos*.

10 *Cadernos* (os numerados de 1 a 9 e o *Caderno 15*), e 2 são *especiais* (os Cadernos 11 e 12), como demonstra a tabela 3; os b) outros 5 são iniciados em Turi, mas desenvolvidos e continuados em Formia (destino seguinte do prisioneiro, como veremos), sendo de natureza *miscelânea* os *Cadernos 14* e *17*, enquanto os *Cadernos 10, 13* e *16* são *especiais* (Tabela 4).

TABELA 3. ***Cadernos* iniciados e concluídos em Turi (fev./1929 – nov./1933)**

Nº DO CADERNO	CADERNO MISCELÂNEO	CADERNO ESPECIAL OU MONOGRÁFICO
1. Caderno 1	Caderno 1	
2. Caderno 2	Caderno 2	
3. Caderno 3	Caderno 3	
4. Caderno 4	Caderno 4	
5. Caderno 5	Caderno 5	
6. Caderno 6	Caderno 6	
7. Caderno 7	Caderno 7	
8. Caderno 8	Caderno 8	
9. Caderno 9	Caderno 9	
10. Caderno 11		Caderno 11
11. Caderno 12		Caderno 12
12. Caderno 15	Caderno 15	
TOTAL: 12 Cadernos	TOTAL: 12 Cadernos miscelâneos	TOTAL: 2 Cadernos especiais ou monográficos

FONTE: Elaboração da autora (2023).

TABELA 4. ***Cadernos* iniciados em Turi e desenvolvidos em Formia**

Nº DO CADERNO	CADERNO MISCELÂNEO	CADERNO ESPECIAL OU MONOGRÁFICO
1. Caderno 10		Caderno 10
2. Caderno 13		Caderno 13
3. Caderno 14	Caderno 14	
4. Caderno 16		Caderno 16
5. Caderno 17	Caderno 17	
TOTAL: 5 Cadernos	TOTAL: 2 Cadernos miscelâneos	TOTAL: 3 Cadernos especiais ou monográficos

FONTE: Elaboração da autora (2023).

Antes de ser transferido para Formia em novembro de 1933, a saúde de Gramsci se deteriora sobremaneira a partir de 1932. Não por acaso, Tatiana solicita em 15 de setembro de 1932, ao chefe de governo, autorização para uma visita médica a Gramsci a fim de averiguar suas condições clínicas. Esta visita acontece somente em 20 março de 1933, quando o doutor Umberto Arcangeli julga que o prisioneiro não sobreviveria nas condições que se encontrava, recomendando a transferência para um hospital ou clínica (Fiori, 1979).

O pessimismo de Gramsci em relação a sua própria saúde pode ser verificado em uma carta redigida a 2 de janeiro de 1933 a Tatiana:

> O ano velho não foi exatamente cheio de recordações agradáveis para mim; foi o pior ano que passei no cárcere. E o ano novo não se apresenta com perspectivas estimulantes. Se o ano de 1932 foi ruim, parece-me que 1933 deve ser pior. Estou debilitado e, ao mesmo tempo, as pressões aumentam; a relação entre as forças disponíveis e o esforço a ser feito piorou ainda mais. Contudo, não estou moralmente abatido; pelo contrário, minha vontade se nutre exatamente d realismo com que analiso os elementos de minha existência e resistência (Gramsci, 2005b, p. 286).

Em seguida, a segunda grave crise de saúde aconteceria: em 7 de março de 1933, Gramsci perde a consciência e entra em um quadro de semicoma por alguns dias. Consegue relatar o ocorrido apenas uma semana depois, em 14 de março, a Tatiana: "Só escrevo umas poucas palavras. Precisamente na terça-feira passada [...] caí no chão sem conseguir mais me levantar por mim mesmo. No primeiro dia, tive um certo estado de alucinação, se é que se pode assim dizer, e não conseguia relacionar ideia com ideia e ideia com palavra apropriada" (Gramsci, 2005b, p. 318).

Gramsci só tem a sua transferência aprovada para uma clínica prisional após a solicitação de seu irmão Carlo, sendo essa submetida às inúmeras seções do Ministério do Interior e a Mussolini. A pressão internacional pela campanha de libertação de Gramsci, endossada pela exposição do relatório médico de Arcangeli no jornal francês *L'Humanité*, também forçou a aprovação de sua transferência no mês de outubro de 1933 (D'Orsi, 2022).

Em novembro, inicia-se o seu deslocamento para Formia, uma clínica sob a direção do doutor Giuseppe Cusumano, onde chega em 7 dezembro de 1933, depois de realizar uma parada de mais de duas semanas na enfermaria da prisão de Civitavecchia. Mas, Formia também não possuía a estrutura necessária para o atendimento das condições físicas de Gramsci, embora se tratasse de uma clínica, e a vigilância sob o prisioneiro se manteve a mesma se comparada aos anos vivenciados no cárcere de Turi. Isso leva Gramsci com a saúde em estado de deterioração, a solicitar liberdade condicional, que é aceita em outubro de 1934. No entanto, "Antonio, [...] teve que dar um seguro prévio de que ele não seria removido de Formia, a menos que autorizado pela autoridade policial, e que não levaria a cabo nenhuma atividade política" (D'Orsi, 2022, p. 375). A liberdade condicional era, na realidade, uma liberdade vigiada, visto que ainda estava sujeito a vigilância e controle policial.

A permanência em Formia correspondeu ao último período criativo de Gramsci, alterando o seu método de trabalho. Isso porque, com as forças físicas esgotadas, a persistência da doença e, como consequência, a menor produção, Gramsci adentra, por assim dizer, na terceira fase de seu trabalho no cárcere. Consegue redigir até meados de junho de 1935, momento em que trabalha na compilação de alguns *Cadernos especiais*, na redação de outros novos e conclusão parcial dos antigos. Vê-se "[...] não apenas a retomada dos temas já abordados, mas o lançamento de novos temas, em uma colcha de retalhos feliz, mas complexa [...]" (D'Orsi, 2022, p. 376).

Em Formia, redige ao total 12 *Cadernos*, a maior parte deles incompletos e com pouquíssimas páginas. Nessa fase de trabalho, Gramsci recolhe, em especial, notas de *Cadernos* anteriores, de modo que as organiza por temáticas, seguindo àquelas listadas no Reagrupamento de matéria descritas no *Caderno 8* (última versão apresentada de seu projeto de pesquisa), dispondo-as em novos *Cadernos especiais*. Nesses, as notas revisadas são reelaboradas, ora com novas observações, ora sem nenhuma novidade, configurando-se como uma simples transcrição integral das sentenças já formuladas. Todos os *Cadernos* dessa nova fase são *especiais* e correspondem aos numerados de 18 a 29 (Tabela 5).

TABELA 5. ***Cadernos* da terceira fase de trabalho no cárcere (dez./1933 – jun./1935)**

NÚMERO DO CADERNO	NATUREZA DO CADERNO
1. Caderno 18	Especial ou monográfico
2. Caderno 19	Especial ou monográfico
3. Caderno 20	Especial ou monográfico
4. Caderno 21	Especial ou monográfico
5. Caderno 22	Especial ou monográfico
6. Caderno 23	Especial ou monográfico
7. Caderno 24	Especial ou monográfico

TABELA 5. ***Cadernos* da terceira fase de trabalho no cárcere (dez./1933 – jun./1935)** (CONT.)

NÚMERO DO CADERNO	NATUREZA DO CADERNO
8. Caderno 25	Especial ou monográfico
9. Caderno 26	Especial ou monográfico
10. Caderno 27	Especial ou monográfico
11. Caderno 28	Especial ou monográfico
12. Caderno 29	Especial ou monográfico
TOTAL: 12 Cadernos	TOTAL: 12 Especiais ou monográficos

FONTE: Elaboração da autora (2023).

Assim, importa ressaltar que, embora com algumas variações em relação ao Reagrupamento, os *Cadernos de Formia* apresentam alguns temas novos não previstos na última versão do projeto de pesquisa apresentado por Gramsci no *Caderno 8*. Ainda que siga a orientação geral contida naquela proposta, pois Gramsci tem clareza de que é muito difícil formular um trabalho de caráter definitivo sem dispor dos instrumentos de trabalho necessários, assim como acompanhar o movimento real do mundo externo, estando recluso (Gerratana, 2014), é possível ver algumas novas interlocuções. Por isso, se considerarmos os *Cadernos especiais* ao lado do Reagrupamento de matéria, temos a seguinte configuração (Quadro 1).

QUADRO 1. **Comparativo entre os temas do Reagrupamento de matéria e os *Cadernos especiais* ou *monográficos***

REAGRUPAMENTO DE MATÉRIA	CADERNOS ESPECIAIS OU MONOGRÁFICOS
1º Intelectuais. Questões escolares.	Caderno 10 – A filosofia de Benedetto Croce
2º Maquiavel.	Caderno 11 – Introdução ao estudo da filosofia
3º Noções enciclopédicas e tema de cultura.	Caderno 12 – Apontamentos e notas esparsas para um grupo de ensaios sobre a história dos intelectuais e da cultura na Itália
4º Introdução ao estudo da filosofia e notas críticas a um Ensaio popular de sociologia.	Caderno 13 – Notas sobre a política de Maquiavel
5º História da Ação Católica. Católicos integristas – jesuítas – modernistas.	Caderno 16 – Argumentos de cultura, 1º
6º *Miscelânea* de notas variadas de erudição (Passado e presente).	Caderno 18 – Nicolau Maquiavel II
7º *Risorgimento* italiano (no sentido da *Età del Risorgimento* italiano de Omodeo, mas insistindo sobre os motivos mais estritamente italianos).	Caderno 19 – Risorgimento italiano
8º Os sobrinhos do Padre Bresciani. A literatura popular (Notas de literatura).	Caderno 20 – Ação Católica – Católicos integrais – jesuítas – modernistas
9º Lorianismo.	Caderno 21 – Problemas da cultura nacional italiana, 1º literatura popular
10º Apontamentos sobre jornalismo	Caderno 22 – Americanismo e fordismo
	Caderno 23 – Crítica literária
	Caderno 24 – Jornalismo
	Caderno 25 – À margem da história (história dos grupos sociais subalternos)
	Caderno 26 – Argumentos de cultura
	Caderno 27 – Observações sobre o folclore
	Caderno 28 – Lorianismo
	Caderno 29 – Notas para uma introdução ao estudo da gramática

FONTE: Elaboração da autora (2023).

O que esse quadro pode nos revelar? Das temáticas elencadas no Reagrupamento de matéria, apenas o item 6º não foi contemplado na forma de um *Caderno especial*. Ademais, no Reagrupamento não foram mencionadas as temáticas desenvolvidas em 5 *Cadernos especiais*, particularmente, as contidas nos *Cadernos 10, 22, 25, 27* e *29*, quais sejam (Bianchi, 2008):

- *Caderno 10* — A filosofia de Benedetto Croce;
- *Caderno 22* — Americanismo e fordismo;
- *Caderno 25* — A margem da história (história dos grupos sociais subalternos);
- *Caderno 27* — Observações sobre o folclore;
- *Caderno 29* — Notas para uma introdução ao estudo da gramática.

Não obstante, desses 5 temas que expressam as adições e variantes em face do Reagrupamento de matéria, 4 deles, embora não previstos na última versão do projeto de pesquisa gramsciano, são esboçados e anunciados nos programas anteriores (Bianchi, 2008), a saber (Quadro 2):

QUADRO 2. **Comparativo entre os temas dos *Cadernos especiais* ou *monográficos* não mencionados no Reagrupamento de matéria e os projetos de pesquisa de Gramsci no cárcere**

CADERNOS ESPECIAIS OU MONOGRÁFICOS	PROJETOS DE PESQUISA
1. Caderno 10 – A filosofia de Benedetto Croce	1. Anunciado parcialmente nos "Ensaios Principais" do Caderno 8 (item – A posição de B. Croce na cultura italiana até a guerra mundial)
2. Caderno 22 – Americanismo e fordismo	1. Anunciado no "Primo Quaderno" de 1929 em "Notas e apontamentos" (item 11); 2. Anunciado na carta a Tatiana de 25 de março de 1929; 3. Anunciado nos "Ensaios Principais" do Caderno 8 (item – Apêndices)
3. Caderno 27 – Observações sobre o folclore	1. Anunciado no "Primo Quaderno" de 1929 em "Notas e Apontamentos" (item 7); 2. Anunciados nos "Ensaios Principais do Caderno 8" (item – Folclore e senso comum)
4. Caderno 29 – Notas para uma introdução ao estudo da gramática	1. Anunciado na carta a Tatiana de 19 de março de 1927; 2. Anunciado no "Primo Quaderno" de 1929 em "Notas e apontamentos" (item 15)

Fonte: Elaboração da autora (2023).

Aqui está nosso ponto de partida! Pretendemos indicar que, além do *Caderno 25* (e o tema das classes e grupos subalternos), não ser mencionado no Reagrupamento de matéria, também esse é o único *Caderno*, entre os *monográficos*, a não ser anunciado em nenhum dos projetos de pesquisa de Gramsci no cárcere.

Isso desvalida a importância do tema na reflexão gramsciana e estabelece uma "ordem" de prioridades entre as temáticas? Certamente, em nossa perspectiva, não! Partimos do pressuposto de que no cárcere, Gramsci foi percebendo a relevância da temática ao longo do desenvolvimento dos *Cadernos*, embora a sua vinculação com as classes e grupos subalternos derive desde muito antes da vivência enquanto prisioneiro do fascismo e do desenvolvimento da reflexão teórica (não podendo-se afirmar que Gramsci estabelece relação com os subalternos apenas na fase "madura" do período carcerário): ele é posto em contato com a subalternidade através da própria origem sarda, periférica e colonial (como viemos afirmando) de que é portador, permanecendo em contato direto com a luta dos subalternos mesmo durante sua estadia em Turim. Por isso, mais do que uma discussão intelectual e teórica que realiza nos *Cadernos*, o tema remonta a sua vida prático-social, afinal, a relação de Gramsci com a subalternidade é, sobretudo, orgânica.

Se no cárcere, gradativamente, vai se dando conta da importância da reflexão teórica sobre as classes e grupos subalternos para o conjunto de seu grande "empreendimento", já que esses conceitos só podem ser plenamente compreendidos na relação com outros que compõe o léxico gramsciano (e vice e versa), sua importância para a vida prática já é sentida pelo militante político desde muito tempo: na posição de quem se indigna com a subalternidade, Gramsci sempre lutou pela libertação das grandes massas nas diferentes fases de sua vida — na figura do jornalista militante em Turim, do interlocutor do PCdI no Comintern em Moscou e Viena, do refundador comunista em Roma e, não diferente, na figura do *für ewig* do cárcere.

Continuando a sua luta em favor das classes e grupos subalternos, no cárcere, Gramsci já sabe e tem clareza da necessidade da luta pela emancipação, de tal modo que, apesar da temática ocupar as páginas de um *Caderno especial* muito tardiamente, apenas em 1934, a referência aos subalternos está presente desde os primeiros *Cadernos*, o que demonstra que o tema já circulava, de certo modo, no universo-mundo de Gramsci, mesmo antes da elaboração do *Caderno 25*. Na verdade, no período pré-carcerário e, portanto, nos escritos juvenis, já observa-se o emprego do termo através de algumas passagens, ainda que muito esporadicamente e sem maiores aprofundamentos.

O desenvolvimento de um *Caderno monográfico* que reúne reflexões sobre as classes e grupos subalternos em 1934, indica que, no último período criativo de Gramsci no cárcere, o prisioneiro se dedica a destacar com maior centralidade a temática, reunindo parágrafos anteriormente elaborados e agrupando-os no *Caderno 25*. Por isso, embora não estando presente nos vários projetos de pesquisa anunciados, parece ser possível afirmar que a subalternidade ocupa um lugar indispensável para alicerçar toda a pesquisa gramsciana: reconhecendo essa condição, Gramsci — mesmo em situação debilitada e sob o crivo das gravíssimas condições clínicas em Formia — se esforçou para reunir notas e elaborar um *Caderno* inteiro destinado para os que estão às margens da história. Não por acaso, o *Caderno 25* é composto por pouco mais de 10 páginas e, ao que parece, é um *Caderno* inacabado: não teve tempo de concluir a sua pesquisa; foi, afinal, interrompido.

Nessa perspectiva, se a temática das classes e grupos subalternos está presente na reflexão de Gramsci mesmo antes de 1934, indicando que, apesar de não ser sinalizada nos programas de estudos do cárcere, é considerada desde o início da redação dos *Cadernos do Cárcere*, tornando-se ao longo de seu desenvolvimento, reconhecida com maior destaque pelo prisioneiro de Mussolini, como estes conceitos estão dispostos na obra carcerária? De que modo Gramsci vem considerando as classes e grupos subalternos desde o início de seu trabalho intelectual no cárcere? Gramsci já nos ensinou que a realização de um trabalho filológico minucioso é necessário quando se quer estudar uma concepção de mundo que não foi exposta sistematicamente por seu fundador. Nesse percurso, decompor o material para organizá-lo cronologicamente, selecionar para captar a sua gênese e desenvolvimento e, por fim, recompor para traduzir a melodia, são exigências para evitar os preconceitos e apriorismos que se circunscrevem quanto aos conceitos gramscianos de classes e grupos subalternos. Sigamos seu exemplo.

O MÉTODO DE TRABALHO

Desde o início da redação dos *Cadernos do Cárcere* em Turi, a contar de fevereiro de 1929 até o período em Formia, quando a escrita não ultrapassa junho de 1935, Gramsci nos contempla com um volume de *29 Cadernos* escolares preenchidos (excetuando-se aqui os *Cadernos* de tradução que, se somados, nos ofereceriam um total de *33 Cadernos*), sendo que, desses, 12 são *miscelâneos*, mais exatamente, os numerados de *1* a *9* e os *Cadernos 14*, *15* e *17* e 17 são *monográficos*, entre os quais, os *Cadernos* numerados de *10* a *13*, de *18* a *29* e o *Caderno 16*.

Sem dúvida, com a impossibilidade de regeneração da saúde devido ao estágio avançado da doença, bem como a ausência de tratamento adequado, a terceira grave crise que acomete Gramsci em maio de 1935, dessa vez, de gota, demonstra que sua "[...] condição psicofísica [...] alcançou um ponto impossível de retornar. Era, agora, um inválido, sofrendo de doenças graves; [...] havia perdido quase todos os dentes molares, sujeito a crises violentas de enxaqueca e hemoptise: *era um homem em xeque*" (D'Orsi, 2022, p. 388, grifo nosso).

Embora uma nova solicitação de transferência para outra unidade de atendimento tenha sido realizada por Gramsci em abril de 1935 e direcionada para o próprio Mussolini, seu pedido foi negado e a transferência só se concretizou em agosto do mesmo ano, quando após a crise renovou seu pedido. Descolando-se para a clínica Quisisana, em Roma, em 24 de agosto de 1935, Gramsci viveu, ali, seus últimos anos de vida, recebendo a visita de Tatiana, seu irmão Carlo e Piero Sraffa. Mas, a liberdade veio tarde demais: em 25 de abril de 1937, quando dois dias depois de liberto (no dia 27), o seu corpo foi atingido por uma hemorragia cerebral e não resistiu (D'Orsi, 2022).

Mesmo nas condições mais adversas, aquele cérebro conseguiu funcionar por mais de dez anos no cárcere. Imerso em um mundo grande e terrível, Gramsci deixou um "grande diário" a ser explorado e reconstruído, devendo ser lido não como um conjunto acabado e definitivo de suas ideias e argumentos finais, mas como um trabalho em desenvolvimento, que buscava acompanhar o pulsar do movimento do mundo externo (ainda que na condição de um recluso interno): ali, os pensamentos dos mais diversos são expostos quase que como em um diálogo constante com o leitor (ideal/real).

Esta advertência é, neste momento, imprescindível, porque no recorte aqui proposto sobre as classes e grupos subalternos, pretendemos indicar que também a busca por esse tema nos *Cadernos do Cárcere* não pode se centrar arbitrariamente somente sobre os *Cadernos especiais* (e, em questão, ao *Caderno 25*), aparentemente coerentes e tomados como síntese definitiva das posições de Gramsci. É importante, como recorda Thomas (2015), que o pesquisador dos *Cadernos* se oriente não por etapas escolhidas e justapostas, mas que se atente para a variedade de parágrafos ou notas que compõe a sua totalidade, dado que nelas estão as possibilidades de captar a gênese e o desenvolvimento integral dos conceitos, considerando precisamente o caráter em desenvolvimento de que se constitui os Cadernos.

Em outras palavras, embora certamente haja que se considerar o *Caderno 25* para o exame das classes e grupos subalternos, por outro lado, é também de semelhante grau de importância buscar nos *Cadernos* em geral como esse projeto sobre a subalternidade vai sendo gestado, até Gramsci dar-se conta da importância do tema para o conjunto geral de sua reflexão (Thomas, 2015), o que não representa senão ir acompanhando e desvelando o ritmo de pensamento no grande "diário" de Gramsci, reconhecendo seu caráter *work in progress.*

Neste trânsito, até chegar à construção do *Caderno 25* de 1934, Gramsci redige uma série de outros *Cadernos* que vão fornecendo indicativos e anotações diversas a respeito das classes e grupos subalternos, e que se constituirão de estrutura para a organização, agrupamento e desenvolvimento do *Caderno monográfico* dos grupos às margens da história. Como veremos, especialmente, o *Caderno 3* de 1930, por exemplo, é indispensável para Gramsci elaborar o *Caderno 25*: seja porque muitos de seus parágrafos serão retomados e revisados posteriormente, seja porque a partir dele classes e grupos subalternos passam a ser termos utilizados com maior frequência nos *Cadernos*, sobretudo, por meio da rubrica *História das classes subalternas* (Thomas, 2015).

Mas, em paralelo às muitas passagens em que Gramsci emprega essas expressões, no conjunto dos *Cadernos do Cárcere* também podemos observar uma série de outras notas em que as classes e grupos subalternos não são diretamente tematizadas, mas fornecem reflexões que auxiliam em sua compreensão, servindo para problematizar aspectos importantes da subalternidade. Por essa razão, a complexidade do tema também se revela na capacidade de buscar as conexões e articulações orgânicas que estão nas entrelinhas do conjunto dos *Cadernos* que formam um bloco unitário (Thomas, 2015): o que, em outras palavras, nos permitiria ir traduzindo a melodia. Eis o desafio.

Decompondo o material: organizar cronologicamente

Se o fio condutor que conecta Gramsci com a subalternidade é, sobretudo, a relação orgânica que possui com as grandes massas exploradas de sua terra, o contexto político, econômico e social do

Mezzogiorno forma Gramsci na luta travada contra as injustiças sociais em direção a emancipação.

Desde a vivência na Sardenha, a "questão meridional" foi tema que ocupou as páginas de suas primeiras reflexões políticas, a exemplo da redação escolar de 1910, permanecendo central mesmo no novo ambiente turinense da capital. Isso porque conseguiu aprofundá-la ao inseri-la no quadro mais geral da revolução proletária: compreende "[...] que não existe uma questão meridional desligada de uma questão nacional, [...] não pode existir uma política justa para o *Mezzorgiorno* se a política geral do país é uma política inspirada em interesses particulares" (Fiori, 1979, p. 258).

Por isso, especialmente nos *Cadernos*, Gramsci amplia sobremaneira o ensaio sobre "A questão meridional" de 1926, uma vez que desenvolve elementos já presentes nesse artigo inacabado: Gramsci quer saber como construir uma concepção de mundo que consiga difundir-se entre as grandes massas, de modo a se contrapor a hegemonia burguesa. Nesse processo, é imprescindível o trabalho realizado pelos intelectuais, guardando páginas para o estudo de sua função, particularmente na história da Itália até a formação do Estado unitário. Estabelece ainda a crítica às filosofias que se destinam a sustentar o domínio burguês, colocando, em especial, a filosofia de Benedetto Croce em análise, e contestando, por outro lado, as tendências mecanicistas e economicistas que o marxismo estava imerso, traduzindo-o na original filosofia da práxis (Fiori, 1979).

Nesse vasto percurso de temas que se cruzam e intercruzam, o problema de como colocar fim à subalternidade, sem dúvida, sempre esteve presente no universo de Gramsci. Nos *Cadernos*, ainda que problematizado como um tema específico mais tardiamente se comparado a outros, as classes e grupos subalternos são mencionados desde os primeiros *Cadernos*: Gramsci amadureceria, mais adiante e na medida do possível, as reflexões já esboçadas no início destes primeiros diálogos. Como, então, estes conceitos vão se apresentando? De que modo organizar cronologicamente o material?

Nosso ponto de partida é, primeiramente, buscar a menção a estes conceitos nos diversos *Cadernos* e verificar a frequência com que se reproduzem na redação gramsciana.

Nessa direção, explorando a busca da expressão "classes subalternas" nos *Cadernos*, Gramsci se utiliza do termo ao longo de cinquenta e três (53) passagens. Se avançássemos, então, em direção à procura de "grupos subalternos", veríamos que a expressão está presente em mais outras vinte (20) passagens, sendo que se a investigação nos *Cadernos* estivesse centrada somente no conjunto destes dois termos elencados, totalizar-se-ia setenta e três (73) passagens a partir das quais deveríamos nos deter para o estudo da temática no pensamento gramsciano.

Mas, ocorre que, quando buscamos as diferentes expressões com que Gramsci se utiliza nos *Cadernos*, observamos que oscila no emprego de diversos verbetes, afinal, várias são as formas ou flexões empregadas, de maneira que, além de "classes subalternas" e "grupos subalternos", podemos encontrar na totalidade da obra carcerária nove (09) outras variações que se originam desses termos: subalterno; subalterna; subalternos; subalternas; classe subalterna; grupos subalterno; grupo social subalterno; grupos sociais subalternos; subalternidade.

Para tanto, o estudo dos conceitos de classes e grupos subalternos deve considerar todas estas "variações" empregadas, sendo que, se acrescermos "classes subalternas" e "grupos subalternos" às expressões elencadas acima, poderíamos dizer que onze (11) são os verbetes utilizados na abordagem de Gramsci sobre o tema nos *Cadernos:* 1) subalterno; 2) subalterna; 3) subalternos; 4) subalternas; 5) classe subalterna; 6) classes subalternas; 7) grupo subalterno; 8) grupos subalternos; 9) grupo social subalterno; 10) grupos sociais subalternos; 11) subalternidade (Tabela 6).

TABELA 6. **Verbetes utilizados na abordagem do tema classes e grupos subalternos nos *Cadernos do Cárcere***

VERBETES UTILIZADOS NA ABORDAGEM DO TEMA NOS *CADERNOS DO CÁRCERE*
1. Subalterno
2. Subalterna
3. Subalternos
4. Subalternas
5. Classe subalterna
6. Classes subalternas
7. Grupo subalterno
8. Grupos subalternos
9. Grupo social subalterno
10. Grupos sociais subalternos
11. Subalternidade
Total: 11 verbetes

FONTE: Elaboração da autora (2023).

Quando buscamos, especialmente, pelas expressões "subalterno/a" e "subalternos/as", vemos ainda que, além do uso adjetivo para classe/s e grupo/s (ou seja, classe subalterna, classes subalternas, grupo subalterno, grupos subalternos, grupo social subalterno e grupos sociais subalternos), Gramsci as emprega ora como substantivos puros, ora como adjetivo de outros termos afora classe/s e grupo/s. Assim, ao nos determos ao primeiro termo ("subalterno") identificamos, por exemplo, que existem sete (07) derivações diferentes de seu uso nos *Cadernos*, uma vez que Gramsci vai empregando as seguintes expressões: 1) plano subalterno; 2) oficial subalterno; 3) caráter subalterno; 4) subalterno; 5) agrupamento subalterno; 6) estrato intelectual subalterno; 7) grupo ainda subalterno (Tabela 7).

TABELA 7. **Derivações do uso do verbete *subalterno* nos *Cadernos do Cárcere***

DERIVAÇÕES DO VERBETE SUBALTERNO	LOCALIZAÇÃO NO CADERNO
1. Plano subalterno	*Q 4 § 5; Q 23 § 3*
2. Oficial subalterno	*Q 6 § 179*
3. Caráter subalterno	*Q 8 § 205; Q 11 § 12*
4. Subalterno	*Q 8 § 20; Q 8 § 141; Q 8 § 205; Q 11 § 12; Q 15 § 66*
5. Agrupamento subalterno	*Q 4 § 38*
6. Estrato intelectual subalterno	*Q 4 § 53; Q 16 § 11*
7. Grupo ainda subalterno	*Q 13 § 18*
TOTAL: 7 derivações	TOTAL: 14 notas ou parágrafos

FONTE: Elaboração da autora (2023).

Por sua vez, "subalterna" apresenta-se em outras treze (13) derivações: 1) tarefa subalterna; 2) atividade subalterna; 3) ordem subalterna; 4) qualidade subalterna; 5) força subalterna; 6) função subalterna; 7) profissão subalterna; 8) posição subalterna; 9) oficialidade subalterna; 10) subalterna; 11) habilidade subalterna; 12) origem subalterna; 13) classe ainda subalterna (Tabela 8).

TABELA 8. **Derivações do uso do verbete *subalterna* nos *Cadernos do Cárcere***

DERIVAÇÕES DO VERBETE SUBALTERNA	LOCALIZAÇÃO NO CADERNO
1. Tarefa subalterna	*Q 8 § 16;*
2. Atividade subalterna	*Q 1 § 61; Q 6 § 89; Q 22 § 2*
3. Ordem subalterna	*Q 15 § 14*
4. Qualidade subalterna	*Q 1 § 116*

TABELA 8. **Derivações do uso do verbete *subalterna* nos *Cadernos do Cárcere*** (CONT.)

DERIVAÇÕES DO VERBETE SUBALTERNA	LOCALIZAÇÃO NO CADERNO
5. Força subalterna	*Q 1 § 139; Q 20 § 2*
6. Função subalterna	*Q 3 § 117*
7. Profissão subalterna	*Q 6 § 86*
8. Posição subalterna	*Q 4 § 1; Q 16 § 2*
9. Oficialidade subalterna	*Q 4 § 66; Q 13 § 23*
10. Subalterna	*Q 7 § 33; Q 9 § 67; Q 11 § 12*
11. Habilidade subalterna	*Q 6 § 89*
12. Origem subalterna	*Q 19 § 26*
13. Classe ainda subalterna	*Q 9 § 67*
TOTAL: 13 derivações	TOTAL: 20 notas ou parágrafos

FONTE: Elaboração da autora (2023).

"Subalternos" se reproduz por intermédio de oito (08) derivações diferentes: 1) elementos subalternos; 2) oficiais subalternos; 3) comandos subalternos; 4) estados subalternos; 5) escritores subalternos; 6) grupos socialmente subalternos; 7) elementos intelectualmente subalternos; 8) subalternos (Tabela 9); e "subalternas" diversifica-se a partir de outras cinco (05): 1) manifestações intelectuais subalternas; 2) classes produtoras subalternas; 3) expressões humanas subalternas; 4) funções subalternas; 5) forças subalternas (Tabela 10).

TABELA 9. **Derivações do uso do verbete *subalternos* nos *Cadernos do Cárcere***

DERIVAÇÕES DO VERBETE SUBALTERNOS	LOCALIZAÇÃO NO CADERNO
1. Elementos subalternos	*Q 4 § 53*
2. Oficiais subalternos	*Q 1 § 43; Q 1 § 48; Q 4 § 49; Q 4 § 66; Q 9 § 62; Q 12 § 1; Q 13 § 23; Q 13 § 31; Q 13 § 37; Q 19 § 26; Q 23 § 3*
3. Comandos subalternos	*Q 1 § 54; Q 13 § 38*
4. Estados subalternos	*Q 15 § 5*
5. Escritores subalternos	*Q 8 § 9*
6. Grupos socialmente subalternos	*Q 9 § 68; Q 13 § 36*
7. Elementos intelectualmente subalternos	*Q 16 § 11*
8. Subalternos	*Q 6 § 155; Q 9 § 62; Q 11 § 12; Q 13 § 31; Q 25 § 5*
TOTAL: 8 derivações	TOTAL: 24 notas ou parágrafos

FONTE: Elaboração da autora (2023).

TABELA 10. **Derivações do uso do verbete *subalternas* nos *Cadernos do Cárcere***

DERIVAÇÕES DO VERBETE SUBALTERNAS	LOCALIZAÇÃO NO CADERNO
1. Manifestações intelectuais subalternas	*Q 3 § 53*
2. Classes produtoras subalternas	*Q 7 § 22*
3. Expressões humanas subalternas	*Q 26 § 5*
4. Funções subalternas	*Q 12 § 1*
5. Forças subalternas	*Q 22 § 1*
TOTAL: 5 derivações	TOTAL: 5 notas ou parágrafos

FONTE: Elaboração da autora (2023).

Partindo dessa apresentação geral dos verbetes (e de suas variações e derivações), é possível também observar a frequência com que são empregados, tendo em vista que se "classes subalternas" e "grupos subalternos" somam, juntos, setenta e três (73) repetições, ao buscarmos os demais termos utilizados por Gramsci, verificamos que eles se reproduzem por mais noventa (90) passagens. Assim, se considerados na totalidade, os onze (11) verbetes empregados (através das diferentes variações) aparecem em cento e sessenta e três (163) passagens (de diversas notas ou parágrafos e *Cadernos*), distribuídos proporcionalmente da seguinte forma (Tabela 11):

TABELA 11. **Número de repetições dos verbetes utilizados na abordagem do tema classes e grupos subalternos nos *Cadernos do Cárcere***

TERMOS	NÚMERO DE REPETIÇÕES
1. Subalterno	20 repetições
2. Subalterna	20 repetições
3. Subalternos	25 repetições
4. Subalternas	6 repetições
5. Classe subalterna	4 repetições
6. Classes subalternas	53 repetições
7. Grupo subalterno	3 repetições
8. Grupos subalternos	20 repetições
9. Grupo social subalterno	2 repetições
10. Grupos sociais subalternos	9 repetições
11. Subalternidade	1 repetição
TOTAL: 11 verbetes	TOTAL: 163 repetições

FONTE: Elaboração da autora (2021).

A indagação que esse significativo número de repetições e a diversidade de verbetes utilizados por Gramsci nos *Cadernos*, nos conduz é: quais são os momentos e, em especial, notas e parágrafos, em que essas repetições se reproduzem? Afinal, se a busca pelas menções de "classes subalternas" e "grupos subalternos" nos *Cadernos* revelou os vários termos que Gramsci emprega neste debate e, ao mesmo tempo, a constância com que se refere ao tema, considerando o expressivo número de aparições das expressões em questão, o exercício seguinte é o de localizar as notas e parágrafos dos diversos Cadernos em que tais expressões se fazem presentes, classificando-as de acordo com o tipo de redação e natureza de Caderno.

Nesse movimento aproximativo, se as diversas expressões utilizadas por Gramsci para tratar da temática somam, ao total, cento e sessenta e três (163) repetições, é possível, agora, constatar que essas estão espraiadas por oitenta e oito (88) notas ou parágrafos de vinte e dois (22) *Cadernos* diferentes (*miscelâneos* e *especiais*), de maneira que podemos identificar os seguintes *Cadernos* e notas ou parágrafos correspondentes (Tabela 12):

TABELA 12. ***Cadernos* e notas ou parágrafos que contemplam os verbetes utilizados na abordagem do tema *classes e grupos subalternos***

NÚMERO DO CADERNO	NOTAS OU PARÁGRAFOS
1. Caderno 1	*§ 43 § 48 § 54 § 61 § 116 § 139* = 6 notas ou parágrafos
2. Caderno 3	*§ 14 § 18 § 48 § 53 § 90 § 117* = 6 notas ou parágrafos
3. Caderno 4	*§ 1 § 5 § 38 § 49 § 53 § 59 § 66 § 87 § 95* = 9 notas ou parágrafos
4. Caderno 6	*§ 86 § 89 § 98 § 125 § 132 § 155 § 158 § 179* = 8 notas ou parágrafos
5. Caderno 7	*§ 22 § 33 § 51 § 70* = 4 notas ou parágrafos
6. Caderno 8	*§ 9 § 16 § 20 § 66 § 70 § 127 § 141 § 153 § 205* = 9 notas ou parágrafos

TABELA 12. ***Cadernos* e notas ou parágrafos que contemplam os verbetes utilizados na abordagem do tema *classes e grupos subalternos*** (CONT.)

NÚMERO DO CADERNO	NOTAS OU PARÁGRAFOS
7. Caderno 9	*§ 4 § 62 § 64 § 67 § 68 § 81 § 92* = 7 notas ou parágrafos
8. Caderno 10	*§ 14 § 41 § 56* = 3 notas ou parágrafos
9. Caderno 11	*§ 12 § 15 § 16 § 70* = 4 notas ou parágrafos
10. Caderno 12	*§ 1* = 1 nota ou parágrafo
11. Caderno 13	*§ 18 § 23 § 31 § 36 § 37 § 38* = 6 notas ou parágrafos
12. Caderno 14	*§ 10 § 34 § 39* = 3 notas ou parágrafos
13. Caderno 15	*§ 5 §14 §28 § 66 §74* = 5 notas ou parágrafos
14. Caderno 16	*§ 2 §9 §11 §12* = 4 notas ou parágrafos
15. Caderno 19	*§ 26* = 1 nota ou parágrafo
16. Caderno 20	*§ 2* = 1 nota ou parágrafo
17. Caderno 22	*§ 1 §2* = 2 notas ou parágrafos
18. Caderno 23	*§ 3* = 1 nota ou parágrafo
19. Caderno 25	*§1 §2 §4 §5 §7* = 5 notas ou parágrafos
20. Caderno 26	*§5* = 1 nota ou parágrafo
21. Caderno 27	*§1* = 1 nota ou parágrafo
22. Caderno 29	*§2* = 1 nota ou parágrafo
TOTAL: 22 *Cadernos*	TOTAL: 88 notas ou parágrafos

FONTE: Elaboração da autora (2021).

Aqui é por demais evidente que, organizados e classificados segundo o critério de reprodução dos termos por *Caderno* e respectivo parágrafo, que a discussão sobre as classes e grupos subalternos ultrapassa as margens do *Caderno 25*. Na realidade, estando presente no universo de Gramsci desde os primeiros *Cadernos* (como se vê pela presença nas primeiras *miscelâneas*), a menção aos termos do debate já revela a teia de relações que Gramsci vai construindo acerca do tema, de modo que na costura da totalidade da obra carcerária é possível identificar a referência a essa discussão: antes e, mesmo, depois do Caderno 25.

Não obstante, ao seguir da organização do material também, quando identificamos a natureza dos vinte e dois (22) *Cadernos* que referenciam de alguma maneira os verbetes, constatamos que nove (09) são *Cadernos miscelâneos* (dentre os quais, os *Cadernos 1, 3, 4, 6, 7, 8, 9, 14* e *15*); e, treze (13) são *especiais* (dentre os quais, os *Cadernos 10, 11, 12, 13, 16, 19, 20, 22, 23, 25, 26, 27* e *29*) (Tabela 13).

TABELA 13. **Natureza dos *Cadernos* que contemplam os verbetes utilizados na abordagem do tema *classes e grupos subalternos***

CADERNOS MISCELÂNEOS	CADERNOS ESPECIAIS OU MONOGRÁFICOS
1. Caderno 1	1. Caderno 10
2. Caderno 3	2. Caderno 11
3. Caderno 4	3. Caderno 12
4. Caderno 6	4. Caderno 13
5. Caderno 7	5. Caderno 16
6. Caderno 8	6. Caderno 19
7. Caderno 9	7. Caderno 20
8. Caderno 14	8. Caderno 22
9. Caderno 15	9. Caderno 23
	10. Caderno 25
	11. Caderno 26
	12. Caderno 27
	13. Caderno 29
TOTAL: 9 Cadernos miscelâneos	TOTAL: 13 Cadernos especiais ou monográficos

FONTE: Elaboração da autora (2021).

Sabe-se que os *Cadernos miscelâneos* se caracterizam por serem compostos majoritariamente de notas de texto A (primeira redação) e, minoritariamente, notas de texto B (única redação), enquanto os *Cadernos especiais* são constituídos majoritariamente de notas de texto C (segunda redação) e, em menor proporção, notas de texto B (única redação).

Por isso, quando incorre-se na observação das notas dos diversos *Cadernos* em que os termos do debate se reproduzem e, mais especificamente, na natureza dessas notas ou parágrafos, identifica-se que Gramsci os emprega em vinte e três (23) notas de texto A; trinta e oito notas (38) de texto B; e vinte e sete (27) notas de texto C, de maneira que a partir de um levantamento na totalidade das oitenta e oito (88) notas em que os termos correlatos são mencionados, pode-se sistematizar a natureza das notas ou parágrafos de acordo com as suas aparições nos *Cadernos miscelâneos* e *especiais* (Tabela 14 e 15):

TABELA 14. **Natureza das notas ou parágrafos que contemplam os verbetes utilizados na abordagem do tema classes e grupos subalternos nos *Cadernos miscelâneos***

NÚMERO DO CADERNO	NOTAS DE TEXTO A	NOTAS DE TEXTO B
1. Caderno 1	*§ 43 § 48 § 54 § 61 § 139*	*§ 116*
2. Caderno 3	*§ 14 § 18 § 90*	*§ 48 § 53 § 117*
3. Caderno 4	*§ 1 § 5 § 38 § 49 § 53 § 59 § 66*	*§ 87 § 95*
4. Caderno 6		*§ 86 § 89 § 98 § 125 § 132 § 155 § 158 § 179*
5. Caderno 7		*§ 22 § 33 § 51 § 70*
6. Caderno 8	*§ 20 § 153 § 205*	*§ 9 § 16 § 66 § 70 § 127 § 141*
7. Caderno 9	*§ 62 § 64 § 68 § 81 § 92*	*§ 4 § 67*
8. Caderno 14		*§ 10 § 34 § 39*
9. Caderno 15		*§ 5 §14 §28 § 66 §74*
TOTAL: 9 Cadernos	TOTAL: 23 notas	TOTAL: 34 notas

FONTE: Elaboração da autora (2021).

TABELA 15. **Natureza das notas ou parágrafos que contemplam os verbetes utilizados na abordagem do tema classes e grupos subalternos nos *Cadernos especiais* ou *monográficos***

NÚMERO DO CADERNO	NOTAS DE TEXTO B	NOTAS DE TEXTO C
1. Caderno 10	*§ 14 § 56*	*§ 41*
2. Caderno 11		*§ 12 § 15 § 16 § 70*
3. Caderno 12		*§ 1*
4. Caderno 13		*§ 18 § 23 § 31 § 36 § 37 § 38*
5. Caderno 16		*§ 2 §9 §11 §12*
6. Caderno 19		*§ 26*
7. Caderno 20		*§ 2*
8. Caderno 22	*§ 1*	*§ 2*
9. Caderno 23		*§ 3*
10. Caderno 25		*§1 §2 §4 §5 §7*
11. Caderno 26		*§ 5*
12. Caderno 27		*§ 1*
13. Caderno 29	*§ 2*	
TOTAL: 13 Cadernos	TOTAL: 4 notas	TOTAL: 27 notas

FONTE: Elaboração da autora (2021).

Posto dessa mirada, o universo da pesquisa vai se revelando e adquirindo materialidade, uma vez que já sabemos a) da expressiva presença da temática que circunda a totalidade dos *Cadernos do Cárcere*, considerando b) a menção dos verbetes relativos ao debate em grande parte dos *Cadernos*, desde os *miscelâneos* até os *especiais* ou *monográficos*. esse fato já revela que c) as classes e grupos subalternos não se constituem de uma discussão "tardia" no pensamento de Gramsci, iniciada somente a partir do *Caderno 25* de 1934, mas permeia todo o seu espectro, do início ao fim.

Para tanto, essa apresentação geral e preliminar do material é fundamental para aprofundar o recorte que pretendemos, afinal, quais são as nossas indagações a respeito do material levantado? Quais são os aspectos deste grande material organizado cronologicamente que queremos chamar a atenção e, por isso, elencar como objeto de estudo e problematização? Certamente, realizar a seleção desse vasto material é indispensável para conduzir ao estopim do trabalho científico, desembocando numa série de eliminações que tornam possível especificar a pesquisa a que se pretende.

Selecionando o material: captar a gênese e o desenvolvimento

Ademais da variedade de termos que Gramsci emprega no debate sobre as classes subalternas, Buttigieg (2017) realiza uma observação determinante sobre o estudo deste conceito e aqui, optamos por lembrar sua contribuição, porque é ponto de partida para realizar a seleção do material. Conforme o autor, nos *Cadernos* Gramsci se utiliza de termos como "subalterno" e "subalternos" em diferentes sentidos. Isso porque, em paralelo ao sentido mais "óbvio" com que Gramsci está empregando tais expressões (pretendendo se referir a qualidade de subordinado e/ou subordinação), também há um sentido menos "óbvio" e, portanto, menos convencional e figurado: especialmente esse último é o que deve ser recuperado, já que representa a riqueza conceitual dos *Cadernos* e a originalidade teórica das *classes* e *grupos subalternos*.

Nessa perspectiva, se pretendemos buscar tais conceitos na obra carcerária e, já sabendo que o que importa nessa aventura é compreender seu sentido "oculto", ou seja, o significado que Gramsci atribui aos termos (e, por isso, diferente de uma simples tradução na forma de sinônimos), precisamos saber quais são as passagens ou momentos em que Gramsci atribui sentido convencional e "oculto" aos conceitos.

Liguori (2015) indica que o termo "subalterno" não é exclusivo do período carcerário, pois já estava presente nos escritos pré-carcerários de Gramsci. Não obstante, tanto o uso no período anterior à prisão[29], quanto os primeiros usos que realiza nos *Cadernos*, ambos adquirem sentido semelhante: pretendem se referir ao significado "usual", caracterizando a qualidade de subordinado, visto que, nas primeiras aparições, Gramsci está fazendo referência a linguagem militar e, especialmente, aos oficiais subalternos — aqueles que ocupam a média patente no interior de uma cadeia de comando no exército.

Não por acaso, a primeira vez que o termo aparece é no *Q 1 § 43 p. 37*, em uma nota intitulada de *Riviste tipo*[30]. A mesma expressão ("oficiais subalternos") se repete por meio de outros onze[31] (11) parágrafos, sendo que Gramsci a emprega ao longo de novas doze (12) passagens. No *Caderno 1*, vê-se ainda a presença de expressões como "comandos subalternos" (*§ 54*), "atividade subalterna" (*§ 61*), "qualidade subalterna" (*§ 116*) e "força subalterna" (*§ 139*), que vão se repetindo através de *Cadernos especiais* mais adiante: "comandos subalternos" é retomado no *Q 13 § 38*, "atividade subalterna" no *Q 22 § 2* e "força subalterna" no *Q 20 § 2*.

---

29 A primeira vez que Gramsci utiliza o termo "subalternos" é em um artigo de 30 de janeiro de 1919, intitulado de "O país de Pulcinella". Discorrendo sobre a crise geral italiana, compreende que ela decorre de uma crise das classes médias, sendo que estas constituem-se como autoridade máxima nos "comandos sociais subalternos". Em 23 de abril de 1921, em um artigo intitulado de "Reação?", a expressão volta a aparecer e, em 25 de setembro do mesmo ano, em outro escrito, dessa vez, em "Os partidos e as massas", Gramsci também emprega "oficialidade subalterna" para referir-se a pequena burguesia. De acordo com Liguori (2016) apesar do uso que Gramsci realiza nos escritos pré-carcerários, expressões como "subalternos" e/ou "subalterna" aparecem de modo a realizar uma forte correlação com o modelo e a linguagem militar, não indicando conexão com o que será desenvolvido no cárcere sob a insígnia de "classes subalternas".

30 Revista tipo.

31 Q 1 § 43; Q 1 § 48; Q 4 § 49; Q 4 § 66; Q 9 § 62; Q 12 § 1; Q 13 § 23; Q 13 § 31; Q 13 § 37; Q 19 § 26; Q 23 § 3.

Isso significa que, além da relação que estabelece com a linguagem militar, Gramsci também está empregando a expressão em sentido "usual" na dinâmica com outros termos, realizando analogias em casos não militares. Por isso, se refere a Igreja como uma força subalterna no *Q 1 § 139* e Engels aparece numa posição subalterna em relação a Marx no *Q 4 § 1* (Green, 2002). Além dessas, diversas outras passagens também registram o sentido convencional[32] dos vários verbetes nos *Cadernos*: mas, quando, então, é possível dizer que acontece uma mudança substantiva no emprego dos termos em questão? Ou seja, quando Gramsci passa a empregá-los em sentido "oculto" e figurado?

A primeira vez que Gramsci utiliza a expressão "classes subalternas" é no *Caderno 3* no *§ 14*. Nesse parágrafo, intitulado "*Storia della classe dominante e storia delle classi subalterne*"[33], um novo significado passa a acompanhar o novo uso do termo, uma vez que introduz elementos para pensar as características das classes subalternas e a relação que estabelece com a classe dominante, sendo que, além disso, a grande novidade é a aparição pela primeira vez do adjetivo "subalternas" para se referir às "classes". A partir daí, Gramsci passa a empregar com maior frequência os verbetes correlatos: ora para se referir ao debate efetivo da subalternidade, ora para se referir ao sentido "usual" do termo.

Por esse motivo, o primeiro trabalho que conduz a seleção do material é a identificação de tais passagens, ou seja: aquelas que fazem referência direta ao sentido "figurado" do tema nos Cadernos, de maneira a procurar os momentos em que Gramsci vincula a subalternidade a dimensão específica das "classes" e "grupos".

---

32 Q 1 § 43; Q 1 § 48; Q 1 § 54; Q 1 § 61; Q 1 § 116; Q 1 § 139; Q 3 § 53; Q 3 § 117; Q 4 § 1; Q 4 § 5; Q 4 § 49; Q 4 § 53; Q 4 § 66; Q 6 § 86; Q 6 § 89; Q 6 § 155; Q 6 § 179; Q 7 § 33; Q 8 § 9; Q 8 § 16; Q 8 § 20; Q 8 § 141; Q 9 § 62; Q 10 § 14; Q 12 § 1; Q 13 § 31; Q 13 § 38; Q 15 § 5; Q 15 § 14; Q 16 § 2; Q 16 § 11; Q 19 § 26; Q 20 § 2; Q 22 § 1; Q 22 § 2; Q 23 § 3; Q 26 § 5.

33 "História da classe dominante e história das classes subalternas".

Esse movimento nos permite, além de realizar uma primeira série de eliminações, especificar, do universo da pesquisa, nosso material. Isso porque, estabelecendo como primeiro critério de seleção do material a distinção entre os parágrafos que tratam diretamente das classes e grupos subalternos no pensamento gramsciano (problematizando sobre os aspectos da subalternidade), e aqueles que dizem respeito ao uso dos verbetes apenas em sentido "usual", conduzimos algumas diferenciações. Nesse ínterim, isso requer revisar as cento e sessenta e três (163) passagens em que os termos utilizados por Gramsci relacionados ao tema aparecem, realizando um trabalho de identificação/eliminação nas oitenta e oito (88) notas dos vinte e dois Cadernos que englobam a totalidade dos verbetes presentes nos Cadernos.

Assim, ao adotar esse primeiro critério de seleção, chegamos a seguinte relação (Tabela 16):

TABELA 16. ***Cadernos* e notas ou parágrafos que contemplam o sentido figurado do tema classes e grupos subalternos (primeiro critério de seleção)**

NÚMERO DO CADERNO	NOTAS OU PARÁGRAFOS
1. Caderno 3	*§ 14 § 18 § 48 § 90* = 4 notas ou parágrafos
2. Caderno 4	*§ 38 § 59 § 87 § 95* = 4 notas ou parágrafos
3. Caderno 6	*§ 98 § 125 § 132 § 158* = 4 notas ou parágrafos
4. Caderno 7	*§ 22 § 51 § 70* = 3 notas ou parágrafos
5. Caderno 8	*§ 66 § 70 § 127 § 153 § 205* = 5 notas ou parágrafos
6. Caderno 9	*§ 4 § 64 § 67 § 68 § 81 § 92* = 6 notas ou parágrafos
7. Caderno 10	*§ 41 § 56* = 2 notas ou parágrafos
8. Caderno 11	*§ 12 § 15 § 16 § 70* = 4 notas ou parágrafos
9. Caderno 13	*§ 18 § 23 § 36 § 37* = 4 notas ou parágrafos
10. Caderno 14	*§ 10 § 34 § 39* = 3 notas ou parágrafos

TABELA 16. ***Cadernos* e notas ou parágrafos que contemplam o sentido figurado do tema classes e grupos subalternos (primeiro critério de seleção)** (CONT.)

NÚMERO DO CADERNO	NOTAS OU PARÁGRAFOS
11. Caderno 15	*§ 28 § 66 § 74* = 3 notas ou parágrafos
12. Caderno 16	*§ 9 § 12* = 2 notas ou parágrafos
13. Caderno 25	*§ 1 § 2 § 4 §5 § 7* = 5 notas ou parágrafos
14. Caderno 27	*§ 1* = 1 nota ou parágrafo
15. Caderno 29	*§ 2* = 1 nota ou parágrafo
TOTAL: 15 Cadernos	TOTAL: 51 notas ou parágrafos

FONTE: Elaboração da autora (2023).

Nessa primeira série de eliminações, é possível dizer que Gramsci se refere a subalternidade enquanto uma dimensão vinculada às classes e grupos, em cinquenta e uma (51) notas de quinze (15) *Cadernos* diferentes. Nesse conjunto de notas, uma variedade de elementos aparecem: Gramsci está registrando anotações sobre as características das classes subalternas e pontuando aspectos acerca de sua história, ao mesmo tempo em que está realizando uma análise entre estrutura e superestrutura; anotando apontamentos sobre o estudo da filosofia; colocando em evidência notas sobre personagens históricos, como *Davide Lazzaretti*, a história romana; discorrendo sobre os períodos de crise orgânica e os aspectos do centralismo orgânico.

Não obstante, o que chama a atenção deste conjunto muito diversificado de notas é a presença da rubrica *Storia delle classi subalterne*[34] registradas a partir do *Caderno 3*: Gramsci a emprega em dezessete

34 "História das classes subalternas".

(17) parágrafos diferentes[35], com algumas variações. O interesse na análise dessas notas é que, embora grande parte registrem a rubrica sobre as classes subalternas, muitas delas, se constituem apenas de indicações bibliográficas ou anotações e comentários breves sobre livros e artigos por parte de Gramsci, sendo que, em grande medida, várias dessas notas se constituem de notas de texto B, que não serão revisadas ou retomadas posteriormente pelo prisioneiro.

Nesse sentido, se excetuássemos esta série de parágrafos das notas relativas à subalternidade vinculada às classes e grupos, poderíamos conduzir um segundo critério de seleção: retirando daquele conjunto de cinquenta e uma (51) notas que discorrem sobre a subalternidade, um total de onze (11) parágrafos, chegaríamos a uma seleção mais específica do material. Isso porque consideramos que, ao não serem reelaboradas por Gramsci e indicar possivelmente uma bibliografia que ainda pretendia aprofundar (mas que não tivera tempo ou acesso ao material necessário), centramo-nos naquelas notas cuja rubrica *Storia delle classi subalterne* puderam efetivamente se desenvolver no cárcere e no curso de seu pensamento, focando nos elementos ali apresentados que nos auxiliam a reconstruir o debate sobre as classes e grupos subalternos.

Para tanto, o segundo critério de seleção estabelecido pode ser visualizado na tabela 17, que demonstra as notas sob a referida rubrica que fornecem, ou indicações bibliográficas, ou comentários breves sobre artigos e livros, e o material resultante da seleção a que chegamos pode ser consultado na tabela 18:

---

35 Q 3 § 14; Q 3 § 18; Q 3 § 90; Q 4 § 59; Q 4 § 95; Q 6 § 132; Q 6 § 158; Q 7 § 51; Q 7 § 70; Q 8 § 66; Q 8 § 70; Q 8 § 127; Q 9 § 4; Q 9 § 64; Q 9 § 81; Q 9 § 92; Q 15 § 28.

TABELA 17. ***Cadernos* e notas ou parágrafos com indicações bibliográficas e comentários ou anotações que contemplam o sentido figurado do tema *classes e grupos subalternos***

LOCALIZAÇÃO NO CADERNO	TÍTULO DA NOTA OU PARÁGRAFO
Q 4 § 59	*Storia delle classi subalterne* (História das classes subalternas)
Q 4 § 95	*Storia delle classi subalterne* (História das classes subalternas)
Q 6 § 132	*Storia delle classi subalterne* (História das classes subalternas)
Q 6 § 158	*Storia delle classi subalterne* (História das classes subalternas)
Q 7 § 70	*Storia delle classi subalterne. Intelletuali italiani* (História das classes subalternas. Intelectuais italianos)
Q 8 § 66	*Storia delle classi subalterne. Bibliografia* (História das classes subalternas. Bibliografia)
Q 8 § 70	*Storia delle classi subalterne. Bibliografia* (História das classes subalternas. Bibliografia)
Q 8 § 127	*Storia delle classi subalterne. La Bohème. Carlo Baudelaire* (História das classes subalternas. La Bohème. Carlo Baudelaire)
Q 9 § 4	*Storia delle classi subalterne* (História das classes subalternas)
Q 9 § 92	*Correnti popolari nel Risorgimento (storia delle classi subalterne)* (Correntes populares no Risorgimento (história das classes subalternas))
Q 15 § 28	*Storia delle classi subalterne* (História das classes subalternas)

FONTE: Elaboração da autora (2023).

TABELA 18. ***Cadernos* e notas ou parágrafos que contemplam o sentido figurado do tema classes e grupos subalternos excetuando-se os parágrafos com indicações bibliográficas e comentários ou anotações (segundo critério de seleção)**

NÚMERO DO CADERNO	NOTAS OU PARÁGRAFOS
1. Caderno 3	*§ 14 § 18 § 48 § 90* = 4 notas ou parágrafos
2. Caderno 4	*§ 38 § 87* = 2 notas ou parágrafos
3. Caderno 6	*§ 98 § 125* = 2 notas ou parágrafos
4. Caderno 7	*§ 22 § 51* = 2 notas ou parágrafos
5. Caderno 8	*§ 153 § 205* = 2 notas ou parágrafos
6. Caderno 9	*§ 64 § 67 § 68 § 81*= 4 notas ou parágrafos
7. Caderno 10	*§ 41 § 56* = 2 notas ou parágrafos
8. Caderno 11	*§ 12 § 15 § 16 § 70* = 4 notas ou parágrafos
9. Caderno 13	*§ 18 § 23 § 36 § 37* = 4 notas ou parágrafos
10. Caderno 14	*§ 10 § 34 § 39* = 3 notas ou parágrafos
11. Caderno 15	*§ 66 § 74* = 2 notas ou parágrafos
12. Caderno 16	*§ 9 § 12* = 2 notas ou parágrafos
13. Caderno 25	*§ 1 § 2 § 4 §5 § 7* = 5 notas ou parágrafos
14. Caderno 27	*§ 1* = 1 nota ou parágrafo
15. Caderno 29	*§ 2* = 1 nota ou parágrafo
TOTAL: 15 Cadernos	TOTAL: 40 notas ou parágrafos

FONTE: Elaboração da autora (2023).

Realizando essa segunda série de eliminações é que conseguimos melhor delimitar o material, distinguindo o que é primário e secundário e fornecendo um conjunto mais preciso de notas que tratam sobre a subalternidade, espraiadas no grande diário. Diante desse material, é possível também realizar algumas caracterizações e indicações mais gerais, afinal, trata-se de nosso ponto de partida efetivo.

Evidentemente, estamos considerando que o tema classes e grupos subalternos é desenvolvido diretamente por Gramsci nos *Cadernos* em quarenta (40) parágrafos, havendo uma distinção entre as notas que, embora empreguem os vários verbetes, conferem um sentido "usual" ao "subalterno/a" e "subalternos/as" e as que atribuem um sentido "oculto" ou figurado: nesses quarenta (40) parágrafos, em particular, consideramos que Gramsci está trabalhando o sentido "oculto" das expressões, não podendo, por isso, o adjetivo "subalternas/os" ser compreendido, aqui, como simples sinônimo de "subordinadas/os", o que nos leva a defender que classes e grupos subalternos não são expressões sofisticadas para "classes inferiores" ou "baixas".

Nessa perspectiva, as quarenta (40) notas em questão estão distribuídas por quinze (15) *Cadernos* diferentes, dos quais, podemos dizer que, oito (08) são *miscelâneos* (*Cadernos 3, 4, 6, 7, 8, 9, 14* e *15*), e sete (07) são *monográficos* (*Cadernos 10, 11, 13, 16, 25, 27* e *29*) (Tabela 19).

TABELA 19. **Natureza dos *Cadernos* que contemplam o sentido figurado do tema *classes e grupos subalternos***

CADERNOS MISCELÂNEOS	CADERNOS ESPECIAIS OU MONOGRÁFICOS
1. Caderno 3	1. Caderno 10
2. Caderno 4	2. Caderno 11
3. Caderno 6	3. Caderno 13
4. Caderno 7	4. Caderno 16
5. Caderno 8	5. Caderno 25
6. Caderno 9	6. Caderno 27
7. Caderno 14	7. Caderno 29
8. Caderno 15	
TOTAL: 8 Cadernos miscelâneos	TOTAL: 7 Cadernos especiais ou monográficos

FONTE: Elaboração da autora (2023).

Além disso, se nos atentarmos ainda para composição dos parágrafos, também constataremos que, deste conjunto, nove (09) são notas de texto A; quatorze (14) são notas de texto B e dezessete (17) são notas de texto C, de modo que podemos melhor sistematizar a natureza dessas quarenta (40) notas ou parágrafos de acordo com as suas aparições nos *Cadernos miscelâneos* e *especiais* (Tabela 20 e 21):

TABELA 20. **Natureza das notas ou parágrafos que contemplam o sentido figurado do tema classes e grupos subalternos nos *Cadernos miscelâneos***

NÚMERO DO CADERNO	NOTAS DE TEXTO A	NOTAS DE TEXTO B
1. Caderno 3	*§ 14 § 18 § 90*	*§ 48*
2. Caderno 4	*§ 38*	*§ 87*
3. Caderno 6		*§ 98 § 125*
4. Caderno 7		*§ 22 § 51*
5. Caderno 8	*§ 153 § 205*	
6. Caderno 9	*§ 64 § 68 § 81*	*§ 67*
7. Caderno 14		*§ 10 § 34 § 39*
8. Caderno 15		*§ 66 § 74*
TOTAL: 8 Cadernos	TOTAL: 9 notas	TOTAL: 12 notas

FONTE: Elaboração da autora (2023).

TABELA 21. **Natureza das notas ou parágrafos que contemplam o sentido figurado do tema classes e grupos subalternos nos *Cadernos especiais* ou *monográficos***

NÚMERO DO CADERNO	NOTAS DE TEXTO B	NOTAS DE TEXTO C
1. Caderno 10	*§ 56*	*§ 41*
2. Caderno 11		*§ 12 § 15 § 16 § 70*
3. Caderno 13		*§ 18 § 23 § 36 § 37*
4. Caderno 16		*§ 9 § 12*

TABELA 21. **Natureza das notas ou parágrafos que contemplam o sentido figurado do tema classes e grupos subalternos nos *Cadernos especiais* ou *monográficos* (CONT.)**

NÚMERO DO CADERNO	NOTAS DE TEXTO B	NOTAS DE TEXTO C
5. Caderno 25		*§ 1 § 2 § 4 § 5 § 7*
6. Caderno 27		*§ 1*
7. Caderno 29	*§ 14*	
TOTAL: 7 Cadernos	TOTAL: 2 notas	TOTAL: 17 notas

FONTE: Elaboração da autora (2023).

A partir dessa seleção do material já podemos observar preliminarmente a gênese, assim como o desenvolvimento da categoria classes e grupos subalternos no pensamento gramsciano, visto que a identificação das notas ou parágrafos nos *Cadernos* em que a discussão da subalternidade vinculada às classes e grupos está presente, nos permite ir apropriando-se do ritmo do pensamento de Gramsci. Afinal, até chegar à elaboração do *Caderno 25*, existe uma série de outras notas, como já podemos aqui verificar, que alicerçam as reflexões gramscianas, devendo ser necessariamente consideradas no estudo do tema em questão.

Originando-se efetivamente no *Caderno 3*, "classes subalternas" passa a ser reproduzida com maior frequência a partir deste *Caderno miscelâneo* de 1930, ocupando, por conseguinte, reflexões em outras notas *miscelâneas* (como são os casos dos *Cadernos 4, 6, 7, 8, 9* e *15*), até chegar às páginas dos diversos *Cadernos especiais* ou *monográficos*. Por isso, *nosso esforço até aqui foi precisamente o* de indicar as notas e os momentos da redação gramsciana em que os verbetes, em sentido figurado, estão presentes, fornecendo um material capaz de registrar e reconstruir a reflexão sobre as classes e grupos subalternos ao longo dos Cadernos, não reduzindo a proposta analítica da temática apenas ao exame dos *Cadernos especiais* e, em particular, ao *Caderno*

25, como se o tema fosse somente ali iniciado e discutido no pensamento de Gramsci.

Não obstante, é preciso, agora, ir além: traduzir seu significado, indagando-se sobre como os parágrafos identificados na totalidade dos *Cadernos* (que versam sobre a subalternidade vinculada às classes e grupos) estabelecem e desembocam no *Caderno 25* e, mais, como os conceitos em questão se conectam com o conjunto geral dos *Cadernos*, de maneira a ser indispensáveis para a proposta gramsciana no cárcere. É hora de tentar traduzir a melodia!

Recompondo o material: traduzir a melodia

O trabalho de decomposição e seleção objetiva desvelar os nexos constitutivos do material —estes possíveis de serem reconstruídos quando operamos a sua recomposição, visto que o voltar-se ao material em geral, depois de realizada a sua decomposição e seleção, nos permite observar novos aspectos e elementos que, no início, não podiam imediatamente se revelar. Para tanto, devemos novamente colocar a discussão sobre as classes e grupos subalternos, mas agora sob novos termos, porque também mais enriquecida.

Já sabendo da totalidade das notas que compõem a nossa proposta de seleção, expressa nos quarenta (40) parágrafos elencados na tabela 18, é interessante o exame, deste conjunto, das notas de texto A, dado que se são nove (09) os parágrafos dessa natureza que se vinculam diretamente ao tema das classes e grupos subalternos em sentido figurado, quando buscamos suas reformulações na forma de texto C, podemos observar a seguinte configuração (Quadro 3):

QUADRO 3. **Correspondência das notas ou parágrafos de texto A em texto C (localizadas segundo as edições italiana e brasileira dos *Cadernos do Cárcere*)**

NOTAS OU PARÁGRAFOS DE TEXTO A	CORRESPONDÊNCIA EM NOTAS OU PARÁGRAFOS DE TEXTO C (LOCALIZADA NA EDIÇÃO ITALIANA)	CORRESPONDÊNCIA EM NOTAS OU PARÁGRAFOS DE TEXTO C (LOCALIZADA NA EDIÇÃO BRASILEIRA)
Q 3 § 14 p. 299 – *Storia della classe dominante e storia delle classi subalterne* (História da classe dominante e história das classes subalternas)	*Q 25 § § 2* p. 2283 – *(Criteri metodologici)*	*V. 5, CC 25 § 2* p. 135 – (Critérios metodológicos)
Q 3 § 18 p. 302 – *Storia delle classe subalterni* (História das classes subalternas)	*Q 25 § 4* p. 2284 – *(Alcune note generali sullo Sviluppo storico dei gruppi sociali subalterni nel Medio Evo e a Roma)*	*V. 5, CC 25 § 4* p. 136 – (Algumas notas gerais sobre o desenvolvimento histórico dos grupos sociais subalternos na Idade Média e em Roma)
Q 3 § 90 p. 372 – *Storia delle classi subalterne* (História das classes subalternas)	*Q 25 § 5* p. 2287 – *(Criteri metodici)*	*V. 5, CC 25 § 5 p. 139* – (Critérios de método)
Q 4 § 38 p. 455 – *Rapporti tra stuttura e superstrutture* (Relações entre estrutura e superestrutura)	*Q 13 § 17* p. 1578 – *(Analisi delle situazioni: rapporti di forza)* *Q 13 § 18* p. 1589 – *(Alcuni aspetti teorici e pratici dell'economismo)* *Q 10 § 12* p. 1249 – *(Introduzione allo studio della filosofia)*	*V. 3, CC 13 § 17* p. 36 – (Análise das situações: relações de força) *V. 3, CC 13 § 18* p. 46 – (Alguns aspectos teóricos e práticos do "economicismo") *V.1, CC 10 § 12* p. 320 – (Introdução ao estudo da filosofia)
Q 8 § 153 p. 1033 – *Argomenti di coltura. Contro natura, naturale, ecc (Argumentos de cultura, contra natureza, natural, etc.)*	*Q 16 § 12 p. 1874 – (Naturale, contro natura, artificiale, ecc.)*	*V 4, CC 16 § 12* p. 50 – (Natural, contra natureza, artificial, etc.)

QUADRO 3. **Correspondência das notas ou parágrafos de texto A em texto C (localizadas segundo as edições italiana e brasileira dos *Cadernos do Cárcere*)** (CONT.)

NOTAS OU PARÁGRAFOS DE TEXTO A	CORRESPONDÊNCIA EM NOTAS OU PARÁGRAFOS DE TEXTO C (LOCALIZADA NA EDIÇÃO ITALIANA)	CORRESPONDÊNCIA EM NOTAS OU PARÁGRAFOS DE TEXTO C (LOCALIZADA NA EDIÇÃO BRASILEIRA)
Q 8 § 205 p. 1064 – *Determinismo meccanico e attività-volontà* (Determinismo mecânico e atividade-vontade)	*Q 11 § 12* p. 1375 – *(sem título)*	*V.1, CC 11 § 12* p. 93 – (sem título)
Q 9 § 64 p. 1134 – *Machiavelli (Maquiavel)*	*Q 13 § 33* p. 1629 – *(Sul concetto di partito politico)*	*V. 3, CC 13 § 33* p. 87 – (Sobre o conceito de partido político)
Q 9 § 68 p. 1138 – *Machiavelli. Centralismo organico e centralismo democratico* (Maquiavel. Centralismo orgânico e centralismo democrático)	*Q 13 § 36* p. 1632 – *(Sulla burocrazia)*	*V. 3, CC 13 § 36* p. 89 – (Sobre a burocracia)
Q 9 § 81 p. 1146 – *Storia delle classi subalterne. Davide Lazzaretti* (História das classes subalternas. Davide Lazzaretti)	*Q 25 § 1* p. 2279 – *(Davide Lazzaretti)*	*V. 5, CC 25 § 1* p. 131 – (Davide Lazzaretti)

Fonte: Elaboração da autora (2023).

Esse quadro já sinaliza algumas questões indispensáveis para a recomposição do material. A primeira delas, como se vê, é que Gramsci, quando retoma uma nota de texto A na forma de texto C, pode revisá-la de maneira a unir ou não notas de várias passagens e, mesmo, de *Cadernos* diferentes, agrupando-as em torno de um *Caderno especial ou monográfico*.

Nesse ínterim, quando observamos especialmente as notas de texto A que compõe a discussão sobre as classes e grupos subalternos, percebemos que grande parte delas serão revisadas no *Caderno 25*, o *Caderno temático* sobre as classes subalternas, além de outros que tratam de temas diversos, como veremos, elucidando temáticas distintas em relação a subalternidade, mas que a ela estabelece, a nosso ver, uma relação estreita e inseparável.

Atendo-se a essa primeira observação, de que modo pode-se verificar a revisão de parte das notas de texto A no *Caderno 25*? Se examinarmos o quadro acima, veremos que os parágrafos do *Caderno 3*, em particular, os *§ 14, 18* e *90*, serão apanhados como alicerce do *Caderno* que se destina aos grupos às margens da história. Esta premissa se torna ainda mais evidente quando, ao fazermos o caminho inverso, ou seja, partir do *Caderno 25* em direção aos parágrafos de primeira redação que o originam, vemos que, além das três notas já mencionadas (*§ 14, 18* e *90*), Gramsci revisa outras oito (08) do *Caderno 3*, totalizando onze (11) parágrafos em geral retomados desse *Caderno miscelâneo*.

Por essa razão, o *Caderno 3* se constitui de um *Caderno* imprescindível para a estruturação de um programa de estudo sobre as classes e grupos subalternos no pensamento gramsciano. Apesar de grande parte de suas notas não mencionar explicitamente os verbetes em torno do tema, quer dizer, não referenciar expressões como "grupos subalternos" e, mesmo, "classes subalternas", como são os casos dos parágrafos *§ 12, 16, 69, 71, 75, 98, 99* e *113*, todos reelaborados nas notas do *Caderno 25*, podemos dizer que, ainda assim, ali estão contidos os pressupostos fundamentais acerca da temática, já que Gramsci os reagrupa na forma de um *Caderno* temático, destacando os diversos aspectos que caracterizam a história e a historiografia das classes subalternas.

Além disso, embora também conte com notas reelaboradas dos *Cadernos 1* e *9*, sobretudo, os *§ 27* e *§ 95* (no primeiro caso) e o *§ 81* (no segundo caso), *indicando que a reflexão da subalternidade permeia estas miscelâneas*, o *Caderno 3* é majoritariamente protagonista dos parágrafos reelaborados no *Caderno 25*. Assim, como observação desse pressuposto ao recompor o material, isso é, da estreita relação e proximidade entre os *Cadernos 3* e *25*, estamos propondo como indagação: Considerando especialmente as mudanças ocorridas entre o *Caderno 3* e o *Caderno 25*, como a categoria classes e grupos subalternos está conceituada nos *Cadernos do Cárcere*?

Não obstante, a presença do tema e das categorias nos *Cadernos monográficos*, para além do *Caderno 25*, expressa principalmente por meio das notas de texto C, revelam que a discussão sobre as classes e grupos subalternos não se limita a um fim em si mesmo e não se explica isoladamente, haja vista que estabelece relação direta com outras temáticas problematizadas nos demais *Cadernos monográficos*. Afinal, como lembra Green:

> [...] a ideia de subalternidade se relaciona com outros *conceitos, pensamentos e estratégias gramscianas para uma radical transformação sócio-política*. Para compreender a visão gramsciana do conceito, é preciso entender como os subalternos se relacionam com o pensamento de Gramsci como um todo. Isolar a noção de subalterno do restante de seu pensamento representa uma difícil tarefa, senão impossível (Green, 2002, p. 3, grifo nosso).

Mas, o trabalho filológico nos *Cadernos do Cárcere* não pode estar desvinculado do projeto revolucionário que é o horizonte e o norte da reflexão gramsciana (inclusive, na prisão). Por isso, ultrapassando os limites de uma discussão meramente intelectual ou acadêmica, a reflexão de Gramsci sobre as classes e grupos subalternos se gesta também porque é fundamental para compreender o raciocínio desenvolvido no cárcere: buscar, bem como entender as causas da derrota da revolução na Itália.

Se Gramsci toma contato com a subalternidade através de sua vida prático-social, ou seja, do íntimo universo de sua condição sarda, a reflexão teórica desenvolvida no cárcere sobre as "classes" e "grupos subalternos" vai avançando na medida em que estas categorias são indispensáveis para compor o conjunto de seu grande "projeto" nos *Cadernos*: o projeto revolucionário! Afinal, a transformação da sociedade em direção a uma nova civilização demanda a construção de uma nova hegemonia em que as classes e grupos subalternos conquistem sua autonomia e emancipação. Nessa tarefa histórica, a exata compreensão do Estado em seu sentido integral, da sociedade civil e política, da hegemonia, da filosofia da práxis etc., formam o léxico gramsciano que tem como razão de ser o fundamento da realidade social e só entra em vias de ser compreendido na medida em que as categorias que o compõe são apreendidas organicamente.

Nessa perspectiva, também a apreensão dos conceitos de "classes" e "grupos subalternos" nos *Cadernos* exige, além da explicitação da relação entre os *Cadernos 3* e *25*, compreender a vinculação que estabelece com o conjunto geral dos *Cadernos*, o que significa entender como a subalternidade (ou melhor, a sua superação), é indispensável para uma radical transformação da sociedade, de modo a ocupar lugar central no projeto "maior" dos *Cadernos*.

Por isso, a discussão das classes e grupos subalternos deve necessariamente perpassar, afora os *Cadernos 3* e *25*, os demais *Cadernos* para não embotar-se em si mesma e ser compreendida a partir do sentido e lugar que Gramsci a pensou: um lugar que, certamente, não tem vista legitimá-la, mas, ao contrário, busca superá-la. Assim, partindo dessa compreensão, é necessário indagar-se sobre quais *Cadernos* e quais temas e categorias nos auxiliariam a pensar a subalternidade no contexto do programa revolucionário dos *Cadernos*: dessa mirada, devemos continuar a traduzir o material.

Afinal, se nos ocuparmos ainda das notas de texto A em que os verbetes relacionados ao tema aparecem, podemos observar que, ademais daquelas que serão reescritas no *Caderno 25*, Gramsci as reelabora em outros quatro (04) *Cadernos monográficos*: os *Cadernos 10, 11, 13* e *16*, como indica o quadro 3. Esse fato revela que também ali, Gramsci está retomando algum aspecto da subalternidade nos

Cadernos que são destinados especialmente "A filosofia de Benedetto Croce"; "Introdução ao estudo da filosofia"; "Notas sobre a política de Maquiavel e Argumentos de cultura".

Já ao nos determos aos *Cadernos monográficos* e, portanto, as notas de texto C, cujos termos se reproduzem, observamos ainda que Gramsci faz referência ao tema das classes e grupos subalternos em cinco (05) *Cadernos*: *11, 13, 16, 25* e *27*. O quadro 4 sistematiza tais notas, de modo a indicar sua respectiva localização nas edições italiana e brasileira dos *Cadernos do Cárcere* e os títulos atribuídos por Gramsci aos parágrafos:

QUADRO 4. **Notas de texto C e títulos atribuídos (localizadas segundo as edições italiana e brasileira dos *Cadernos do Cárcere*)**

NOTAS OU PARÁGRAFOS DE TEXTO C (TÍTULOS ATRIBUÍDOS)	NOTAS OU PARÁGRAFOS DE TEXTO C LOCALIZADAS NA EDIÇÃO ITALIANA	NOTAS OU PARÁGRAFOS DE TEXTO C LOCALIZADAS NA EDIÇÃO BRASILEIRA
Q 10 § 41 – XII	*Q 10 § 41* p. 1218	*V. 1, CC 10 § 41* p. 386
Q 11 § 12 – (sem título) Nota incluída na seção *Appunti per uma introduzione e um avviamento allo studio della filosofia e della sotria della cultura* (Apontamentos para uma introdução e um encaminhamento ao estudo da filosofia e da história da cultura)	*Q 11 § 12* p. 1375	*V. 1, CC 11 § 12* p. 93
Q 11 § 15 – *Il concetto di scienza* (O conceito de "ciência")	*Q 11 § 15* p. 1403	*V. 1, CC 11 § 15* p. 121
Q 11 § 16 – *Quistione di nomenclatura e di contenuto* (Questões de nomenclatura e de conteúdo)	*Q 11 § 16* p. 1406	*V. 1, CC 11 § 11* p. 125
Q 11 § 70 – *Antonio Labriola* (Antonio Labriola)	*Q 11 § 70* p. 1507	*V 1, CC 11 § 70* p. 223

QUADRO 4. **Notas de texto C e títulos atribuídos (localizadas segundo as edições italiana e brasileira dos *Cadernos do Cárcere*)** (CONT.)

NOTAS OU PARÁGRAFOS DE TEXTO C (TÍTULOS ATRIBUÍDOS)	NOTAS OU PARÁGRAFOS DE TEXTO C LOCALIZADAS NA EDIÇÃO ITALIANA	NOTAS OU PARÁGRAFOS DE TEXTO C LOCALIZADAS NA EDIÇÃO BRASILEIRA
Q 13 § 18 – Alcuni aspetti teorici e pratici dell'economismo (Alguns aspectos teóricos e práticos do "economicismo")	*Q 13 § 18* p. 1589	*V.3, CC 13 § 18* p. 46
Q 13 § 23 – Osservazioni su alcuni aspetti della struttura dei partiti politici nei periodi di crise organica (Observações sobre alguns aspectos da estrutura dos partidos políticos nos períodos de crise orgânica)	*Q 13 § 23* p. 1602	*V. 3, CC 13 § 23* p. 60
Q 13 § 36 – Sulla burocrazia (Sobre a burocracia)	*Q 13 § 36* p. 1632	*V. 3, CC 13 § 36* p. 89
Q 13 § 37 – Note sulla vita nazionale francese (Notas sobre a vida nacional francesa)	*Q 13 § 37* p. 1635	*V. 5, CC 13 § 37* p. 92
Q 16 § 9 – Alcuni problemi per lo studio dello svolgimento della filosofia della práxis (Alguns problemas para o estudo do desenvolvimento da filosofia da práxis)	*Q 16 § 9* p. 1854	*V. 4, CC 16 § 9* p. 31
Q 16 § 12 – Naturale, contro natura, artificiale, ecc (Natural, contra a natureza, artificial, etc.)	*Q 16 § 12* p. 1874	*V.4, CC 16 § 12* p. 50
Q 25 § 1 – Davide Lazzaretti (Davide Lazzaretti)	*Q 25 § 1* p. 2279	*V. 5, CC 25 § 1* p. 131
Q 25 § 2 – Criteri metodologici (Critérios metodológicos)	*Q 25 § 2* p. 2283	*V. 5, CC 25 § 2* p. 135
Q 25 § 4 – Alcune note generali sullo sviuppo storico dei gruppi sociali subalterni nel Medio Evo e a Roma (Algumas notas gerais sobre o desenvolvimento histórico dos grupos sociais subalternos na Idade Média e em Roma)	*Q 25 § 4* p. 2284	*V. 5, CC 25 § 4* p. 136

QUADRO 4. **Notas de texto C e títulos atribuídos (localizadas segundo as edições italiana e brasileira dos *Cadernos do Cárcere*)** (CONT.)

NOTAS OU PARÁGRAFOS DE TEXTO C (TÍTULOS ATRIBUÍDOS)	NOTAS OU PARÁGRAFOS DE TEXTO C LOCALIZADAS NA EDIÇÃO ITALIANA	NOTAS OU PARÁGRAFOS DE TEXTO C LOCALIZADAS NA EDIÇÃO BRASILEIRA
Q 25 § 5 – Criteri metodici (Critérios de método)	*Q 25 § 5* p. 2287	*V. 5, CC 25 § 5* p. 139
Q 25 § 7 – Fonti indirette. Le Utopie e i cosi detti romanzi filosofici (Fontes indiretas. As "utopias" e os chamados "romances filosóficos")	*Q 25 § 7* p. 2290	*V. 5, CC 25 § 7* p. 142
Q 27 § 1 – Giovanni Crocioni (Giovanni Crocioni)	*Q 27 § 1* p. 2311	*V. 6, CC 27 § 1* p. 133

FONTE: Elaboração da autora (2023).

Com essas indicações conseguimos perceber que Gramsci vai relacionando com as classes e grupos subalternos algumas temáticas, especialmente, àquelas presentes nos *Cadernos especiais*. Por isso, através dos parágrafos dos *Cadernos 10* e *11*, por exemplo, a introdução ao estudo da filosofia, a filosofia da práxis e a referência a Antonio Labriola são resgatadas por Gramsci com a finalidade de refundar o marxismo originário de Marx e Engels, advertindo para a imbricação entre pensamento e ação, filosofia e política. Nas passagens do *Caderno 13*, a análise das relações de força e, portanto, a discussão entre estrutura e superestrutura, originam a percepção sobre o Estado integral e a teoria da hegemonia. No *Caderno 16*, Gramsci retoma alguns aspectos da filosofia da práxis, compreendendo-a como um momento da cultura moderna.

Assim, diante deste conjunto de temáticas que se cruzam e entrecruzam no grande "diário", e sabendo da organicidade entre elas (re) compondo o léxico gramsciano, consideramos que algumas categorias são essenciais por estabelecer uma estreita relação com as classes e grupos subalternos e, ao mesmo tempo, auxiliar na compreensão destes conceitos. São elas: filosofia da práxis, intelectuais, Estado, hegemonia e revolução passiva.

Com esse elenco, continuamos a indagar: Qual é a relação que se estabelece entre as classes e grupos subalternos — temática já esboçada no Caderno 3 e retomada no Caderno 25 —, com outras presentes na reflexão gramsciana? Mais exatamente, como o conjunto dos conceitos que formam o léxico gramsciano (especialmente, a filosofia da práxis, intelectuais, Estado, hegemonia e revolução passiva), são pensados na relação com as classes e grupos subalternos?

Acreditamos que somente nessa organicidade de conceitos, considerados em seu conjunto, é que podemos compreender o sentido figurado, menos "óbvio" e, por isso, também "oculto", com que Gramsci emprega o uso dos verbetes "classes" e "grupos subalternos" nos *Cadernos*: esse sentido só adquire verdadeiro significado na medida em que é posto em relação com o conjunto de toda a sua obra, não podendo ser considerado isoladamente.

Assim, além da relação entre os *Cadernos 3* e *25*, propomos buscar como a temática em geral se dispõe entre os *Cadernos 10, 11, 12, 13, 19* e *22*. Os *Cadernos 10* e *11* versam, sobretudo, sobre a filosofia da práxis. Considerando como seus verdadeiros fundadores Marx, Engels e Lênin, Gramsci se propõe a evidenciar a originalidade dessa filosofia, entendendo-a como uma concepção de mundo integral, que já contém todos os elementos para embasar uma nova organização prática de sociedade: a filosofia da práxis deve se tornar a filosofia de vida das classes e grupos subalternos!

No *Caderno 12*, embora a menção aos verbetes relacionados ao tema não apareçam de modo explícito, consideramos que a temática ali desenvolvida (a dos intelectuais) é essencial para o debate sobre a subalternidade, afinal, desde A questão meridional, Gramsci vinha apontando a necessidade da formação de intelectuais de esquerda para reverter a influência dos intelectuais meridionais no Sul. Nos *Cadernos*, essa discussão é ampliada na medida em que encontramos o destaque para a atuação dos intelectuais no conjunto das superestruturas: sua atividade organizativa e conectiva, é produtora de consenso, possibilitando a manutenção ou superação da hegemonia burguesa.

O *Caderno 13*, que compõe, segundo Semeraro (2017), o coração da obra carcerária ao lado dos *Cadernos 10, 11* e *12*, revela-se precisamente como desdobramento destes *Cadernos especiais*. Nele, a filosofia da práxis é traduzida em termos políticos: não por acaso, ela tem seu valor na medida em que se torna política! Intitulado de "Notas sobre a política de Maquiavel", nesse *Caderno*, Gramsci resgata alguns aspectos do Príncipe de Maquiavel, atualizando-o no "organismo coletivo" do partido político, que deve organizar a vontade coletiva nacional-popular e a reforma intelectual e moral. A centralidade é, assim, a constituição de uma práxis política das classes subalternas para a construção de um novo Estado e de uma nova hegemonia.

Finalmente nesse percurso, os *Cadernos 19* e *22* apresentam um conceito indissociável para o conjunto dos *Cadernos*, a saber: revolução passiva. No primeiro *Caderno* mencionado, Gramsci está analisando o *Risorgimento* italiano e, no segundo, o americanismo: ambos são tomados como casos de revolução passiva. Nessa modalidade ou tipo de revolução, as transformações moleculares vão acontecendo, de maneira a incorporar e absorver os grupos aliados e, mesmo, adversários em uma política transformista, aquela que coopta os estratos de oposição, colocando em movimento processos de modernização conservadora. Concretizando uma revolução pelo "alto", a ausência de iniciativa popular unitária marca essa "revolução sem revolução", que tende à passivização das classes e grupos subalternos.

Nessa perspectiva, entendemos que o conjunto destes conceitos e Cadernos, contribui para explicar, complementar e, mesmo, justificar a reflexão sobre as classes e grupos subalternos contida nas páginas dos *Cadernos 3* e *25* de modo *stricto sensu*, porque também os alinhava ao contexto das mediações necessárias para compreender a obra carcerária *lato sensu:* resta-nos, portanto, percorrê-las.

CLASSES E GRUPOS SUBALTERNOS *STRICTO SENSU*: OS *CADERNOS* *3* E *25*

3

NOS *CADERNOS DO CÁRCERE*, ainda que Gramsci utilize somente uma única vez da expressão "subalternidade", particularmente, no *Q 10 § 14*, intitulado de "Pontos de referência para um ensaio sobre B. Croce", quando Gentile aparece em uma posição de "subalternidade intelectual" em relação a Croce, consideramos que existem elementos importantes que introduzem uma original leitura sobre a subalternidade, contribuindo para compreender as formas de dominação (que incidem sob as classes e grupos subalternos) presentes na sociedade moderna. Por essa razão, embora Gramsci não se utilize frequentemente desse termo no decorrer da obra carcerária, entendemos que se gesta uma fundamental reflexão sobre ela, haja vista que Gramsci não está empregando a expressão somente como sinônimo de "subordinação"; aliás, ademais de "classes subalternas" não significar uma alternativa para "classes inferiores" e / ou "baixas" (como já advertimos, visto que o prisioneiro atribui um sentido "figurado" a expressão), também não é uma metáfora ou substituição para "proletariado", tendo em vista burlar a censura carcerária.

A respeito dessa questão, Green (2011) adverte que o risco de assemelhar as duas expressões ("classes subalternas" e "proletariado") através da afirmação da tese da censura consiste em deduzir que Gramsci não teorizou sobre a subalternidade. A partir de uma leitura atenta ao *Caderno 25* é possível contestá-la, de modo que consultando esse *Caderno* monográfico, "proletários" aparece, por exemplo, como uma expressão adotada explicitamente por Gramsci no *§ 4*[36]. Nesse mesmo parágrafo, a menção aos "grupos subalternos" aparece em quatro (04) passagens e, "grupos sociais subalternos", em outras duas (02). Esse fato revela que se o prisioneiro quisesse se referir a "proletariado" utilizando-se, no lugar, de "subalterno" não faria sentido o emprego explícito na mesma nota de "proletários" ao lado de outras expressões, como "grupos subalternos" e "grupos sociais subalternos" (Green, 2011).

Além disso, quando se retoma uma das notas de texto A, mais especificamente, o *§ 18* do *Q 3*, que será posteriormente reescrito no *Q 25 § 4* juntamente com o *§ 16* do *Q 3*, observa-se que nela Gramsci já fazia uso da expressão "proletários". Por sua vez, quando se compara o *Q 3 § 18* com o *Q 25 § 4*, constata-se que a referência a "proletários" continua a aparecer (Green, 2011).

O que isso significa? Significa que, mesmo que Gramsci, nos *Cadernos especiais*, se dedique a revisão dos parágrafos *miscelâneos*, "subalterno" e "grupos sociais subalternos", não são, tampouco correspondem em expressões em código para "proletariado", a fim de burlar a censura tendo em vista o endurecimento do fascismo, visto que estão presentes e são empregados nos dois momentos de seu método de trabalho no cárcere: tanto na redação das notas de texto A, quanto na redação das notas de texto C (Green, 2011).

Diante destes usos (ou abusos), Green (2011) demonstra que antes de 1932, momento em que Gramsci passa a se dedicar a escrita dos *Cadernos monográficos*, "proletariado" já estava presente em cerca de

---

36 "O único grupo excluído de qualquer vida própria coletiva organizada era o dos escravos (e dos *proletários* não-escravos), no mundo clássico, e o dos *proletários*, dos servos da gleba e dos colonos, no mundo medieval [...]" (Gramsci, 2014b, *Q 25 §* 4, p. 2287; CC, v. 5, 2002, p. 139, grifos nossos).

trinta (30) passagens na redação gramsciana. Estudando estas passagens, é possível ver que não existe registro de nenhum caso em que "proletariado" tenha sido empregado em uma nota de texto A e, posteriormente, tenha sido substituído por "subalterno" em uma nota de texto C: não há evidências filológicas que sustentem a tese da censura.

> [...] os adeptos da tese da censura [...] entendem que a noção de subalterno de Gramsci está em relação direta com o proletariado e ao marxismo ortodoxo, e não como um uso de Gramsci exclusivo para teorizações sobre a subalternidade e a filosofia da práxis [...] Sem considerar os textos completos de Gramsci e sem fornecer quaisquer referências textuais, os autores da tese da censura parecem alegar que todas as categorias conceituais de Gramsci, como guerra de posição, transformismo, revolução passiva, mode no príncipe, lorianismo, bloco histórico, etc, são meros eufemismos ou cifras nascidas de algum tipo de censura. Esses tipos de reivindicações criam ambiguidade e confusão e privam os conceitos de Gramsci de toda a sua importância (Green, 2011, p. 393).

Portanto, acreditamos que, apesar da "subalternidade" não figurar frequentemente como um verbete dos *Cadernos*, preferindo Gramsci expressões como *classes subalternas, grupos subalternos e, mesmo, subalternos/as*, foi o marxista sardo quem conferiu densidade teórica a subalternidade, visto que "classes subalternas" não é sinônimo de "classes inferiores ou subordinadas", tampouco de "proletariado". Afinal, concordamos com Modonesi (2010) quando o autor afirma que neste conceito Gramsci parece encontrar um correlato para a alienação no plano superestrutural: "[...] o equivalente sócio-político para a dominação que já ocorre no plano socioeconômico [...]" (Modonesi, 2010, p. 26).

Embora não se proponha a desenvolver uma teoria da subalternidade, pode-se dizer que, nos *Cadernos*, existe um esboço criativo dela, de modo que está diretamente vinculada a reflexão sobre à hegemonia. Isso porque a noção de subalternidade parece surgir para explicar a condição subjetiva da dominação que está presente no contexto da dinâmica capitalista moderna, ou seja, considerando que coerção e consenso se relacionam reciprocamente no exercício da hegemonia, Gramsci mostra como ocorre a apropriação do estrato subjetivo das classes e grupos subalternos, garantindo sua adesão voluntária a organização prática de sociedade proposta pela classe dominante (Modonesi, 2010). Por isso, ao lado da teoria da hegemonia nos *Cadernos*, a subalternidade aparece como o seu "par" implícito: sua reflexão é uma contribuição imprescindível para entender como as "teias" da hegemonia enlaçam a vida dos subalternos, de maneira que estes internalizam os valores propostos através de uma imposição "não violenta". Assim, nos *Cadernos*, observa-se:

> [...] uma teoria da *subalternidade*, ou seja, uma teorização que se desenvolve ao lado da teoria da hegemonia, como seu correlato subjetivo: o estudo do processo de subjetivação política que a ela corresponde. A conclusão política desta abordagem é que as "teias" da hegemonia não podem ser desmontadas por um ato simples e repentino voluntarista, mas devem ser reconhecidas e desenvolvidas paulatinamente, da mesma maneira em que foram tecidas, no mesmo terreno subjetivo. Nessa direção, os elementos de caracterização da subalternidade que propõe Gramsci não só indicam os laços da subalternidade, mas também, simultaneamente, esboçam uma teoria da conformação política do sujeito em um contexto de dominação e hegemonia, colocando ênfase no processo de autonomização por meio do qual os subalternos começam a deixar de sê-los (Modonesi, 2010, p. 37-38, grifo do autor).

Desse ponto de vista, cabe recuperar como as categorias de "classes" e "grupos subalternos" nascem no conjunto dos *Cadernos* até chegar à elaboração do *Caderno 25*, atentando para a condição de subalternidade a que estão inscritas tais classes e grupos. esse exercício exige revisitar as primeiras reflexões de Gramsci presentes no

Caderno 3: a partir dele, o adjetivo "subalternos/as" vinculado às classes e grupos aparece, iniciando uma fértil abordagem que nos conduzirá a apreensão *stricto sensu* dos conceitos.

NASCE A RUBRICA *HISTÓRIA DAS CLASSES SUBALTERNAS*

Antes do *Caderno 3*, embora Gramsci já empregasse verbetes como subalterno/s e subalterna, em particular, no *Caderno 1*, fazendo referência ao sentido "usual" do termo, de maneira a caracterizar a subordinação de um indivíduo e/ou instituição a outrem (como são os casos de "oficiais subalternos" nos *§ 43* e *§ 48*; "comandos subalternos" no *§ 54*; "atividade subalterna" no *§ 61*, quando se refere ao transporte e ao comércio no âmbito da produção; "qualidade subalterna" no *§ 116* para demarcar as características de Nitti; e "força subalterna" no *§ 139*, tratando da posição da Igreja Católica) é nesse *Caderno miscelâneo* que os termos passam a ser utilizados no terreno das relações sociais e políticas, introduzindo a subalternidade como uma característica das classes dominadas (Modonesi, 2010).

Os parágrafos desse *Caderno miscelâneo* que Gramsci agrupa posteriormente no *Caderno 25*, totalizam onze (11): § 12 David Lazzaretti; § 14 História da classe dominante e *história das classes subalternas*; § 16 Desenvolvimento político da classe popular nas Comunas medievais; § 18 *História das classes subalternas*; § 69 *Utopias e romances filosóficos*; § 71 *Utopias e romances filosóficos*; § 75 *Utopias e romances filosóficos*; § 90 *História das classes subalternas*; § 98 Espártaco; § 99 A lei dos números; e § 113 Utopias.

Sendo composto por um total de cento e sessenta e seis (166) notas, observa-se que o *§ 12* é o primeiro dos parágrafos desse *Caderno miscelâneo* revisado no *Caderno 25*. Ainda que não mencione os verbetes "classes subalternas" ou "grupos subalternos" nessa nota, Gramsci a reagrupa no contexto do primeiro parágrafo do

Caderno 25, juntamente com o *§ 81* do *Q 9*. Mas, afinal, do que trata esta nota? Por que Gramsci escolhe reelaborá-la, de modo a abrir a reflexão do Caderno 25?

Citando uma série de artigos e livros italianos que tratam do movimento *lazzarettista*, Gramsci põe em evidência a figura histórica de Davide Lazzaretti: nascido em 6 de novembro de 1834, fundou uma seita popular religiosa, pronunciando-se pela defesa da República, sendo morto em 18 de agosto de 1878. Nesse parágrafo, ocupa-se especialmente da análise que Domenico Bulferetti realiza a partir da obra de Giacomo Barzellotti: indica que a obra de Barzellotti foi responsável por moldar a opinião pública italiana a respeito do líder religioso e republicano, identificando em seu livro uma "tendência patriótica", quer dizer, uma tentativa de esconder as "causas do mal-estar geral na Itália", conferindo uma explicação individual e patológica ao movimento *lazzarettista*. Como descreve Gramsci (2014b), a centralidade não estava nas condições cruéis de seu assassinato e no fato de Lazzaretti ter sido morto apoiando a República, evidenciando um movimento político de "tendência subversiva-popular"; mas, ao contrário, deu-se visibilidade aos "elementos religiosos e proféticos", priorizando o impressionismo literário no lugar de uma análise política do movimento. Por isso, afirma que: "O que aconteceu com o 'banditismo' meridional e siciliano aconteceu com Davide Lazzaretti" (Gramsci, 2014b, *Q 3 § 12,* p. 297).

Como contribui Thomas (2015), aqui Gramsci parece começar a desenvolver o problema da representação dos grupos subalternos: como ficará mais evidente no *Caderno 25* (quando retoma o parágrafo em questão), os grupos sociais subalternos tendem a não ser auto representados, inclusive na historiografia, tendo a sua história frequentemente narrada por outros.

Mas, outro aspecto que também chama a atenção nessa nota é a continuidade em relação ao escrito inacabado de 1926 e a analogia que Gramsci destaca entre o "banditismo" meridional e o caso de Davide Lazzaretti, quando afirma que o que aconteceu com o banditismo aconteceu também com Lazzaretti. Sob esse ponto de vista, Green (2009) esclarece que nos Temas da questão meridional, Gramsci aprofunda as relações sociais que permeiam o Sul da Itália e caracteriza o grande bloco que se constitui: os intelectuais meridionais, como são Benedetto Croce e Giustino Fortunato, conseguem exercer tamanha influência sob as massas camponesas que promovem uma intensa desagregação de seus interesses, formando um bloco intelectual que legitima o bloco agrário existente.

Isso porque, como já sabemos, no Sul é bastante difundida a corrente cultural positivista que se fundamenta no princípio de que a região está em uma condição de inferioridade se comparado ao Norte, considerando que os meridionais são supostamente biológica e intelectualmente inferiores em relação aos setentrionais. Essa ideologia darwinista é derivada da escola antropológica de Lombroso, "pai da criminologia positivista italiana" (Green, 2009, p. 58). Assim, de acordo com Green (2009), todo comportamento criminal dos camponeses do *Mezzorgiorno* é justificado pela criminalidade nata de que são portadores, sendo mais assemelhados aos animais que aos próprios homens: há, por isso, uma tentativa de reduzir a "questão meridional" a lógica lombrosiana, excluindo interpretações políticas que pudessem vir a problematizar os antagonismos sociais e o histórico atraso da região, de modo a priorizar a abordagem criminalizatória em relação a "questão meridional".

Nessa perspectiva, quando Gramsci elabora os parágrafos sobre Davide Lazzaretti, tanto os primeiros, presentes nos *Cadernos 3* e *9*, quanto posteriormente, no *Caderno 25*, parece estabelecer uma conexão entre o tratamento dado a "questão meridional" e o episódio *lazzarettista*, já que ambos levam Gramsci a formular as bases da reflexão da subalternidade, afinal, ela é "[...] uma observação que descreve a *condição dos camponeses meridionais nos anos posteriores ao Risorgimento e [...] a condição do movimento de Lazzaretti* [...]" (Green, 2009, p. 65, grifo nosso), sendo os dois casos justificados pela tendência natural de "[...] sujeitos anormais, inferiores, bárbaros [...]" (Green, 2009, p. 68).

Quando avançamos em direção ao *§ 14* do *Caderno 3*, uma nova linha de reflexão parece ser inaugurada nos *Cadernos*: ali nasce a rubrica *História das classes subalternas*, em que pela primeira vez Gramsci emprega a expressão "classes subalternas". Como veremos, quatro (04) parágrafos, entre os dezessete (17) sob essa rubrica, serão reelaborados no *Caderno 25*, em especial, os *§ 14, § 18* e *§ 90* do *Caderno 3* e o *§ 81* do *Caderno 9* — embora em outros *Cadernos* Gramsci permaneça a atribuir o mesmo título a novas notas: isso acontece especialmente ao longo dos *Cadernos 4, 6, 7, 8, 9* e *15* (Quadro 5).

QUADRO 5. **Relação da rubrica *História das classes subalternas* nos *Cadernos* em geral e no Caderno *especial* ou *monográfico 25***

RUBRICA HISTÓRIA DAS CLASSES SUBALTERNAS NOS CADERNOS	RUBRICA HISTÓRIA DAS CLASSES SUBALTERNAS NO CADERNO ESPECIAL OU MONOGRÁFICO 25
Q 3 § 14	*Q 3 § 14*
Q 3 § 18	*Q 3 § 18*
Q 3 § 90	*Q 3 § 90*
Q 4 § 59	*Q 9 § 81*
Q 4 § 95	
Q 6 § 132	
Q 6 § 158	
Q 7 § 51	
Q 7 § 70	
Q 8 § 66	
Q 8 § 70	
Q 8 § 127	
Q 9 § 4	
Q 9 § 64	
Q 9 § 81	
Q 9 § 92	
Q 15 § 28	
TOTAL: 17 notas ou parágrafos	TOTAL: 4 notas ou parágrafos

FONTE: Elaboração da autora (2023).

Mas, sendo o *§ 14* uma nota composta somente por um parágrafo, *introduz o que poderíamos chamar de características das classes subalternas, com ênfase para a desagregação.* Gramsci inicia do seguinte modo sua redação: "A história das classes subalternas é *necessariamente desagregada e episódica* [...]" (Gramsci, 2014b, *Q 3 § 14*, p. 299, grifo nosso).

Essa nota, que será reelaborada no *§ 2* do *Q 25*, inscreve algumas anotações interessantíssimas. A primeira delas, como o próprio título sinaliza (*História da classe dominante e história das classes subalternas*) é que Gramsci opõe desde a gênese do verbete, classe dominante a classes subalternas e não classes hegemônicas a classes subalternas, pois a hegemonia é antes uma função exercitada pela classe dominante (que deve ser também dirigente) (Liguori, 2011).

Com isso, Gramsci certamente deixa em aberto a possibilidade dos subalternos passarem da subalternidade a hegemonia, pois como revela na continuação da nota, "[...] existe na atividade dessas classes uma tendência a unificação, ainda que em termos muito provisórios [...]" (Gramsci, 2014b, *Q 3 § 14*, p. 299-300). Ainda que sofram sempre a influência da classe dominante, mesmo quando se rebelam, a tendência a unificação só se demonstra quando a vitória é obtida. Aqui, a "vitória obtida" pode representar a passagem da subalternidade a hegemonia por parte das classes subalternas, uma vez que, apesar de serem "subalternas" não significa que não possam ser, futuramente, hegemônicas. Na realidade, a elevação da condição subalterna a hegemônica é necessária!, mas, esta "elevação" é também muito difícil e tarefa árdua a ser alcançada, afinal, como já registrado por Gramsci, as "[...] *classes subalternas sofrem sempre a influência da classe dominante [...] Cada traço de iniciativa autônoma é, portanto, de valor inestimável*" (Gramsci, 2014b, *Q 3 § 14*, p. 300, grifo nosso).

Apesar de registrarem pouquíssimos traços de iniciativas autônomas, esses, para Gramsci, são imprescindíveis. Isso porque a autonomia das classes e grupos subalternos é o primeiro momento a partir do qual poderia se construir uma hegemonia diversa (Liguori, 2015).

Assim, poder-se-ia dizer que esse binômio da hegemonia / subalternidade acompanhará toda a reflexão de Gramsci que, por sua vez, começa a delinear a partir do *Caderno 3*, os elementos distintivos que caracterizam as classes que estão no polo oposto da condição dominante (Modonesi, 2010). Entre tais elementos distintivos, a desagregação já aparece enquanto integrante da *história das classes subalternas* no *§ 14*, referindo-se a uma característica inerente destas classes.

Se nos atentarmos para o modo com que Gramsci inicia o *§ 14*, anunciado que a *história das classes subalternas* é necessariamente desagregada e episódica, podemos ver certa similaridade em relação a forma com que caracteriza o *Mezzorgiorno* no escrito pré-carcerário da questão meridional: ali, Gramsci identifica o *Mezzorgiorno* como uma grande "desagregação social", cujos camponeses não possuíam nenhuma coesão entre si (Buttigieg, 1999).

Também a ênfase na desagregação das classes subalternas recorda as observações a respeito da cultura como um elemento capaz de organizar e dar homogeneidade as grandes massas (Buttigieg, 1999), evidenciando que as experiências e reflexões de Gramsci, mesmo antes do período carcerário, conscientes ou não, inspiram e servem de base para o debate sobre as classes e grupos subalternos que vai nascendo nos *Cadernos*, ainda que neste momento, sem maiores aprofundamentos.

Na sequência desse mesmo *Caderno miscelâneo*, dois outros parágrafos são elaborados por Gramsci, sendo posteriormente reunidos e reelaborados no *Q 25 § 4*: o *§ 16*, Desenvolvimento político da classe popular nas Comunas medievais, e o § 18, *História das classes subalternas*.

Na nota *§ 16*, Gramsci está citando o estudo de Ettore Ciccotti, intitulado de *"Elementi di verità e di certezza, ecc"*[37], que trata da história romana. Nesse parágrafo, não existe menção aos verbetes de "classes subalternas" ou "grupos subalternos", havendo um resgate do desenvolvimento histórico da classe popular na época das Comunas medie-

37 "Elementos de verdade e certeza etc."

vais. Gramsci evidencia que, neste período particular da história, seja em tempos de guerra, seja em tempos de paz, os homens do povo permaneciam unidos, pois durante os períodos de guerra, havia o recrutamento da força militar, "[...] levando a armar muita gente [...]" (Gramsci, 2014b, *Q 3 § 16*, p. 301) e, em períodos de paz, todos permaneciam unidos para prestação de serviços "[...] com crescente solidariedade [...]" (Gramsci, 2014b, *Q 3 § 16*, p. 301), tendo em vista combater os nobres e poderosos.

Os homens do povo possuíam, assim, centralidade na constituição da Comuna, de modo que, além das obrigações sociais, civis e religiosas, com o passar do tempo, os *milites* (os homens do povo) passaram a estar em igualdade com os *pedites* (os nobres), assumindo o elemento popular participação nas funções públicas mais relevantes da Comuna. Para Gramsci (2014b), o povo vai, desse modo, se constituindo como "partido político" e, ao mesmo tempo, dominando a Comuna, submetendo a classe dominante precedente, como aconteceu em Siena, Bolonha e Florença.

Esse parágrafo, quando lido juntamente com o *§ 18*, introduz novas questões: a partir de uma analogia histórica e tendo como ponto de partida a obra de Ciccotti, Gramsci faz referência às classes subalternas do período "pré-moderno" (Thomas, 2015), utilizando aqui o verbete para se referir a uma época distante. Com essa analogia, também parece evidenciar que as classes subalternas, embora desagregadas e episódicas, como já citou no *§ 14*, possuem a tendência à unificação, visto o exemplo dos homens do povo na constituição das Comunas italianas e sua crescente solidariedade.

Não obstante, no *§ 18* a classe subalterna também é caracterizada como aquela em que falta a "[...] *autonomia política, suas necessidades 'defensivas' estão submetidas as leis próprias de necessidade* [...]" (Gramsci, 2014b, *Q 3 § 18*, p. 302, grifo nosso). Lembrando do desenvolvimento da história romana, Gramsci realiza uma comparação entre o Estado antigo e medieval e o moderno: no primeiro, o Estado aparece como uma "federação" de classes, em que as subalternas possuíam uma vida própria, com instituições próprias — muitas vezes, dotadas de funções estatais. As únicas classes excluídas eram a dos escravos no mundo clássico, e a dos proletários no mundo medieval. No Estado moderno, vê-se, ao contrário, a abolição de muitas autonomias das classes subalternas:

> [...] abole o Estado federação de classes, mas certas formas de vida interna das classes subalternas renascem como partido, sindicato, associações de cultura. A ditadura moderna abole também essas formas de autonomia de classe e se esforça para incorporá-las a atividade estatal: isto é, a centralização de toda a vida nacional nas mãos da classe dominante torna-se frenética e absorvente (Gramsci, 2014b, *Q 3 § 18*, p. 303).

A incorporação das classes subalternas e de suas iniciativas à atividade estatal de que fala Gramsci é interessante para atentarmos ao fato de que, quanto maior e mais eficiente tal incorporação, menor será a autonomia exercida pelas classes subalternas, visto que, quanto mais forem anexadas ao Estado, mais suas iniciativas tendem a permanecer desagregadas e episódicas — por isso, já assinalou aquela falta de autonomia política que lhes caracterizam.

Se Gramsci vem, portanto, demonstrando a desagregação, a ausência de autonomia, assim como a dificuldade de unificação das classes subalternas, especialmente, no contexto do Estado moderno que tende a absorvê-las, uma importante nota de texto B pode ser encontrada no *Caderno 3*: nos referimos ao *§ 48*, em que Gramsci atribui o título *Passato e presente. Spontaneità e direzione consapevole*[38].

Esta nota, apesar de não ser posteriormente retomada por Gramsci, nos auxilia a compreender e aprofundar as características das classes subalternas, afinal, a espontaneidade aparece, aqui, como parte integrante da *história das classes subalternas* e dos elementos mais marginais e periféricos dessas classes que, conforme Gramsci

---

38 "Passado e presente. Espontaneidade e direção consciente."

(2014b), ainda não conseguiram atingir a consciência "per se": ela é própria das classes que "[...] nem mesmo suspeitam que sua história possa ter alguma importância e que tenha algum valor para deixar traços documentais" (Gramsci, 2014b, *Q 3 § 48*, p. 328).

Entretanto, Gramsci reconhece que a espontaneidade como manifestação da ausência de uma plena consciência de classe para si das classes subalternas, ou melhor, de seus estratos mais marginais e periféricos, não existe "puramente" na história, ou seja, mesmo no movimento mais espontâneo, os elementos de direção consciente estão presentes: "Há, portanto, uma 'multiplicidade' de elementos de 'direção consciente' [...], *mas nenhum deles é predominante*, ou supera o nível da 'ciência popular' [...], do 'senso comum' ou da concepção de mundo [tradicional] [...]" (Gramsci, 2014b, *Q 3 § 48*, p. 328, grifo nosso).

A questão da espontaneidade está, por isso, não na ausência de direção consciente nos traços, iniciativas e movimentos das classes subalternas. Gramsci não as considera como um recipiente vazio, completamente ausente de "elementos conscientes" implícitos às suas ações. Mas, a questão está antes na necessidade de organizar e, se assim pudesse dizer, educar tais elementos, dado que, não estando organizados e educados, dispersam-se e diversificam-se, não conseguido ultrapassar o nível da ciência popular, do senso comum, da concepção de mundo tradicional.

Portanto, as classes subalternas possuem elementos ainda embrionários de direção consciente que precisam ser trabalhados, de maneira que, se permanecem nessa condição (subalterna) até mesmo quando se rebelam, já que estão sempre sob a influência da classe dominante, Gramsci reconhece aqui, sobremaneira, a contrapartida dialética dos subalternos (Modonesi, 2010): mesmo que o traço da espontaneidade marque a sua história, ele pode ser dirigido, guiado, caminhando para a autonomia contra as fronteiras impostas pela dominação, mostrando que as classes subalternas não se constituem meramente (e por natureza) de classes passivas.

Nessa mesma nota, Gramsci faz referência ao movimento turinense dos Conselhos de Fábrica. Segundo ele, ao ser acusado de espontaneísta, o grupo do *L'Ordine Nuovo* não repetiu mecanicamente fórmulas científicas ou teóricas durante o movimento, mas organizou seus elementos díspares: não negligenciou o elemento da espontaneidade, negando-o ou desprezando-o, mas o educou e purificou "[...] *de tudo o que é estranho e que poderia o poluir, para torná-lo hegemônico* [...]" (Gramsci, 2014b, *Q 3 § 48,* p. 330, grifo nosso).

Nessa perspectiva, Gramsci está valorizando a unidade entre "espontaneidade e direção consciente", princípio que fundamenta a ação política das classes subalternas como política de massas e "[...] não simples aventura de grupos que apelam às massas" (Gramsci, 2014b, *Q 3 § 48*, p. 330). A espontaneidade, ainda que deva ser superada, não pode ser negada. Isso porque, "espontaneidade" significa somente elementos que não "[...] decorrem de uma atividade educativa sistemática por parte de um grupo já consciente, mas formados pela vivência cotidiana iluminada pelo 'senso comum', isto é, pela concepção de mundo tradicional [...], é apenas uma aquisição histórica primitiva e elementar" (Gramsci, 2014b, *Q 3 § 48,* p. 330-331). Por isso, Gramsci entende e valoriza a iniciativa que nasce "de baixo", já que esta é tão importante quanto a direção consciente e, por conseguinte, a função dos intelectuais, como veremos (Semeraro, 2014b).

Negligenciar os elementos "espontâneos" das massas, quer dizer, não priorizar conferir-lhes uma direção consciente, auxiliando as classes subalternas a inserir-se em um "patamar superior" e/ou numa práxis política propriamente dita, quase sempre resulta em movimento reacionário de direita, já que o descontentamento das classes subalternas e o desencadeamento de movimentos espontâneos de um lado, provocam e são seguidos pela formação, de outro lado, de grupos reacionários (Gramsci, 2014b).

Assim, a imbricação entre espontaneidade e direção consciente contribui para revelar que a noção de "subalterno" em Gramsci coloca-se entre o ser social e a consciência social, uma vez que o prisioneiro parece destacar que, mesmo nos estratos mais marginais e periféricos, existe um potencial para a transformação social, possível por meio da práxis política: afinal, ao mesmo tempo em que as classes subalternas incorporam e aceitam o comando e a obediência, também comportam a tendência à unificação, registrando traços de iniciativas autônomas. Reunindo características de subordinação e resistência, Gramsci dilui as "fronteiras" que colocam em lados opostos e, mesmo, separados, a consciência e falsa consciência, classe em si e classe para si, espontaneidade e direção consciente, evitando os esquemas dualistas (Modonesi, 2010).

A rubrica *Utopias e Romances filosóficos*

Ao passo da rubrica *História das classes subalternas* que surge no *Caderno 3*, nessa mesma *miscelânea* vê-se a gênese de outra que também terá algumas de suas notas reelaboradas no *Caderno 25*: estamos nos referindo a rubrica *Utopias e romances filosóficos*, que darão título a mais oito (08) parágrafos[39] no decorrer dos *Cadernos 3, 5, 6* e *25*. No *Caderno 25*, em particular, quatro (04) das notas sob esta rubrica serão revisadas: *§ 69, § 71, § 75* e *§ 113*, todas do *Caderno 3* (Quadro 6). Mas, afinal, do que tratam estas notas?

---

39 Q 3 § 69; Q 3 § 71; Q 3 § 75; Q 3 § 113; Q 5 § 142; Q 5 § 152; Q 6 § 157; Q 25 § 7.

QUADRO 6. **Relação da rubrica *Utopias e romances filosóficos* nos *Cadernos* em geral e no Caderno *especial* ou *monográfico 25***

RUBRICA UTOPIAS E ROMANCES FILOSÓFICOS NOS CADERNOS	RUBRICA UTOPIAS E ROMANCES FILOSÓFICOS NO CADERNO ESPECIAL OU MONOGRÁFICO 25
Q 3 § 69	*Q 3 § 69*
Q 3 § 71	*Q 3 § 71*
Q 3 § 75	*Q 3 § 75*
Q 4 § 113	*Q 3 § 113*
Q 5 § 142	
Q 5 § 152	
Q 6 § 157	
Q 25 § 7	
TOTAL: 8 notas ou parágrafos	TOTAL: 4 notas ou parágrafos

FONTE: Elaboração da autora (2023).

Através de um brevíssimo comentário, o *§ 69* inaugura o interesse de Gramsci em estudar a *Utopia* como gênero literário. Por esse motivo, assinala que as *Utopias e romances filosóficos* devem ser verificados na relação com o desenvolvimento da crítica política, mas "[...] especialmente com as aspirações mais elementares e profundas das multidões" (Gramsci, 2014b, *Q 3 § 69*, p. 347). Indica que é preciso estudar se existe um ritmo na aparição desses produtos literários, ou seja, se coincidem com determinados períodos históricos, se estão em sintonia com as mutações históricas, sinalizando a necessidade de compilar uma série de obras de *Utopias*, propriamente ditas, *romances filosóficos*, que são "[...] livros que atribuem a países distantes e desconhecidos [mas existentes] determinados costumes e instituições que se querem contrapor aos do próprio país" (Gramsci, 2014b, *Q 3 § 69*, p. 347-348).

Nos *§ 71*, *§ 75* e *§ 113*, Gramsci então tece comentários sobre diferentes "utopias", visto que nestas rubricas está, sobretudo, partindo do pressuposto inicial que a pouco advertimos: de interpretá-las como gênero literário! Por isso, no *§ 71* cita o artigo de Giuseppe Gabrieli, *Federico Cesi linceo*, de 1 de agosto de 1930; no *§ 75*, o de Enzio Chiòrboli sobre *Anton Francesco Doni*, de 1 de maio de 1928 e; no *§ 113*, referencia "A Tempestade", de Shakespeare e "Pensamentos e assuntos econômicos em Shakespeare", de Achille Loria. Como tais notas parecem estabelecer relação com as classes e grupos subalternos?

Estando todas presentes no *Caderno 3*, no primeiro momento em que são apresentadas nessa *miscelânea* não temos grandes evidências de como tais notas se relacionam com as classes e grupos subalternos. Afinal, nenhuma delas menciona ou faz referência a estes verbetes. Somente quando no *Caderno 25*, Gramsci as agrupa no *§ 7*, intitulado de "Fontes indiretas". As "utopias" e os chamados "romances filosóficos", é que podemos começar a levantar algumas hipóteses. Isso porque realizando algumas adições na segunda versão, como veremos mais adiante, semelhante ao que Gramsci aponta na nota sobre *Lazzaretti*, isso é, ao modo bárbaro com que as classes subalternas são representadas na literatura, o prisioneiro parece escolher rastrear as *Utopias e romances filosóficos* para verificar se elas vêm registrando as aspirações mais elementares e profundas das multidões.

O interesse de Gramsci em tratar das classes e grupos subalternos, segundo Green (2002), é triplo: a) quer produzir uma metodologia de historiografia subalterna; b) caracterizar a história das classes e grupos subalternos; c) elucidar uma estratégia política de transformação baseada na existência e vida do subalterno. Nessa perspectiva, a realização de críticas literárias e a busca pela representação das classes e grupos subalternos na literatura se constituem de parte integrante de seu trabalho de reconstrução da história destas classes e grupos e, por conseguinte, de produção de uma metodologia historiográfica. Mas, é claro que esse juízo só pode decorrer depois de chegarmos ao *Caderno 25* e atentarmos para os parágrafos que Gramsci reúne em seu escopo. Por ora, ainda no *Caderno 3*, quando nasce a rubrica *Utopias e romances filosóficos*, elas parecem indicar apenas breves comentários, registrando diversos apontamentos sobre obras variadas.

Após essa série de notas, a rubrica *História das classes subalternas* também volta a aparecer no *Caderno 3*, dessa vez no *§ 90*, o último sob esse título no conjunto da *miscelânea 3*. Sendo revisado no *Q 25 § 5*, se constitui de um dos parágrafos fundamentais para estruturar o debate sobre as classes e grupos subalternos.

Gramsci abre essa nota anunciando que a unificação histórica das classes dirigentes acontece no Estado e a história delas é sempre a história dos Estados e dos grupos de Estados: sua unidade é o resultado das "[...] relações entre *Estado e sociedade civil* [...]" (Gramsci, 2014b, *Q 3 § 90*, p. 372, grifo nosso). E continua: se as classes dirigentes têm sua unificação histórica no Estado, para as classes subalternas, ao contrário, esta unificação não ocorre, uma vez que sua história está entrelaçada a da sociedade civil, "[...] é uma fração desagregada desta" (Gramsci, 2014b, *Q 3 § 90*, p. 372).

De acordo com Liguori (2016), aqui, pela primeira vez a relação orgânica entre Estado e sociedade civil aparece, de maneira que Gramsci opõe "classes subalternas" a "classes dirigentes" e não mais "classes subalternas" a "classe dominante", como acontece no *Q 3 § 14*. Quanto às classes subalternas, Gramsci observa que estas permanecem no nível da sociedade civil, ou ainda, na periferia da sociedade civil.

Enquanto não elaborarem uma proposta de Estado, as classes subalternas permanecerão nessa condição: de fração desagregada da sociedade civil. Por isso, nesse parágrafo, Gramsci nos convida a estudar a linha de desenvolvimento destas classes, quer dizer, suas formas de manifestação, desde as mais primitivas até as mais avançadas, em direção a autonomia integral (Liguori, 2015). Para tanto, considera seis (06) pontos de estudos principais:

> 1) a formação objetiva do desenvolvimento e das transformações que ocorreram no mundo econômico, sua difusão quantitativa e origem de outras classes precedentes; 2) sua adesão passiva ou ativa as formações políticas dominantes, ou seja, sua tentativa de influir sobre os programas destas formações com reivindicações próprias; 3) o nascimento de novos partidos

da classe dominante para manter o controle sobre as classes subalternas; 4) as formações próprias das classes subalternas de caráter restrito e parcial; 5) as formações políticas que afirmam a sua autonomia, mas no velho quadro; 6) as formações políticas que afirmam a autonomia integral, etc (Gramsci, 2014b, *Q 3 § 90*, p. 372-373).

Para Gramsci, é o partido que deve auxiliar na conquista da autonomia integral das classes subalternas, sendo que "[...] a história de um Partido destas classes é muito complexa, pois deve incluir todas as repercussões de suas atividades para toda a área das classes subalternas como um todo: entre estas, uma já exercerá a hegemonia [...]" (Gramsci, 2014b, *Q 3 § 90*, p. 373).

Tomando como referência a história da burguesia que, segundo Gramsci, deve ser relacionada com as notas sobre o *Risorgimento* nacional, evidencia que a burguesia tomou o poder lutando contra determinadas forças sociais e sendo ajudada por outras: para conseguir se unificar no Estado, teve de eliminar as primeiras e obter o consenso ativo ou passivo das segundas. Por essa razão, afirma que o estudo do desenvolvimento das classes subalternas deve identificar as fases que tornaram possível a burguesia conquistar autonomia em relação aos futuros inimigos e, ao mesmo tempo, a adesão ativa ou passiva das outras forças que a ajudaram, sem as quais não poderia unificar-se no Estado. "O grau de consciência que *a burguesia alcançou nas várias fases mede-se precisamente por estes dois parâmetros* e não apenas pelo seu distanciamento da classe que a dominava" (Gramsci, 2014b, *Q 3 § 90*, p. 373, grifo nosso).

Com essas indicações, Gramsci parece pretender, a partir de apontamentos sobre a história da burguesia e sua unificação no Estado, retirar lições para a unificação das classes subalternas: estas só conseguirão se unificar na medida em que realizar o mesmo movimento empreendido pela burguesia, ou seja, quando possuir autonomia em relação aos "inimigos" (classe dominante) e conquistar "outras forças" para somar ao seu projeto. Sem essas, especialmente, como já indicou Gramsci, a unificação no Estado não acontece, permanecendo como uma fração desagregada da sociedade civil.

Ademais, quando afirma que entre as classes subalternas, uma exercerá a hegemonia, parece reconhecer que entre tais classes existem diferentes graus ou níveis de subalternidade. Afinal, se esses vários graus não existissem e fossem as classes subalternas um conjunto homogêneo, a sociedade civil seria um terreno de "domínio total" e não uma relação hegemônica constantemente renovada e, por isso mesmo, passível de modificação (Thomas, 2015).

Da mesma forma que a burguesia conseguiu opor-se a classe dominante e conquistar "outras forças", provou que entre o conjunto das classes até então subalternas, foi ela quem alcançou "certo grau de consciência" que tornou possível distingui-la das demais, exercendo entre elas, a hegemonia: não somente distanciou-se da classe que a dominava, mas aproximou-se das demais dominadas. Por isso, as indicações de Del Roio (2007) são, aqui, valiosas.

Também afirmando a continuidade das reflexões já iniciadas desde Alguns temas da questão meridional, a partir do balanço que realiza da experiência dos Conselhos de Fábrica durante o *biennio rosso*, Gramsci aprofunda nos *Cadernos* os caminhos para a revolução socialista na Itália, de modo a rever o meridionalismo e o seu "lugar" na transição socialista. Isso porque, assimilando a herança de Lênin por intermédio da experiência internacionalista de 1922, a traduz para a Itália: salvaguardar a revolução no país exigia a tradução da fórmula da frente única, o que no caso italiano não representava senão a defesa da aliança operário-camponesa! (Del Roio, 2007).

Nesse sentido, o "lugar" dos camponeses na revolução socialista, que já preocupava Gramsci pelas suas origens meridionais, é finalmente encontrado: no artigo de 1926, observa-se uma conexão entre a questão meridional e a frente única, uma vez que é o reconhecimento da questão meridional como questão nacional que torna possível empreender uma revolução socialista na Itália, devendo esta levar em conta o problema do campesinato. A luta revolucionária do proletariado não pode se fazer sem a aliança camponesa, visto que essa se constitui da maioria da população.

Para Del Roio:

> A fórmula política da frente única foi a chave para que Gramsci não só traduzisse Lênin para a particularidade da Itália, mas que pudesse encontrar um novo lugar para o campesinato na estratégia revolucionária. *Esse sujeito revolucionário*, tão importante quanto o peso econômico e demográfico que desempenhava, *foi, mais tarde — nos Cadernos do cárcere —, colocado num conjunto denominado como "classes subalternas"* (Del Roio, 2007, p. 66, grifos nossos).

Da reflexão gramsciana de 1926, vê-se um aprofundamento nos *Cadernos do Cárcere*, afinal, as classes subalternas são tematizadas na obra carcerária com vista a buscar respostas para as mesmas indagações que inquietavam Gramsci desde o período anterior: como incitar uma revolução socialista na Itália? Para tanto, caberia nos *Cadernos* através da tematização das classes subalternas saber quais eram os possíveis aliados da classe operária na transição socialista (Del Roio, 2007).

> Seria apenas o campesinato? Ou o campesinato seria tão diverso em sua formação cultural, em seu folclore, que nem analítica e nem politicamente poderia ser visto como uma entidade exatamente homogênea, até mesmo por ser uma classe de transição, uma classe do pré-capitalismo que deveria ser colaboradora da transição socialista, conforme havia demonstrado a elaboração do último Lênin? Mais amplamente, seria ainda de se questionar o quanto haveria de particularidades nos diferentes estratos camponeses herdado da época feudal na Europa ou se o chamado campesinato das vastas zonas coloniais não teriam também sua enorme diversidade? (Del Roio, 2007, p. 70).

Pode-se dizer que, para Del Roio (2007), a chave interpretativa para as classes subalternas no pensamento gramsciano é, pois, recuperar a continuidade sem rupturas entre o período pré-carcerário e carcerário e buscar a diversidade de grupos sociais que a compõe, dado que as classes subalternas não se reduzem apenas ao proletariado e ao campesinato. Nessa perspectiva, no cárcere, Gramsci não nega a fórmula da frente única expressa na aliança operário-camponesa, mas trata de desenvolvê-la e aprofundá-la, buscando compreender a) quem são e; b) como se caracterizam os grupos subalternos em seu conjunto que, com a direção da classe operária, "[...] uma classe subalterna particular" (Del Roio, 2007, p. 72), devem lutar contra o capitalismo e construir uma nova hegemonia.

Para Liguori (2011), Gramsci não se utiliza de "classes subalternas" para se referir somente à proletariado. Considerando que ambas não podem ser compreendidas como expressões substitutas, é possível dizer que, em Gramsci, a noção de classes subalternas perpassa pela diversidade de extratos que compõem o seu conjunto. Não obstante, se ora identifica-se que "classes subalternas" é um termo empregado em algumas notas para se referir diretamente à proletariado, em outras, Gramsci também está pretendendo se referir a um outro conjunto de grupos: aqueles mais marginais e periféricos.

Em outras palavras, isso significa que "classes subalternas" por vezes aparece na redação de Gramsci como uma referência direta ao proletariado e, por vezes, como referência aos grupos sociais marginais e periféricos que não estão necessariamente identificados no conjunto geral do proletariado, mas cuja condição em comum de subalternidade os entrelaçam e os extrapolam (Liguori, 2011).

Por esse motivo, as classes subalternas não são homogêneas: comportam diferentes níveis de subalternidade, porque também o seu conjunto é bastante diverso. Como indica Modonesi (2010), a dominação que é imposta aos subalternos atinge a sua experiência e condição subjetiva, apropriando-se de diferentes formas de seu substrato subjetivo — daí que a possibilidade de diversos "níveis" de subalternidade, a depender do grau de apropriação deste substrato.

A considerar a variedade de estratos que compõe o conjunto das classes subalternas, Liguori (2016) identifica no pensamento de Gramsci dois grandes grupos que o integram: o mais "avançado", que corresponde a classe "fundamental" ou "instrumental", ou seja, o próprio proletariado; e a parte mais "marginal e periférica" — grupos cuja dominação política e cultural lhe incidem de tal maneira que não conseguem questionar e, mesmo, formular uma crítica coesa a concepção de mundo e cultura existentes, não conseguindo sair sozinhos de sua condição, necessitando, dessa maneira, da parte mais "avançada" da classe. Por isso, no *Q 3 § 48*, por exemplo, Gramsci faz referência a espontaneidade entrelaçada a *história das classes subalternas* e de seus elementos mais marginais e periféricos, sendo que, dentre o conjunto das classes subalternas, a parte mais "avançada" (proletariado) exercerá a hegemonia, devendo conquistar as demais forças (marginais e periféricas), dotando-as e educando-as de uma direção consciente através da qual poderão construir uma nova hegemonia e unificar-se no Estado — semelhante ao movimento realizado pela burguesia.

No entanto, quando julga no *Q 3 § 90* que a história da burguesia deve ser lida em conjunto com as notas sobre o *Risorgimento*, Gramsci assinala que a italiana, particularmente, não conseguiu unificar seu povo: seu egoísmo a distanciou da revolução rápida e vigorosa como a francesa. E considera: "Aqui está uma das questões mais importantes e uma das causas da dificuldade em escrever a história das classes subalternas" (Gramsci, 2014b, *Q 3 § 90*, p. 373).

Se a noção de Estado nesse parágrafo pode começar a ser observada, uma vez que as classes dirigentes aparecem em relação ao Estado e a sociedade civil, fornecendo "pistas" para o tratamento posterior sobre o Estado integral, também a noção de revolução passiva parece começar aqui a se desenvolver, já que Gramsci indica e contrapõe, ainda que brevemente e sem maior adensamento, o papel desempenhado pela burguesia italiana no *Risorgimento* e a forma como ocorreu a Revolução Francesa. Para Thomas (2015, p. 88), "[...] o tema da subalternidade é um dos termos por meio dos quais Gramsci esclarece para si o significado político dos conceitos de Estado integral e revolução passiva".

Dos parágrafos do *Caderno miscelâneo 3*, dois outros ainda serão reelaborados na forma do *Caderno 25*: os *§ 98* e *§ 99*, ambos agrupados no *Q 25 § 6*. Intitulados de *"Spartaco e La legge del numero"*[40] respectivamente, se constituem de notas compostas por apenas um parágrafo em que trata dos escravos em Roma.

Na primeira, sinaliza o núcleo de escravos que se revoltaram com Espártaco e, na segunda, a seguinte anotação é registrada na nota: "Em Roma, os escravos não podiam ser reconhecidos como tal. Quando um senador certa vez propôs que os escravos recebessem roupas distintas, o Senado se opôs à medida, *por temer que os escravos se tornassem perigosos se soubessem de seu grande número*" (Gramsci, 2014b, *Q 3 § 99*, p. 377, grifo nosso).

Como se vê, em ambas as notas Gramsci não faz referência aos verbetes de classes e grupos subalternos, mas as compila no *Caderno* monográfico dos grupos sociais subalternos. Aparentemente, ainda no *Caderno 3*, tais parágrafos não representam grandes indicativos a respeito da temática. Mas, quando observamos a sua presença no *Caderno 25*, podemos verificar uma certa tendência: Gramsci está realizando suas reflexões teóricas depois de registrar históricos! (Semeraro, 2014b).

Como ocorre na nota de David Lazzaretti, Gramsci menciona um dado movimento histórico e, em sequência, realiza observações. Não por acaso, no *Caderno 25*, além do episódio *lazzarettista*, encontramos referência às classes populares nas Comunas italianas e aos escravos em Roma. Veremos posteriormente como estas notas, em particular, são acrescidas quando de sua segunda redação por parte de Gramsci.

---

40 "A lei dos números".

Por ora, cabe mencionar que esse percurso no *Caderno 3*, especialmente, nos parágrafos que serão reelaborados no *Caderno 25*, assim como naqueles cujos verbetes classes e grupos subalternos estão presentes, já nos fornece um impulso para compreender como a temática tem a sua gênese no pensamento gramsciano. No apanhado geral deste *Caderno* que marca o nascimento das classes subalternas, encontramos diversas reflexões: sobre episódios históricos; características das classes subalternas e necessidade de sua unificação no Estado; indicações bibliográficas para verificar se estas registram os interesses e aspirações das classes subalternas.

A partir destas abordagens, quando verificamos sua reorganização no *Caderno 25*, podemos constatar, de fato, o interesse triplo de Gramsci, como já sinalizou Green (2002), nas classes e grupos subalternos: resgatando contextos históricos, econômicos e políticos, quer saber como os subalternos se constituem como categoria historicamente determinada e como são representados na literatura, de maneira a valorizar a produção de uma história integral das classes subalternas, destacando os seus traços de iniciativa autônoma e, por conseguinte, fornecendo uma metodologia para a historiografia subalterna. Além disso, (re)vendo o conjunto das relações econômicas, políticas, sociais e culturais, a Gramsci também interessa, afora destacar a marginalização que incide sobre as classes subalternas na historiografia, a marginalização que estão submetidas na vida e existência concreta. Para tanto, a reflexão sobre as classes e grupos subalternos e, por conseguinte, sobre a subalternidade, tem em vista contribuir para a formulação e reivindicação de uma estratégia política revolucionária. Aliás, é esta exata conexão no pensamento político gramsciano entre classes subalternas e Estado, sociedade civil e hegemonia que, segundo Buttigieg (1999), articula seu núcleo revolucionário, de modo que as classes subalternas fazem parte não somente de uma reflexão sobre a historiografia, mas, sobretudo e inclusive, de uma estratégia política em diálogo com os polêmicos debates sobre a transição.

O que dizem as demais *miscelâneas*?

Se o *Caderno 3*, como pudemos ver, introduz elementos que alicerçam o desenvolvimento da categoria classes e grupos subalternos no pensamento de Gramsci, antes de avançarmos em direção ao *Caderno 25* e verificar as adições, modificações e/ou agrupamentos realizados pelo prisioneiro em 1934, vale realizar um percurso nas demais *miscelâneas* que, constituídas em sua maioria de notas de texto A e B, versam sobre o sentido "figurado" atribuído às classes subalternas.

Para tanto, já sabemos que além do *Caderno 3*, nas *miscelâneas 4, 6, 7, 8, 9, 14* e *15*, também estão contidos parágrafos cuja menção aos verbetes relacionados ao tema se fazem presentes: Gramsci está ali, de certa maneira, fazendo referência a proposta das classes e grupos subalternos. Mas, afinal, o que dizem as demais *miscelâneas*?

A começar pelo *Caderno 4*, no *§ 38* Gramsci está citando "agrupamento subalterno" e "grupo social subalterno" no contexto das relações entre sociedade civil e sociedade política e no *§ 87* está fazendo referência a Dante. O *§ 38* constituiu-se de uma nota de texto A, reelaborada nos *Q 10 § 12* e *Q 13 § 17* e *§ 18* e, o *§ 87* corresponde a uma nota de texto B.

Intitulado de "*Rapporti tra struttura e superstrutture*"[41], o *§ 38* inicia afirmando o "problema" das relações entre estrutura e superestrutura, considerado como crucial para o materialismo histórico, segundo Gramsci. E continua: "Elementos para orientar-se: 1°) o princípio de que 'nenhuma sociedade' se propõe a tarefas para cuja solução não existam já as condições necessárias e suficientes [...] e 2°) que 'nenhuma sociedade' se dissolve se primeiro não desenvolveu todas as formas de vida que estão implícitas em suas relações [...]" (Gramsci, 2014b, *Q 4 § 38*, p. 455). Destes dois princípios, pode-se extrair cânones para uma metodologia histórica: no estudo da toda

---

41 "Relações entre estrutura e superestrutura".

e qualquer estrutura é necessário distinguir o que permanente e o que é ocasional, sendo que, "[...] o que é ocasional serve para julgar grupos políticos e personalidades, o que é permanente para julgar grandes agrupamentos sociais" (Gramsci, 2014b, *Q 4 § 38*, p. 455).

Para tanto, quando se pretende estudar um dado período histórico, por exemplo, é necessário saber realizar essa distinção entre ocasional e permanente, uma vez que se existe uma crise que dura "dezenas de anos", isso significa que as contradições se tornaram insanáveis no âmbito da estrutura: se existem ainda forças políticas que vão operar em direção a preservação e conservação da estrutura, tal esforço forma apenas o terreno ocasional, pois já existem condições necessárias e suficientes para que as tarefas sejam resolvidas (Gramsci, 2014b).

Por isso, para Gramsci (2014b), o erro consiste em não saber encontrar a relação entre o que é permanente e o que é ocasional na análise histórica, sendo que, no primeiro caso, causas remotas são tomadas como imediatas e, no segundo, as imediatas são tomadas como eficientes. No primeiro caso, temos um excesso de economicismo e, no segundo, de ideologismo, pois há, de um lado, uma superestima das causas mecânicas e, de outro, do elemento voluntário. Gramsci defende antes que há um nexo dialético entre estas duas ordens e esse pode ser melhor explicado se aplicado ao estudo dos eventos históricos concretos.

Assim, tomando como referência os eventos na França entre 1789 e 1870, Gramsci mostra que, entre 1870-1871, com a experiência da Comuna, os germes semeados em 1789 parecem ter sido esgotados: "[...] não só a nova classe que luta pelo poder derrota os representantes da velha sociedade que não quer confessar-se definitivamente superada, mas também derrota os novíssimos grupos que consideram já superada a nova estrutura surgida da transformação de 89 [...]" (Gramsci, 2014b, *Q 4 § 38*, p. 456).

A história da França após 1789 e, mais exatamente, as contradições internas de sua estrutura, devem ser estudadas de maneira a buscar a relação entre os elementos permanentes e ocasionais, em direção a compreensão das relações de forças. Aqui, Gramsci (2014b) adverte que frequentemente as relações de forças são caracterizadas de forma muito genérica, isso é, como favorável ou desfavorável. Para ele, ao contrário, nas relações de forças pode-se identificar e distinguir três momentos ou graus: 1) aquele ligado a estrutura em que, com base no grau de desenvolvimento das forças materiais de produção, organizam-se os agrupamentos sociais, representando uma função e posição na produção; 2) um momento posterior relacionado a política, que representa o grau de homogeneidade, assim como de autoconsciência alcançados pelos agrupamentos sociais. Por sua vez, esse grau também pode ser organizado em diferentes momentos: a) o primeiro, mais elementar, é o econômico-corporativo, que corresponde ao momento em que um comerciante se solidariza com outro comerciante, um certo fabricante se solidariza com o outro etc. Gramsci indica que nessa fase há uma unidade entre o grupo profissional, mas não entre todos os membros do mesmo agrupamento social e isso acontece somente no campo puramente econômico; b) o segundo momento é a fase econômico-política, em que, pelo contrário, aqui já se observa uma solidariedade entre todos os membros do agrupamento social, mas ainda no campo igualmente econômico. É nessa fase em que se coloca a questão do Estado, porém no terreno da igualdade política, isso é, reivindica-se pela participação na administração, pela reforma e modificação na legislação etc.; c) o terceiro momento é aquele que ultrapassa os limites dos interesses corporativos, avançando para a fase puramente política, reunindo interesses de vários agrupamentos subordinados, demarcando a passagem da estrutura para as superestruturas complexas. É a fase em que "[...] as ideologias germinadas anteriormente entram em contato [...] até que apenas uma delas, [...] tenda a prevalecer, [...] determinando não só a unidade econômica e política, mas [...] a unidade intelectual e moral, em um nível não corporativo, universal, de hegemonia de um agrupamento social fundamental sobre os argumentos subordinados" (Gramsci, 2014b, *Q 4 § 38*, p. 456-457). Gramsci (2014b) expõe que o Estado-governo é um organismo próprio de um agrupamento social para criar o terreno e as condições favoráveis a sua máxima expansão, mas também essa expansão materializa os interesses do grupo fundamental até certo ponto, pois também incorpora interesses dos agrupamentos subordinados; 3) finalmente, o terceiro momento ou grau das relações de forças corresponde às forças militares, sendo que um dado desenvolvimento histórico oscila entre o primeiro e terceiro momento, mediado pelo segundo, quer dizer, a "[...] relação social de forças se transforma em relação política de forças para culminar na relação militar decisiva" (Gramsci, 2014b, *Q 4 § 38*, p. 460).

Na continuação desse extenso parágrafo, Gramsci coloca em destaque o movimento do livre cambismo e do sindicalismo teórico, ambos considerados como expressões do economicismo. Mas, Gramsci também indica que, enquanto o primeiro pertence a um agrupamento dominante, o segundo é próprio de um agrupamento subalterno. No primeiro caso (do livre cambismo), especula-se que há "[...] uma distinção entre sociedade política e civil e se afirma que a atividade econômica é própria da sociedade civil e a sociedade política não deve intervir em sua regulação" (Gramsci, 2014b, *Q 4 § 38*, p. 460). Contrário a esta premissa liberal, Gramsci realiza, na sequência, um registro importante: a advertência de que a distinção entre sociedade civil e política é apenas metódica e não orgânica, uma vez que na vida histórica concreta sociedade política e civil são "a mesma coisa".

Para o livre cambismo, próprio do agrupamento dominante, esse quer modificar a sociedade política, mas somente em sua legislação comercial e industrial. Para esse grupo, a grande questão está na rotação do poder governamental, alternando as frações do grupo dominante em sua instância, sendo que a centralidade nunca está na organização de uma nova sociedade política, tampouco de um novo tipo de sociedade civil.

O sindicalismo teórico, próprio do agrupamento subalterno, expressa tal agrupamento, mas ainda em sua fase econômico-corporativa, haja vista que não consegue ainda "[...] ascender à fase *de hegemonia político-intelectual na sociedade civil e tornar-se dominante na sociedade política*" (Gramsci, 2014b, *Q 4 § 38*, p. 460, grifo nosso).

Dessas expressões de economicismo, é importante evidenciar que a hegemonia já pressupõe, como ressalta Gramsci (2014b), que sejam levados em conta os interesses dos diversos agrupamentos sob os quais ela será exercida, visto que a hegemonia exige um certo "equilíbrio": o agrupamento hegemônico precisa realizar sacrifícios, ainda que não possa sacrificar o "essencial".

Nesse parágrafo (apesar de algumas modificações posteriores quando de sua segunda versão), segundo Thomas (2015), a dialética identidade-distinção entre sociedade política e civil se esboça, permitindo a Gramsci teorizar, posteriormente, sobre o Estado integral. Além disso, sob a mirada do recorte das classes e grupos subalternos, embora sua centralidade não seja discorrer sobre tais classes e grupos, Gramsci nos fornece aqui importantes indicações de sua relação com a sociedade política e civil.

Se no *Caderno 3*, já demonstrou que a unificação das classes subalternas não acontece (e, por conseguinte, para que pudesse vir a acontecer, estas precisariam se unificar no Estado), no *§ 38* do *Q 4*, Gramsci começa a discorrer a respeito das relações de forças. A partir delas, podemos tomá-las como "ponto de referência" para a atividade das classes e grupos subalternos que se pretendem fazer unificadas no Estado: devem transitar da fase econômico-corporativa para a fase política (ou, como modificará no *Caderno 13*, para a ético-política) para superarem a condição de subalternidade a que estão inscritas.

Não obstante, esta transição ou "autoconsciência" alcançada pelo "agrupamento subalterno", tem em vista o "exercício da hegemonia político-intelectual na sociedade civil até tornar-se dominante na sociedade política" — estas tomadas distintamente somente como critério metodológico. Afinal, se a *história das classes subalternas* é uma fração desagregada da sociedade civil, para deixar de sê-lo, é preciso que se organizem para além de um "nível corporativo" e, portanto, "universal, de hegemonia": esta condição é imprescindível e precedente das relações de forças até estas culminarem nas forças de caráter militar "decisivas".

Ao consultarmos o *Q 4 § 87*, sem título atribuído, atentamos que Gramsci registra um breve comentário sobre o *Canto X* de Dante. Afirma que o melhor modo de se apresentar observações sobre o *Canto decimo* parece ser justamente o mais polêmico: demonstrar que os representantes de um grupo social subalterno podem fazer um "alvoroço". Sem maiores indicações, Gramsci continua o parágrafo realizando comentários sobre o personagem Rastignac.

No *Caderno 6*, duas notas de texto B também fazem referência às classes subalternas: os *§ 98* e *§ 125*. O primeiro, intitulado "*I costumi e leggi*"[42], apresenta indagações sobre a relação entre as leis e os costumes. Segundo Gramsci (2014b), é muito difusa a opinião de que as leis devem ser precedidas pelos costumes e essa só é eficaz na medida em que sanciona os próprios costumes. Mas, não obstante, no desenvolvimento da história real do direito não é isso que se observa: existe sempre uma luta desse para se afirmar que, na realidade, corresponde a luta pela criação de um novo costume.

Também, para Gramsci (2014b), a afirmação de que o direito é uma expressão integral de toda a sociedade é falsa, visto que a lei não expressa a sua totalidade, "[...] *mas sim a classe dirigente*, que 'impõe' a toda a sociedade aquelas normas de conduta que estão mais ligadas à sua razão de ser e ao seu desenvolvimento" (Gramsci, 2014b, *Q 6 § 98*, p. 773, grifo nosso). E indica: a função máxima da lei é pressupor que todos os cidadãos devem aceitar livremente o conformismo, "[...] já que todos podem se tornar membros da classe dirigente; ou seja, *no direito moderno está implícita a utopia democrática do século XVIII*" (Gramsci, 2014b, *Q 6 § 98*, p. 773, grifo nosso).

---

42 "Os costumes e as leis".

Com o nascimento e desenvolvimento das desigualdades, o caráter obrigatório da lei tende a se expandir, aumentando a intervenção estatal e a obrigação jurídica. Embora o conformismo a que se pretende o direito moderno deva ser "livre e espontâneo", isso é, por adesão voluntária dos cidadãos às normas de conduta, trata-se, para Gramsci (2014b), de outra coisa: "[...] de reprimir e sufocar um direito nascente [ou que poderia nascer]" (Gramsci, 2014b, *Q 6 § 98*, p. 773). Na sequência da nota indica que: "O argumento se enquadra naquele mais geral das diferentes posições que as classes subalternas tiveram antes de se tornarem dominantes" (Gramsci, 2014b, *Q 6 § 98*, p. 773, grifo nosso), observando que determinadas classes subalternas devem ter um longo período de intervenção jurídica rigorosa, ao contrário de outras. Para algumas classes, a "expansividade" nunca cessa até "a completa absorção na sociedade", para outras, a expansividade é seguida de um período de repressão.

No *Q 6 § 125*, intitulado de *"Riviste-tipo". "Storia e progresso"*[43], as observações registradas por Gramsci em redação única é por demais interessante para podermos acompanhar seus pensamentos e, mesmo, diálogos. Ao questionar-se sobre a história e afirmar que essa atingiu certa etapa e estágio de desenvolvimento, entende que os movimentos que se colocam em contraste ou oposição a esse estágio se constituem de anti-históricos. Quando tendem, ao contrário, a reproduzir uma etapa anterior, muito se fala em reação.

Essas questões, conforme Gramsci (2014b), só surgem quando não se concebe a história como uma história de classes: quando uma classe atinge um certo estágio de desenvolvimento, constrói uma certa forma de vida estatal. E se pergunta: é possível então dizer que a classe dominada, aquela que se organiza e insurge, rompendo com a realidade até então existente, é reacionária? A resposta vem na sequência: "O Estado unitário foi um progresso histórico, necessário, mas

---

43 "Revistas-tipo. História e progresso".

não se pode [...] dizer que todo movimento que tenda a superar os Estados unitários seja antihistórico e reacionário" (Gramsci, 2014b, *Q 6 § 125*, p. 794).

A partir desse argumento, destaca o papel dos intelectuais no século XVIII, que atingiu grau máximo de cosmopolitismo, e acrescenta que se a classe dominante pode até ser cosmopolita "por programa e destino histórico", estando mais próxima das outras classes dominantes, o que não ocorre com as classes subalternas, pode não ser cosmopolita por seus costumes e cultura.

Apesar de concluir o parágrafo com esta redação, é interessante as reflexões que a partir daí podemos construir. O cosmopolitismo está juntamente com o nacional-popular, como uma dupla de opostos, pretendendo referir-se ao caráter não nacional dos intelectuais, especialmente, italianos: é o que marca, na Itália, a separação entre classes cultas e populares.

Se o cosmopolitismo é parte integrante da história italiana, uma vez que o *Risorgimento* não levou adiante um verdadeiro projeto nacional popular (Durante, 2017), quando Gramsci finaliza o *§ 125* aludindo para a proximidade entre as classes dominantes, reforça que entre as classes subalternas isso não ocorre. Parece que aquele intenso estado de desagregação, uma das características das classes subalternas, tende a ser aqui evidenciado na nota em questão, uma vez que essas devem atingir certo estágio de desenvolvimento para poder criar uma nova forma de vida estatal — uma tarefa ainda a ser construída.

Nos parágrafos *§ 22* e *§ 51* do *Caderno 7*, expressões como "classes produtoras subalternas" e "classes subalternas" aparecem através de registros brevíssimos de Gramsci. No primeiro, intitulado de "*Teoria dei costi comparati [e decrescenti]*"[44], nota de texto B, ressalta e indica apenas a necessidade de comparar esta teoria (dos custos compa-

---

44 "Teoria dos custos comparados [e decrescentes]".

rados e decrescentes) com a teoria marxista do valor a fim de verificar porque ambas não correspondem. Ao final, entre parênteses, acrescenta: "[...] despojada [a teoria dos custos] de qualquer energia política para as classes produtoras subalternas)" (Gramsci, 2014b, *Q 7 § 22*, p. 870). Aqui, "classes produtoras subalternas" parece fazer referência ao proletariado.

No *§ 51*, encontramos mais uma rubrica *História das classes subalternas*. Nessa nota de texto B, questiona-se se o elemento de luta "racial", intrínseco a luta de classes na França por Thierry, teve importância e qual teria sido sua determinação para a matriz nacionalista dos movimentos das classes subalternas na França. Finaliza o parágrafo pontuando que o "[...] 'galicismo' operário de Proudhon deve ser estudado como a expressão mais completa da tendência democrático-galicística representada pelos romances populares de Eugene Sue" (Gramsci, 2014b, *Q 7 § 51*, p. 897).

O *Caderno 8* apresenta para a temática das classes e grupos subalternos questões essenciais. Através dos *§ 153* e *§ 205*, Gramsci coloca o tema em relação a consciência histórica de tais classes e a filosofia, respectivamente. Ambas são de notas de texto C, sendo o *§ 153* reelaborado no *Q 16 § 12* e o *§ 205* no *Q 11 § 12*. Apesar disso, vale aqui verificar suas primeiras versões, pois Gramsci já anuncia e inaugura algumas novas determinações.

No *§ 153*, intitulado de "*Argomenti di coltura. Contro natura, naturele, ecc.*"[45], observa que as relações sociais são contraditórias. De igual modo, a consciência histórica dos homens também o são. O problema deve ser traduzido, portanto, em como essa contraditoriedade se manifesta. Para Gramsci (2014b), "*Nos grupos subalternos, pela ausência de iniciativa histórica, a desintegração é mais grave*, é mais forte a luta para libertar-se dos princípios impostos e não propostos autonomamente, para a obtenção de uma consciência histórica autônoma" (Gramsci, 2014b, *Q 8 § 153*, p. 1033, grifo nosso).

---

45 "Temas de cultura. Contra a natureza, natural etc.".

A desintegração, a ausência de iniciativa histórica, parecem fazer parte daquele conjunto que integram as características das classes subalternas. Por isso, a constituição de uma consciência histórica autônoma e, portanto, de princípios propostos autonomamente é mais difícil e mais árdua de ser alcançada pelos grupos subalternos. Aqui é importante sinalizar que, embora seja "mais forte a luta para libertar-se dos princípios impostos", Gramsci não afirma que é impossível, haja vista que está pensando em como tais grupos podem deles se libertar. Por esse motivo, em seguida se pergunta: como esta consciência histórica autônoma se formará? Quais são os elementos que a comporão? Todo elemento "imposto" deverá ser repudiado *a priori*?

Antes de continuarmos na exposição da nota, é preciso realizar uma indicação imprescindível: se até então observamos que Gramsci emprega expressões como "classes subalternas", "agrupamento subalterno" e "classes produtoras subalternas", no *Q 8 § 153* é a primeira vez que utiliza o verbete "grupos subalternos". A expressão mais próxima a "grupos subalternos" que referencia é a do *Q 4 § 87*, quando menciona "grupo social subalterno". No entanto, esse é um parágrafo que não introduz grandes novidades na caracterização do tema no pensamento gramsciano, visto que está se referindo a Dante e realizando um breve comentário sobre o *Canto X*. Mas, a partir do *Caderno 8*, a menção a "grupos subalternos" se torna mais frequente, ainda que convivendo ao lado da adoção da expressão "classes subalternas". O que essa possível mudança de classes subalternas para grupos subalternos pode representar? Vejamos como esse verbete passa, a partir daqui, a ser utilizado na redação de Gramsci, de modo que, mais adiante, podemos sinalizar algumas considerações.

Retornando ao parágrafo *§ 153*, Gramsci revela que a construção de uma consciência histórica autônoma deverá repudiar o caráter "imposto" dos princípios, mas não propriamente o princípio "em si". Isso porque é preciso dar-lhes uma nova forma para que esteja vinculado ao grupo que se pretende e dá o seguinte exemplo: "Que a educação seja 'obrigatória' não significa que deve ser repudiada: é preciso fazer 'liberdade' do que é 'necessário' [...]" (Gramsci, 2014b, *Q 8 § 153*, p. 1033). Por isso, uma "necessidade objetiva" é acompanhada da "universalidade do princípio moral", já que também situa "[...] um certo modo de comportar-se, uma certa educação, uma certa civilização" (Gramsci, 2014b, *Q 8 § 153*, p. 1033).

No *§ 205* do *Q 8*, intitulado de "*Determinismo meccanico e attività-volontà*"[46], Gramsci redige sobre o estudo de Mirskij acerca das recentes discussões filosóficas e, mais precisamente, sobre como se deu a transição de uma concepção "mecanicista" para uma ativista e, por isso mesmo, contrária ao mecanicismo. Conforme Gramsci (2014b), o elemento "determinista, fatalista, mecanicista" era uma mera ideologia, "uma superestrutura imediatamente transitória", justificada pelo caráter subalterno de determinados estratos sociais. Quando falta iniciativa na luta, o determinismo mecânico torna-se uma formidável força que se instala: "Estou derrotado, mas a força das coisas funciona para mim a longo prazo" (Gramsci, 2014b, *Q 8 § 205*, p. 1064).

Aqui, ainda que não mencionando a "filosofia da práxis", Gramsci parece realizar anotações que vão indicando como a filosofia ou concepção de mundo das classes e grupos subalternos possuem um elemento determinista, fatalista, mecanicista. Mas, por outro lado, tal filosofia também se coloca enquanto uma superestrutura imediatamente transitória, porque "[...] *quando o subalterno se torna dirigente e responsável*, o mecanicismo aparece antes ou depois como um perigo imanente, *ocorre uma revisão de todo o modo de pensar porque se produziu uma mudança no modo de ser* [...]" (Gramsci, 2014b, *Q 8 § 205*, p. 1064, grifos nossos).

Certamente essa passagem representa o quanto às classes e grupos subalternos a partir da ótica de Gramsci podem ultrapassar a concepção (de mundo) mecanicista para uma ativista. Porém, isso implica na revisão de todo o modo de pensar. Afinal, continua:

---

46 "Determinismo mecânico e atividade-vontade".

"[...] se o 'subalterno' foi uma 'coisa' ontem, hoje já não é mais uma 'coisa', mas uma 'pessoa histórica' [...] Há sempre uma parte do todo que é 'sempre' dirigente e responsável, e a filosofia da parte precede sempre a filosofia do todo como antecipação histórica" (Gramsci, 2014b, *Q 8 § 205*, p. 1064, grifo nosso).

Esse fragmento é por demais interessante! Quando o subalterno passa a condição de dirigente e responsável, se coloca como pessoa histórica. Gramsci está identificando que, no conjunto daquela filosofia do todo, caracterizada pelo elemento determinista, fatalista, mecanicista, existe também uma parte que se apresenta como dirigente e responsável. Essa parte é a antecipação histórica presente na filosofia do todo! Parece-nos aqui que Gramsci está considerando os diferentes graus ou níveis de subalternidade, exatamente porque a parte dirigente e responsável parece ser o núcleo de resistência ativa dos subalternos.

Esse parágrafo também introduz uma importante observação: de acordo com Liguori (2016), uma passagem linguística é realizada por Gramsci. Se até então "subalternas/os" foi empregado como adjetivo para "classes e/ou grupos" e geralmente na forma do plural, pela primeira vez no *Q 8 § 205* verifica-se o emprego do termo "subalterno" no substantivo e no singular. O "sujeito" a quem se atribui a característica de "subalterno" nesse certo ponto da reflexão carcerária, não é mais e somente uma classe ou grupo social, mas torna-se um sujeito singular. Isso indica, na perspectiva de Liguori, que ocorre uma extensão e ampliamento do uso do termo, em que Gramsci está identificando o sujeito "subalterno" como aquele submetido a uma dominação, sobretudo, cultural, que falha em historicizar as concepções de mundo e culturas existentes com as quais entra em contato. O "subalterno", por isso, está envolto nessa dominação cultural e, em parte, também psicológica, daí que, quando Gramsci no *Q 3 § 48* já menciona as classes subalternas e os seus elementos mais marginais e periféricos, parece que o "subalterno" no singular é integrante da parte mais marginal e periférica do conjunto das classes subalternas, aquele que não consegue sair sozinho de sua condição.

Vê-se, portanto, que no *Caderno 8* duas tendências surgem na redação gramsciana: a) o termo "grupos subalternos" passa a ser empregado; b) ao passo em que "subalterno" ascende na composição das notas carcerárias.

No *Caderno 9*, quatro (04) notas registram a menção aos verbetes relacionados ao tema: os *§ 64 e § 68* concentram notas de texto A que serão reelaboradas, respectivamente, nos *Q 13 § 33* e *Q 13 § 36*; o *§ 67*, de redação única e o *§ 81*, de texto A, que Gramsci revisará no *Q 25 § 1*.

Intitulado de "*Machiavelli (storia delle classe subalterne) Importanza e significato dei partiti*"[47], no *§ 64*, Gramsci destaca a história dos partidos políticos e pergunta-se: como escrevê-la? Como será a sua narração? Para ele, sua história deverá se inscrever no quadro mais amplo, dado que não deve ficar restrita a contar a história de pequenos grupos intelectuais e a biografia política de determinadas personalidades. Se é certo que a história de um partido é a história de um grupo social específico, esse grupo "[...] não está isolado na sociedade, tem amigos, parentes, adversários, inimigos" (Gramsci, 2014b, *Q 9 § 64*, p. 1135), de modo que escrever a história de um partido significa escrever a história geral de um país, já que sua maior ou menor importância e significado são medidos pela atividade e peso que tem na determinação histórica deste país.

No *§ 68*, intitulado de "*Machiavelli. Centralismo organico e centralismo burocrático*"[48], aqui, a questão relativa à organização dos partidos é discutida, tendo como base o centralismo orgânico e o burocrático. Para Gramsci (2014b), o centralismo orgânico é necessário na medida em que representa um "centralismo em movimento", ou seja, uma adaptação contínua ao movimento histórico e real. Ao contrário, o centralismo burocrático é aquele em que prevalece uma

---

47 "Maquiavel (história das classes subalternas). Importância e significado dos partidos".

48 "Maquiavel. Centralismo orgânico e centralismo burocrático".

"posição unilateral", que remete a um programa de dominação, cujo grupo privilegiado tende a perpetuar os seus privilégios, sufocando as forças opostas.

"Nos partidos que representam os grupos socialmente subalternos, o elemento de estabilidade representa a necessidade orgânica de garantir a hegemonia não de grupos privilegiados: mas de forças sociais progressistas [...]" (Gramsci, 2014b, *Q 9 § 68*, p. 1139). O centralismo orgânico no partido é aquele que contribui, pois, para a unidade entre teoria e prática, intelectuais e massa, governantes e governados.

A importância do papel do partido político no pensamento gramsciano já é manifestada desde o período pré-carcerário. A preocupação com a sua estrutura e a função dos intelectuais aparecem já nas polêmicas com o PSI e, posteriormente, com o PCdI. Como mostra Buttigieg (1999), no cárcere, a estreita relação entre os grupos subalternos e o partido político também está presente, uma vez que, ao rastrear a genealogia do conceito gramsciano de subalterno/subalternidade, é possível observar que esse perpassa necessariamente por considerações de caráter político, em que o partido assume papel relevante na transformação social: ele é, afinal, o organismo coletivo da sociedade moderna que sintetiza os germes da vontade coletiva, alimentando o "espírito de cisão".

Se essas duas notas em questão do *Caderno 9*, os *§ 64* e *§ 68*, remetem a relação entre classes e grupos subalternos e partido político, o *§ 67*, de redação única, intitulado de *"Passato e presente"*[49], faz referência ao "trabalhador coletivo", contido no primeiro volume da "Crítica da Economia Política". Gramsci faz esta referência para "[...] convalidar a correspondência dos Conselhos [de Fábrica] com a análise 'do desenvolvimento do sistema de fábrica' realizada por Marx [...]" (Frosini, 2017, p. 776). Isso porque entende que, o encontro

---

49 "Passado e presente".

entre o desenvolvimento técnico e os interesses da classe dominante, é apenas uma fase histórica e transitória do desenvolvimento industrial. Por isso, essa conexão ou unidade pode ser dissolvida, de maneira a colocar-se associada a classe ainda subalterna, cabendo a esta tornar "subjetivo" aquilo que está dado "objetivamente" no âmbito da fábrica, ou seja, devem os trabalhadores fabris repensar a técnica produtiva, pressuposto para o trabalhador coletivo entendê-la e colocá-la como produção de objetos reais e sem fins lucrativos: é esse o amadurecimento histórico que deve ser empreendido pela classe subalterna que, precisamente, por esse motivo, não é mais subalterna, dado que "[...] demonstra que tende a sair de sua condição subordinada" (Gramsci, 2014b, *Q 9 § 67*, p. 1138).

Finalmente, o *§ 81* do *Q 9* é o parágrafo em que juntamente com o *Q 3 § 12*, será reagrupado no *Q 25 § 1*. Por isso, intitulado de "*Storia dele classi subalterne. David Lazzaretti*"[50], continua a tecer comentários sob o movimento *lazzarettista*, dessa vez, a partir de Giuseppe Fatini: toma a doutrina de Lazzaretti como uma mescla de doutrinas religiosas, com máximas socialistas e referências genéricas a redenção moral do homem, seguindo a mesma inspiração do *Q 3 § 12*, quer dizer, registrando fatos históricos a partir de determinados autores que, posteriormente, lhes servem de análise política.

A *miscelânea 14* registra os *§ 10*, *§ 34* e *§ 39*, compostos por notas de texto B, que versam a respeito das classes e grupos subalternos. No parágrafo *§ 10*, *Passato e presente*[51], Gramsci destaca o apoliticismo como caráter do povo italiano que deve ser estudado. Para ele, certamente, esse caráter é próprio das classes subalternas, isso é, das massas populares. Aqui, a equiparação nessa nota de texto B entre classes subalternas e massas populares é ressaltada, sendo o apoliticismo uma de suas características. E continua: nos estratos que são supe-

50 "História das classes subalternas. David Lazzaretti".

51 "Passado e presente".

riores e dominantes, existe um modo de pensar que é corporativo e particularista. Uma variante do apoliticismo encontra-se, portanto, também nos partidos tradicionais, em seus toscos programas e ideologias, visto que, diferente do tipo jacobino e russo, nascem no terreno eleitoral e não correspondem a uma fração orgânica das classes populares, ou seja, não se colocam como uma vanguarda ou elite, mas como grupo de pequenos intelectuais de província.

No *§ 34*, intitulado de *"Machiavelli. Partiti politici e funzioni di polizia"*[52], os partidos políticos, sejam aqueles vinculados aos grupos dominantes, sejam vinculados aos grupos subalternos, aparecem como instituições que desempenham funções de polícia, pois protegem determinada ordem política e jurídica. A questão consiste em saber se tais funções são exercidas em um sentido reacionário ou, pelo contrário, em sentido progressista, isso é, se as funções de polícia são exercidas objetivando manter a ordem externa, comprimindo as forças vivas da história ou contribuindo para elevar o povo a um novo patamar de civilização. Conclui indicando que, quando o partido é progressista, funciona de maneira democrática, organizando sua estrutura através do centralismo democrático; quando é regressivo, sua organização fundamenta-se burocraticamente, ou seja, com base no centralismo burocrático.

O *§ 39, Letteretura popolare. Manzoni e gli "umili"*[53], registra um breve comentário sobre a obra de Manzoni. Destaca que, em Manzoni, existem inspirações buscadas em Thierry e, por isso, a sua obra representa pessoas das classes subalternas que "não tem história", "[...] ou seja, cuja história não deixa traços nos documentos históricos do passado" (Gramsci, 2014b, *Q 14 § 39*, p. 1696).

No último *Caderno miscelâneo* que faz referência aos verbetes relacionados ao tema, isso é, no *Caderno 15*, encontramos ainda os

---

52 "Maquiavel. Partidos políticos e funções de polícia".

53 "Literatura popular. Manzoni e os "humildes".

§ 66 e *§ 74*. No primeiro, *Passato e presente*[54], Gramsci afirma que as gerações expressam a "mentalidade de uma determinada época histórica". Assim, pode ser que haja uma geração mais velha com ideias antiquadas e uma geração mais nova com ideais infantis, ou seja, que falte um "elo histórico intermediário", sendo que para os grupos subalternos, isso ocorre mais frequentemente pela dificuldade que é inerente ao "subalterno": a capacidade orgânica dos intelectuais dirigentes.

No *§ 74*, *Freud e l'uomo collettivo*[55], Gramsci sinaliza que o núcleo saudável e aceitável do freudismo é a necessidade de estudar a construção do "homem coletivo", do "conformismo social"; é uma ciência a ser aplicada às classes superiores, pois "[...] o 'inconsciente' só começa depois de tantas dezenas de milhares de liras de renda" (Gramsci, 2014b, *Q 15 § 74,* p. 1833).

Esse percurso nas *miscelâneas* em busca dos conceitos de classes e grupos subalternos nos permite verificar os usos ora mais, ora menos expressivos por parte de Gramsci, observando a relação deste tema com outros que vão se estabelecendo ao longo da redação. Cabe, agora, compreendermos as adições, revisões e modificações que Gramsci realiza entre o *Caderno 3* e a monografia *25*, afinal, entre 1930 e 1934, o período mais "fértil" de sua escrita no cárcere já se transcorre (a contar pelo início da redação dos *Cadernos especiais*): quais são, então, as mudanças e os elementos que permanecem entre 1930 e 1934? Quer dizer, entre a *miscelânea* 3 e a monografia 25?

54 "Passado e presente".

55 "Freud e o homem coletivo".

OS GRUPOS SOCIAIS SUBALTERNOS ÀS MARGENS DA HISTÓRIA

A primeira anotação que podemos chamar a atenção sobre o *Caderno* monográfico *25*, refere-se a sua estrutura. Segundo as indicações de Gerratana (2014) no Aparato Crítico, o *Caderno 25* foi escrito por Gramsci em um Caderno de tipo escolar, com dimensões aproximadas de 14,8 cm x 19,8 cm, com um total de oitenta (80) páginas, de vinte e duas (22) linhas cada.

Datado de 1934 é um caderno de capa dura preta, possuindo, no verso da primeira página, a anotação do seguinte título: "As margens da história (história dos grupos sociais subalternos)", que foi atribuído pelo próprio prisioneiro de Mussolini.

Nesse caderno escolar, havia também a indicação de uma numeração progressiva ao final de cada página (frente e verso), escritas a próprio punho por parte de Gramsci, de maneira que indicavam um sequencial que ia de (01) a cento e sessenta (160), na totalidade das oitenta (80) páginas de que a brochura era constituída.

Desse caderno, apenas as folhas numeradas de onze (11) a vinte e sete (27) foram preenchidas, sendo que, em particular, nessa última página, as últimas onze (11) linhas também permaneceram em branco. Por conseguinte, as folhas numeradas de vinte e oito (28) a cento e sessenta (160) não contaram com nenhuma redação, podendo-se afirmar que esse é um caderno utilizado apenas parcialmente por Gramsci.

Como se sabe, esse *Caderno* é de natureza especial, o que significa que Gramsci reúne notas ou parágrafos sobre uma temática específica em foco. Um caderno de natureza *especial* ou, ainda, de natureza *monográfica*, indica também que, em sua estrutura, podem estar presentes notas de texto B (única redação) e / ou notas de texto C (segunda redação).

Por essa razão, quando avançamos para a análise da composição do *Caderno monográfico 25*, conseguimos entender quais são as notas e / ou parágrafos recuperados por Gramsci, visando a sua organização, ampliação e revisão sobre a leitura que está desenvolvendo acerca das classes e grupos subalternos. Nesse sentido, qual tipo de nota predomina neste Caderno *especial* em análise? Como estas notas determinam ou, mesmo, aferem sua "composição"?

Analisando a sua composição na edição crítica dos *Cadernos do Cárcere*, é possível dizer que esse *Caderno especial* em foco é constituído por oito (08) notas ou parágrafos. Por sua vez, todos eles são notas de texto C (segunda redação), de modo que esse *Caderno* não comporta nenhum parágrafo de natureza de texto B.

Assim, na medida em que se realiza a busca pelas notas de primeira redação que são reescritas e/ou reagrupadas por meio dos oito (08) parágrafos deste *Caderno especial*, observa-se que Gramsci recupera quatorze (14) parágrafos de texto A, sendo eles: a) onze (11) do *Caderno 3*; b) dois (02) do *Caderno 1*; c) um (01) do *Caderno 9* (Tabela 22).

TABELA 22. **Notas ou parágrafos de texto A agrupados no *Caderno especial* ou *monográfico 25***

NÚMERO DO CADERNO	NOTA OU PARÁGRAFO	TÍTULO DA NOTA OU PARÁGRAFO
1. Caderno 1	*§ 27*	*Postumi del basso romanticismo?*
2. Caderno 1	*§ 95*	Sem título
3. Caderno 3	*§ 12*	*David Lazzaretti*
4. Caderno 3	*§ 14*	*Storia della classe dominante e storia delle classi subalterne*
5. Caderno 3	*§ 16*	*Sviluppo politico della classe popolare nel Comune medioevale*
6. Caderno 3	*§ 18*	*Storia delle classe subalterne*
7. Caderno 3	*§ 69*	*Utopie e romanzi filosofici*
8. Caderno 3	*§ 71*	*Utopie e romanzi filosofici*
9. Caderno 3	*§ 75*	*Utopie e romanzi filosofici*
10. Caderno 3	*§ 90*	*Storia delle classi subalterne*

TABELA 22. **Notas ou parágrafos de texto A agrupados no *Caderno especial* ou *monográfico 25*** (CONT.)

NÚMERO DO CADERNO	NOTA OU PARÁGRAFO	TÍTULO DA NOTA OU PARÁGRAFO
11. Caderno 3	*§ 98*	*Spartaco*
12. Caderno 3	*§ 99*	*La legge del numero*
13. Caderno 3	*§ 113*	*Utopie*
14. Caderno 9	*§ 81*	*Storia delle classi subalterne. David Lazzaretti*

FONTE: Elaboração da autora (2023).

Propomos chamar de composição orgânica do *Caderno 25*, o conjunto das notas de texto A que subsidiam os oito (08) parágrafos de texto C de que sua redação é constituída, de maneira que temos a sua configuração observada na Figura 1:

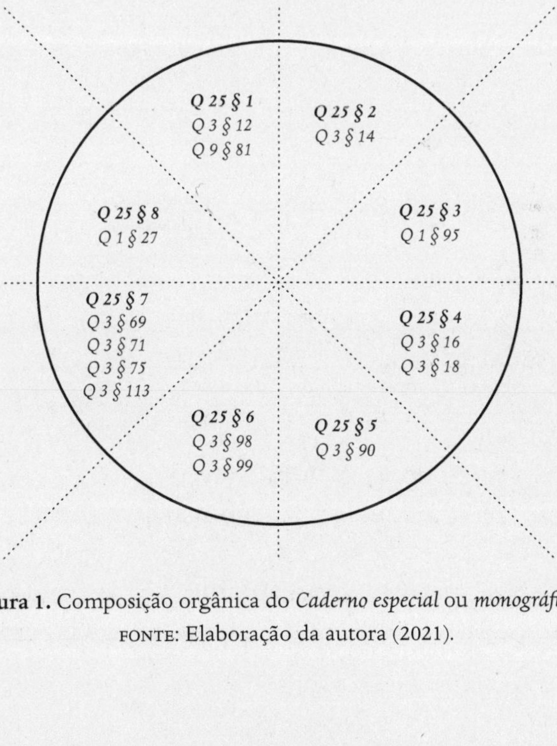

Figura 1. Composição orgânica do *Caderno especial* ou *monográfico 25*.
FONTE: Elaboração da autora (2021).

Por isso, tomando como ponto de partida o *Q 25 § 1*, Gramsci intitula esse parágrafo de *Davide Lazzaretti*. Não por acaso, os *Q 3 § 12* e o *Q 9 § 81* se constituem de notas que tratam do movimento *lazzarettista*. Gramsci inicia a nota citando uma série de obras e artigos, dentre eles: *Fiera Letteraria* de 26 de agosto de 1928, Domenico Bulferetti; Andrea Verga, *David Lazzaretti e la pazzia sensoria*; Cesare Lombroso, com *Pazzi e anormali*; *Storia di David Lazzaretti, Profeta di Arcidosso*, de Filippo Imperiuzzi; e Giacomo Barzellotti, *Davide Lazzaretti*, ampliada e modificada em parte com o título *Monte Amiata e i suo Profeta*.

Continuando a resgatar o personagem histórico de Lazzaretti, Gramsci adverte logo no início do parágrafo: após citar a obra de Cesare Lombroso, observa entre parênteses (Quadro 7).

QUADRO 7. **Comparativo entre a primeira e a segunda versão (*Caderno 25*, parágrafo 1) parte 1**

PRIMEIRA VERSÃO	SEGUNDA VERSÃO
"[...] Cesare Lombroso, *Pazzi e anormali* (este era o costume do tempo: em vez de estudar as origens de um fato histórico, considerava-se que o protagonista era um louco) [...]" (Gramsci, 2014b, *Q 3 § 12*, p. 297).	"[...] Cesare Lombroso, *Pazzi e anormali* (este era o costume cultural do tempo: em vez de estudar as origens de um acontecimento coletivo e, as razões de sua difusão, de seu ser coletivo, isolava-se o protagonista e só se fazia sua biografia patológica, muito frequentemente partindo de motivos não comprovados ou passíveis de interpretação diferente: para uma elite social, *os elementos dos grupos subalternos têm sempre algo bárbaro ou patológico)* [...]" (Gramsci, 2014b, *Q 25 § 1*, p. 2279; *CC*, v. 5, 2002, p. 131, grifo nosso).

FONTE: Elaboração da autora (2023).

A nova elaboração do parágrafo mostra que, ao tratar do movimento *lazzarettista*, a literatura (especialmente a italiana, como se observa pela relação das obras listadas acima), não se preocupava em analisar o fenômeno do *lazzarettismo* em si, mas sim por aferir uma análise da biografia pessoal dessa figura histórica — quase sempre, patológica.

Por isso, essa nota corresponde a uma crítica de Gramsci as elites e aos seus intelectuais, que criminalizavam e desqualificavam as sublevações populares dos grupos subalternos, de maneira que o prisioneiro começa a realizar uma incursão, ainda que breve, no universo-mundo das insurgências populares na Itália (Semeraro, 2014b).

Como consequência, na análise que Bulferetti realiza a partir da obra de Barzellotti ressaltada nessa nota, Gramsci indica que a opinião pública formada sobre Lazzaretti buscava esconder as causas do mal-estar geral na Itália, conferindo a esse movimento "[...] *explicações restritivas, individuais, folclóricas, patológicas,* etc" (Gramsci, 2014b, *Q 25 § 1,* p. 2280; *CC*, v. 5, 2002, p. 132, grifo nosso), ou seja, a escolha da classe dominante é a de criminalizar, folclorizar, patologizar os movimentos dos grupos subalternos, a exemplo do protagonizado por Lazzaretti no período pós-risorgimentale.

Afinal, o *lazzarettismo* foi interpretado como patriotismo literário e associado a uma patologia "perigosa" de seu líder. Mas, o "drama" *lazzarettista*, como identifica nessa segunda redação da nota, deveria, ao contrário (Quadro 8),

QUADRO 8. **Comparativo entre a primeira e a segunda versão (*Caderno 25*, parágrafo 1) parte 2**

PRIMEIRA VERSÃO	SEGUNDA VERSÃO
"[...] ser sucedido por uma certa análise política [...]" (Gramsci, 2014b, *Q 3 § 12,* p. 299).	"[...] merecesse uma análise *político-histórica*" [...] (Gramsci, 2014b, *Q 25 § 1,* p. 2282; *CC*, v. 5, 2002, p. 134, grifo nosso).

FONTE: Elaboração da autora (2023).

Aqui, é interessante algumas anotações. Possivelmente, como demonstra Semeraro (2014b), o *Caderno 25* configurava-se como um projeto preliminar de estudo por parte de Gramsci: certamente, pretendia ainda adensá-lo, uma vez que reúne uma significativa bibliografia sobre a análise de alguns fatos concretos e históricos. Isso porque, especialmente através do *§ 1*, Gramsci indica, por exemplo, que o drama de Lazzaretti deveria ser relacionado com a façanha dos bandos de Benevento, sugestão que não aparece na primeira versão do parágrafo. Por isso, a iniciar pelo resgate dos movimentos e insurgências populares na Itália, em especial, com o caso de Davide Lazzaretti, sinaliza a necessidade de uma análise político-histórica, inaugurando um novo horizonte para o estudo dos que estão às margens da história. Não por acaso, esse "projeto" parece se esboçar, sobretudo, porque Gramsci delimita critérios metodológicos (título do *§ 2* do *Caderno 25*) e critérios de método (título do *§ 5* do *Caderno 25*), para orientar a sua investigação. Mas, esse também não se tratava de qualquer "projeto" e sim de um que pudesse vir a expressar a análise política de traz dos fatos históricos, por esse motivo, a análise é político-histórica!

Embora sem tempo de aprofundá-lo, com as premissas do *Caderno 25* sinalizadas, podemos realizar algumas leituras. Em particular, o *§ 1* evidencia, a partir da exposição do drama de Lazzaretti, o fato de que os intelectuais italianos pretendem reduzir e, mesmo, ocultar o protagonismo das classes e grupos subalternos. Mostra que, a literatura italiana, ao se ocupar da análise do movimento *lazzarettista*, se empenha mais em evidenciar a tendência bizarra de que se constituía (uma mescla de republicanismo com elemento religioso e profético), no lugar de ressaltar a "tendência subversiva-popular-elementar republicana" que podia nascer entre os camponeses e a "legião" de Lazzaretti. Aqui, parece que a autorrepresentação dos grupos subalternos, ao menos, no âmbito da literatura, não vem sendo devidamente registrada, optando Gramsci, no sentido contrário, por valorizar a produção de uma historiografia subalterna, de modo a contar a história em uma nova perspectiva: a das classes subalternas, contrapondo-se a patologização e criminalização de seus movimentos, tão veiculada pela classe dominante, pelas elites e seus intelectuais. Por isso, opondo-se a interpretação lombrosiana do movimento *lazzarettista*, quer dizer, que busca caracterizar o movimento e seu protagonista como "bárbaros" (semelhante ao tratamento conferido a questão meridional), Gramsci pretende dar uma interpretação histórico-política: um campo pouco considerado pelas questões clássicas da política que, aqui, é aberto (Semeraro, 2014b).

Ao avançarmos para o *§ 2*, Critérios metodológicos, Gramsci retoma o *Q 3 § 14*. Aqui vale a comparação entre as redações integrais das duas notas (Quadro 9):

QUADRO 9. **Comparativo entre a primeira e a segunda versão (*Caderno 25*, parágrafo 2)**

PRIMEIRA VERSÃO	SEGUNDA VERSÃO
"A história das classes subalternas é necessariamente desagregada e episódica: existe na atividade destas classes uma tendência a unificação ainda que em termos provisórios, mas esta é a parte menos aparente e que só se demonstra depois da vitória obtida. As classes subalternas sofrem a influência da classe dominante, mesmo quando se rebelam; estão em estado de defesa alarmada. Qualquer traço de iniciativa autônoma é, portanto, de valor inestimável. De qualquer modo, a monografia é a forma mais adequada dessa história, que exige um acúmulo muito grande de materiais parciais" (Gramsci, 2014b, *Q 3 § 14*, p. 299-300).	"A história dos grupos sociais subalternos é necessariamente desagregada e episódica. É indubitável que, na atividade histórica destes grupos, existe tendência à unificação, ainda que em termos provisórios, mas esta tendência é continuamente rompida pela iniciativa dos grupos dominantes e, portanto, só pode ser demonstrada com o ciclo histórico encerrado, se esse se encerra com sucesso. Os grupos subalternos sofrem sempre a iniciativa dos grupos dominantes, mesmo quando se rebelam e insurgem: *só a vitória "permanente" rompe e, não imediatamente, a subordinação.* Na realidade, mesmo quando parecem vitoriosos, os grupos subalternos estão apenas em estado de defesa, sob alerta (pode-se demonstrar esta verdade com a história da Revolução Francesa, pelo menos até 1830). Por isto, todo traço de iniciativa autônoma por parte dos grupos subalternos deve ser de valor inestimável para o historiador integral; daí decorre que uma tal história só pode ser tratada através de monografias e que cada monografia demanda um acúmulo muito grande de materiais frequentemente difíceis de recolher" (Gramsci, 2014b, *Q 25 § 2*, p. 2283-2284; *CC*, v. 5, 2002, p. 135-136, grifo nosso).

FONTE: Elaboração da autora (2023).

Com algumas adições e modificações, a primeira delas que salta aos olhos é a substituição do verbete "classes subalternas" na primeira versão da nota para "grupos sociais subalternos" e "grupos subalternos" na segunda versão. Na realidade, essa mudança será muito frequente no *Caderno 25*, de maneira que, quase sempre, Gramsci opta pela adoção dos segundos termos.

Afora isso, a tendência a unificação dos grupos subalternos é muito provisória, pois esses estão sob a iniciativa dos grupos dominantes, mesmo quando se rebelam e insurgem. Por isso, a "tendência continuamente rompida"; "mesmo quando vitoriosos, os grupos subalternos estão apenas em estado de defesa" que fala Gramsci, correspondem a história desagregada e episódica de que estão, se situam e vivem esses grupos: a tendência e iniciativa que os grupos dominantes exercem sob os subalternos faz com estes permaneçam em constante estado de desagregação, atuando apenas de modo episódico na história, com a tendência em termos muito provisórios a sua unificação.

Gramsci não encara, no entanto, o estado de desagregação e ausência de unificação dos grupos subalternos de maneira fatalista e determinista. Para ele, a questão está precisamente no movimento que torna possível estes grupos deixarem a condição desagregada e episódica de sua atuação, ou seja, na valorização do potencial que comporta as classes e grupos subalternos em direção a superação da subalternidade.

Mas, assinala que somente com o ciclo histórico encerrado (se esse se encerra com sucesso), é que os grupos subalternos poderiam promover uma "vitória permanente": aquela que rompe não só imediata, mas, sobretudo, permanentemente com a subordinação. Na segunda versão desse parágrafo, Gramsci modifica a expressão até então empregada ("vitória obtida") por "vitória permanente". Esta mudança pode sugerir que a "vitória" é sempre histórica, processual e dinâmica, haja vista que não é possível romper com a subordinação de modo instantâneo, imediato: ela demanda uma difícil e árdua atividade política, que deve se dirigir em direção a superação da fragmentação dos grupos subalternos, exigindo um processo orgânico e contínuo de lutas (Semeraro, 2014b).

Por isso, associada ao "ciclo histórico encerrado", Gramsci parece demonstrar e reforçar que a superação da condição de subalternidade só ocorrerá permanentemente na medida em que esse ciclo (que ocasiona a própria subalternidade) também se encerrar — daí que é possível deduzir que a "vitória permanente" não é possível imediatamente, já que demanda "concluir com sucesso determinado ciclo histórico". Um exemplo deste fato parece ser a história da própria Revolução Francesa, já que Gramsci introduz a seguinte passagem, antes inexistente na primeira versão: "[...] pode-se demonstrar esta verdade com a história da Revolução Francesa, pelo menos até 1830 [...]" (Gramsci, 2014b, *Q 25 § 1*, p. 2284; *CC*, v. 5, 2002, p. 135). A exemplo dessa Revolução que, ao encerrar um "ciclo histórico" permitiu ascender os grupos até então subalternos a condição de hegemônicos, também a "vitória permanente" se coloca como necessária e urgente nos tempos atuais aos grupos subalternos, tendo em vista romper com a subordinação: representa a passagem da subalternidade a hegemonia, (assim como foi a história da Revolução Francesa até pelo menos 1830), devendo o historiador integral reconhecer, com valor inestimável, todo traço de iniciativa autônoma dos grupos subalternos.

Uma vez que salientamos que, de acordo com Semeraro (2014b), Gramsci parece esboçar no *Caderno 25* um projeto de estudos que pretendia aprofundar, as considerações finais do *§ 2* no *Q 25* a respeito do historiador integral e a valorização dos traços de iniciativa autônoma das classes e grupos subalternos, parece estar em relação direta com esse projeto, considerando o título que atribui a esta nota: Critérios metodológicos!

Gramsci está advertindo que, ao contrário dos grupos dominantes e de seus intelectuais (que pretendem ocultar a história dos de "baixo"), deve-se priorizar a realização de uma "história integral": nela, cabe ao historiador, não apenas registrar os eventos históricos, documentando cronologicamente os episódios ocorridos, mas desvelar e mostrar as implicações políticas, culturais e socioeconômicas dos desenvolvimentos da história humana, ou seja, revelar a sua complexidade e as suas tendências (Green, 2002), daí que os critérios metodológicos para sua produção (da história integral!).

Na busca dessa complexidade, se verá que existem grupos sociais subalternos cujo registro de seus eventos serão mais fáceis de se encontrar se comparado a outros. A existência e desenvolvimento de sindicatos e partidos políticos, por exemplo, indica maior atuação destes grupos na história. Porém, isso não significa que as atividades dos demais grupos sociais subalternos não devam ser registradas ou, mesmo, não existam. esse fato revela, antes, que os grupos sociais subalternos não se equivalem, isso é, se diferenciam pelo nível de organização política e, por conseguinte, podem comportar diversos graus de subalternidade (Green, 2002).

Priorizando, portanto, o registro de uma história integral, se no *§ 1* Gramsci abordou o fato histórico de Davide Lazzaretti, no *§ 4* é a vez do fato histórico das Comunas medievais italianas! (A nota do *§ 3*[56] se constitui apenas de uma indicação bibliográfica: a mesma presente no texto A do *Q 1 § 95*).

Reagrupando os *§ 16* e *§ 18* do *Caderno 3*, no *Q 25 § 4*, intitulado de "Algumas notas gerais sobre o desenvolvimento histórico dos grupos sociais subalternos na Idade Média e em Roma", vemos a valorização das iniciativas históricas que emergem das classes e grupos subalternos, demonstrando que, apesar de desagregados e episódicos em sua atuação, com dificuldades para se unificarem e sob iniciativa dos grupos dominantes, em contrapartida, os grupos sociais subalternos registram um certo núcleo de autonomia e resistência, e isso pode ser demonstrado historicamente.

---

56 "Adriano Tilgher, Homo faber. Storia del concetto del lavoro nella civilità occidentale, Roma, Libreria di Scienze, 1929, 15 liras" (Gramsci, 2014b, Q 25 § 3, p. 2284; CC, v. 5, 2002, p. 136).

Nessa senda interpretativa, afora o movimento *lazzarettista*, Gramsci sinaliza que outro núcleo de resistência dos subalternos pode ser identificado na Idade Média, especialmente quando referencia o ensaio de Ettore Ciccotti nos *§ 16* e *§ 18* e realiza apontamentos sobre as classes populares da época das Comunas italianas. Mantendo esta expressão, "classes populares", que já estava presente no *§ 16* do *Q 3*, Gramsci continua a reproduzi-la no contexto do *Q 25 § 4*, indicando que compreender como se deu seu desenvolvimento histórico nas Comunas italianas é digno de atenção e exame à parte.

Sem grandes modificações em relação ao *Q 3 § 16*, vai demonstrando como estas classes na Idade Média se organizavam para defender a cidade, atuando com base numa solidariedade crescente que lhes permitiam desenvolver uma consciência política: fundaram, por exemplo, a Sociedade das Armas em Bolonha por volta de 1230, elaborando seus estatutos, de modo que, na metade do século XIII, essas sociedades já somavam um total de vinte e quatro. Estas possuíam a finalidade de defesa da cidade e visavam "[...] assegurar a cada homem do povo a proteção necessária contra as agressões dos nobres e dos poderosos" (Gramsci, 2014b, *Q 25 § 4*, p. 2285; *CC*, v. 5, 2002, p. 136), evidenciando a união das classes populares neste período.

Assim, os *milites* (os homens do povo) passavam a estar em "pé de igualdade" com os *pedites* (os nobres), como já destacou no *Q 3 § 16*, sendo que quando se afirma a constituição de uma Comuna em que a organização é dada confirme os interesses dos *pedites* e não dos *milites*, e na medida em que os *pedites* assumem as funções públicas de administração mais relevantes, pode-se dizer que está se atribuindo ao povo o papel de verdadeiro partido político (Gramsci, 2014b).

Para conferir maior centralidade e eficiência a "administração" do povo, elege-se um "chefe": o "capitão do povo". Não obstante, quando não consegue obter das autoridades comunais as reformas que desejam, o povo se organiza em uma Assembleia independente, criando magistraturas próprias, conferindo autoridade ao "capitão do povo" e dando início a uma nova obra legislativa.

Com esse registro, Gramsci pretende destacar a formação do poder popular na Idade Média, de modo que parece ressaltar como se deu a formação de uma vontade coletiva entre os homens do povo no contexto das Comunas italianas: esta vontade, como se vê pela redação da nota em questão, é decisiva na constituição da Comuna, na construção de seus estatutos e na elaboração das leis, pois as classes populares vão submetendo toda a classe dominante precedente (Semeraro, 2014b).

As modificações acrescidas por Gramsci se referem aquelas reelaboradas em relação ao *Q 3 § 18* em que, após expor a obra de Ciccotti e indicar o desenvolvimento histórico das classes populares nas Comunas italianas (como vimos), observa (Quadro 10):

QUADRO 10. **Comparativo entre a primeira e a segunda versão (*Caderno 25*, parágrafo 4) parte 1**

PRIMEIRA VERSÃO	SEGUNDA VERSÃO
"A maior parte dos problemas da história romana que Ciccotti aponta em seu estudo *Elementi di "verità" e di "certezza", ecc.* (à parte a averiguação de episódios "pessoais", Tanaquilla, etc.) se referem a eventos e instituições das classes subalternas (tribuno da plebe, etc.)" (Gramsci, 2014b, *Q 3 § 18*, p. 302).	"A maior parte dos problemas da história romana que Ciccotti aponta no estudo já citado (à parte a averiguação de episódios "pessoais", como o de Tanaquilla, etc.) se referem a eventos e instituições dos *grupos sociais subalternos* (tribuno da plebe, etc.)" (Gramsci, 2014b, *Q 25 § 4*, p. 2286; *CC*, v. 5, 2002, p. 138, grifo nosso).

FONTE: elaboração da autora, 2023.

Novamente, a expressão "classes subalternas" cederá lugar a verbetes como "grupos sociais subalternos" e "grupos subalternos", mas outras variações também são interessantes nesse parágrafo. Ao afirmar que o método de "analogia" anunciado e teorizado por Ciccotti pode dar alguns resultados indiciários, uma vez que observa que aos grupos subalternos (na primeira versão, "classe subalterna") falta a autonomia e suas iniciativas estão sempre na defensiva, traça um paralelo entre o Estado antigo e medieval e o moderno.

Mas, antes dessa relação, Gramsci observa (Quadro 11):

QUADRO 11. **Comparativo entre a primeira e a segunda versão (*Caderno 25*, parágrafo 4) parte 2**

PRIMEIRA VERSÃO	SEGUNDA VERSÃO
"(A questão da importância das mulheres na história romana é semelhante à das classes subalternas, mas até certo ponto: o "machismo" pode ser comparado até certo ponto a uma dominação de classe e, portanto, tem mais importância para a história dos costumes do que para a história política e social)" (Gramsci, 2014b, *Q 3 § 18*, p. 302).	"Com frequência, os grupos subalternos são originalmente de outra raça (outra cultura e outra religião) em relação aos dominantes e, muitas vezes, são uma mistura de raças diversas, como no caso dos escravos. A questão da importância das mulheres na história romana é semelhante à dos grupos subalternos, mas até certo ponto: só num certo sentido o "machismo" pode ser comparado a uma dominação de classe e, portanto, tem mais importância para a história dos costumes do que para a história política e social" (Gramsci, 2014b, *Q 25 § 4*, p. 2286; *CC*, v. 5, 2002, p. 138).

FONTE: Elaboração da autora (2023).

Embora sem aprofundar a questão, é interessante notar que Gramsci está levando em conta a "questão das mulheres", inserindo-a em um *Caderno especial* sobre as classes e grupos subalternos! Aqui, é instigante a contribuição de Secco (2017): ressalta que Gramsci utiliza a categoria de "classes subalternas" não somente para se referir às "classes fundamentais" ("proletariado"), mas para incluir especialmente aqueles grupos "[...] *que não podiam ser simplesmente incorporados ao conceito de um proletariado europeu, branco e masculino*" (Secco, 2017, p. 16, grifo nosso).

Isso não significa, porém, o abandono por parte de Gramsci sobre a centralidade operária nas relações de produção capitalista, tampouco a recusa da dimensão classista no contexto da sociedade de classes, mas, não obstante, a subalternidade se refere a uma dimensão acrescentada que contribui para melhor entender as diferentes formas de sujeição dos trabalhadores/as na sociedade atual (Secco, 2017).

Partindo da perspectiva de que "subalternos" é criado como conceito ao lado de "proletários", Secco (2017) mostra que ambos se caracterizam por serem sujeitos e grupos dominados, mas diferem-se pelo *lócus* da subordinação: enquanto os "proletários" encontram-se diretamente subordinados pela posição em que ocupam no processo de produção (podendo-se afirmar que sua subordinação é interna a esse processo), os "subalternos" estão, de modo semelhante, em situação de subordinação, mas essa se estende para além da dimensão produtiva, incorporando, por isso, uma dimensão externa.

Certamente, esta separação entre subordinação interna e externa é apenas didática, sendo ela a que possibilita melhor compreender o que representa a "dimensão acrescentada da subalternidade" que, segundo Secco (2017), Gramsci propicia nas reflexões do cárcere: tanto os proletários, quanto os subalternos, estão submetidos a sujeição, mas, para os primeiros, essa é, imediatamente, de natureza econômica e, para os segundos, ademais da dimensão econômica, incorpora-se uma sujeição que é cultural.

> As diferentes demandas dos novos sujeitos da subalternidade, outrora marginalizadas pelos próprios marxistas, têm forte relação com o recorte da classe social, mas desde que a classe seja vista em sua pluralidade cultural [...] Gramsci permitiu a ampliação da classe sem negá-la e indicou dimensões que ele mesmo não podia expandir. *Os subalternos estão além do espaço de dominação fabril sem deixar de portar a primordial subordinação econômica* (direta ou indireta) ao lado de outras formas de sujeição, tão importantes quanto aquela (Secco, 2017, p. 17-18, grifo nosso).

Por isso, existe uma "vizinhança" entre o operário e o marginalizado, de maneira que, se a sujeição que lhes atinge incide sob a dimensão econômica, podendo também se estender para além dela, a superação da condição de subalternidade prescinde de uma unidade (se assim se pudesse dizer, entre o "operário" e o "marginalizado"), visto que não há uma hierarquia na luta de classes: é o antagonismo com o capital que a unifica (Secco, 2017), daí que poderíamos rever a afirmação de Gramsci de que "[...] *só num certo sentido* o 'machismo' pode ser comparado a uma dominação de classe e, portanto, tem mais importância para a história dos costumes do que para a história política e social" (Gramsci, 2014b, *Q 25 § 4*, p. 2286; *CC*, v. 5, 2002, p. 138, grifo nosso). Em outros termos: reconhecendo a "questão da importância das mulheres[57]" e do "machismo", até um certo ponto podem estas questões ser comparadas a dominação de classe, porque nos parece que, aqui, não seria possível dissociar estas questões da relação com a luta coletiva das classes, visto que tem importância para a história dos costumes, mas precisam se conectar a história política e social.

Também nos parece que é, precisamente, a "dimensão dos costumes" tomada isoladamente que leva e desemboca na tamanha elasticidade com que o conceito de classes subalternas é utilizado: afinal, Buttigieg (1999) aponta que ele é frequentemente empregado para descrever a condição de qualquer grupo que se sinta discriminado. Por isso, "grupos minoritários" (como gays, mulheres e negros) são caracterizados indiscriminadamente como grupos sociais subalternos, de maneira que a "subalternidade" torna-se uma categoria extremamente versátil e eclética, ao designar tanto os grupos discriminados, quanto aqueles que não gozam de meios econômicos suficientes para a reprodução da vida humana. Para nós, a chave da questão está possivelmente em considerar a questão de gênero (a "questão da importância das mulheres"), raça / etnia ("os grupos subalternos são frequentemente de outra raça", como afirma Gramsci) etc., reconhecendo a sua afirmação e importância para a "história dos costumes", mas sem dissociá-las da dimensão da luta de classes e, por isso mesmo, da "história política e social". É preciso reconhecer a originalidade dessa reflexão teórica ainda no marco do século XX!

---

57 Uma original aproximação entre as reflexões gramscianas sobre a questão das mulheres pode ser encontrada no artigo de Daniela Mussi (2022), "Antonio Gramsci e a questão feminina".

Nesse ínterim, no *§ 4* do *Q 25* Gramsci realiza a digressão à história das classes populares na Idade Média para concluir o parágrafo com a analogia entre o Estado antigo e o Estado moderno. Por considerar que os grupos sociais subalternos possuem autonomia distintas no contexto destes Estados, adverte para o perigo do método de analogia histórica como critério de interpretação. Segundo ele, é preciso observar que (Quadro 12).

QUADRO 12. **Comparativo entre a primeira e a segunda versão (*Caderno 25*, parágrafo 4) parte 3**

PRIMEIRA VERSÃO	SEGUNDA VERSÃO
"[...] em certo sentido, o Estado era uma "federação" de classes: as classes subalternas tinham uma vida própria, instituições próprias, etc. e estas instituições, às vezes, tinham funções estatais: (assim o fenômeno do "duplo governo" nos períodos de crise assumia uma extrema evidência) [...] O Estado moderno abole muitas autonomias das classes subalternas, abole o Estado federação de classes, mas certas formas de vida interna das classes subalternas renascem como partido, sindicato, associações de cultura. A ditadura moderna abole também essas formas de autonomia de classe e se esforça para incorporá-las a atividade estatal: isto é, a centralização de toda a vida nacional nas mãos da classe dominante torna-se frenética e absorvente" (Gramsci, 2014b, *Q 3 § 18*, p. 303).	"Num certo sentido, o Estado era um bloco mecânico de grupos sociais e, muitas vezes, de raças diversas: dentro do círculo da pressão político-militar, que se exercia em forma aguda só em certos momentos, os grupos subalternos tinham uma vida própria, à parte, instituições próprias, etc., e estas instituições, às vezes, tinham funções estatais, que faziam do Estado uma federação de grupos sociais com funções diversas não subordinadas, fato que, nos períodos de crise, dava uma evidência extrema ao fenômeno do "duplo governo" [...] O Estado moderno substitui o bloco mecânico dos grupos sociais por uma subordinação destes à hegemonia ativa do grupo dirigente e dominante; portanto, abole algumas autonomias, que, no entanto, renascem sob outra forma, como partidos, sindicatos, associações de cultura. As ditaduras contemporâneas abolem legalmente até mesmo estas novas formas de autonomia e se esforçam por incorporá-las à atividade estatal: a centralização legal de toda a vida nacional nas mãos do grupo dominante se torna "totalitária" (Gramsci, 2014b, *Q 25 § 4*, p. 2287; *CC*, v. 5, 2002, p. 138-139, grifo nosso).

FONTE: Elaboração da autora (2023).

Vê-se que Gramsci caracteriza na primeira versão da nota, o Estado do período medievo como uma federação de classes, enquanto na segunda versão, como um bloco mecânico de grupos sociais. Em ambas as redações, porém, adverte que, pelo fato dos grupos subalternos possuírem uma vida à parte, com instituições próprias, nos períodos de crise, era possível observar o fenômeno do "duplo governo", em que as instituições e interesses dos grupos subalternos se chocavam com as do Estado da Idade Média, demonstrando a possível autonomia destes grupos.

No Estado moderno, ao contrário, o bloco mecânico dos grupos sociais é substituído por sua subordinação à hegemonia ativa do grupo dominante e dirigente. Isso porque, o Estado já está aqui sendo entendido em seu sentido integral, isso é, aquele que atua por meio do consenso e coerção. Em sua "etapa" moderna, se diferencia do antigo e medieval porque abole algumas autonomias dos grupos subalternos, ainda que estas renasçam na forma dos partidos, sindicatos, associações de cultura.

Mas, embora essas instituições estejam presentes no contexto do Estado moderno, ao mesmo tempo, as ditaduras contemporâneas procuram aboli-las legalmente e incorporá-las a atividade estatal: mesmo que os grupos subalternos possuam novas "formas de autonomia" (partidos, sindicatos etc.), procura-se absorver para o âmbito do Estado a atividade destas classes e grupos, mantendo-os sob a tutela do aparelho estatal. Também por isso Gramsci afirma que a centralização da vida nacional nas mãos do grupo dominante torna-se "totalitária". O adjetivo "totalitária" é novo quando comparado à primeira versão do parágrafo. Conforme Liguori (2017), Gramsci estava possivelmente fazendo uma referência ao fascismo e, talvez, a União Soviética, entrelaçando o Estado totalitário e a concepção ampliada de Estado. Importa dizer que, ao mesmo tempo em que a autonomia dos grupos subalternos "renasce" no Estado moderno, também parece que tende a ser controlada, tutelada, de maneira que estes grupos têm algumas de suas autonomias abolidas e isso acontece pela hegemonia ativa exercida pelo grupo dominante e dirigente.

Após a exposição dessa nota, o *§ 5* do *Q 25* anuncia os Critérios de método. Reescrevendo o *Q 3 § 90*, atentamos para as modificações realizadas por Gramsci (Quadro 13):

QUADRO 13. **Comparativo entre a primeira e a segunda versão (*Caderno 25*, parágrafo 5) parte 1**

PRIMEIRA VERSÃO	SEGUNDA VERSÃO
"A unificação histórica das classes dirigentes acontece no Estado e a história delas é essencialmente a história dos Estados e dos grupos de Estados. Esta unidade deve ser concreta, portanto resultado das relações entre Estado e "sociedade civil". Para as classes subalternas, a unificação não ocorre: uma vez que sua história está entrelaçada a da "sociedade civil", é uma fração desagregada desta" (Gramsci, 2014b, *Q 3 § 90*, p. 372).	"A unificação histórica das classes dirigentes acontece no Estado e a história delas é, essencialmente, a história dos Estados e dos grupos de Estados. Mas não se deve acreditar que tal unidade seja puramente política e jurídica, ainda que também esta forma de unidade tenha sua importância, e não somente formal: a unidade histórica fundamental, por seu caráter concreto, é o resultado das *relações orgânicas entre Estado ou sociedade política e "sociedade civil"*. As classes subalternas, por definição, não são unificadas e não podem se unificar enquanto não puderem se tornar "Estado": sua história, portanto, está entrelaçada à da sociedade civil, é uma função "desagregada" e descontínua da história da sociedade civil e, por este caminho, da história dos Estados ou grupos de Estados" (Gramsci, 2014b, *Q 25 § 5*, p. 2287-2288; *CC*, v. 5, 2002, p. 139-140, grifo nosso).

FONTE: Elaboração da autora (2023).

O Estado aparece aqui, para Gramsci, não apenas como instituição jurídica e política, mas, é, sobretudo, o resultado das relações orgânicas entre Estado ou sociedade política e sociedade civil. A partir dessa nova passagem, é possível atentar que Gramsci melhor específica o Estado em seu sentido "restrito", pois coloca a equivalência "Estado ou sociedade política", e em seu sentido mais amplo, já que considera também a sociedade civil. Nessa perspectiva, o Estado não é somente unidade política e jurídica estática e imutável: pode ser modificado, de maneira que as classes e grupos subalternos podem e devem elaborar uma nova proposta de Estado, afinal, a sua unificação está condicionada a esse movimento.

A questão não está, portanto, em sua negação, mas na fundação e elaboração de um novo tipo de Estado, em que os subalternos deixem de ser uma função desagregada da sociedade civil. Aquela "vitória permanente" de que fala Gramsci no *§ 2*, é aqui explicitada: se concretiza na medida em que novas relações orgânicas se colocam entre sociedade civil e política, de modo que devem conquistar e difundir uma nova concepção de mundo entre a sociedade civil até alcançar os limites da sociedade política. É esse movimento que torna possível romper não imediata, mas permanentemente com a subordinação, quer dizer, é o "tornar-se Estado", unificando as classes e grupos subalternos e conquistando sua autonomia integral, porque também passam estas classes e grupos a viver uma história que é a sua, deixando de viver a que é imposta por outros.

Por isso, podemos deduzir que a história desagregada e episódica dos grupos subalternos só pode ser superada quando esses avançarem em direção a sua unificação no Estado, protagonizando a "vitória permanente" e isso exige, na perspectiva de Gramsci, sem dúvida, uma práxis política coletiva dos subalternos.

Nesse parágrafo, Gramsci continua a listar uma série de seis (06) itens, que poderiam indicar desde as manifestações mais primitivas de consciência das classes subalternas até as mais avançadas. Considerando que estamos tratando de uma nota intitulada de Critérios de método, possivelmente tais itens poderiam corresponder aos "critérios" que deveriam ser levados em conta na investigação das atividades e história das classes e grupos subalternos. São eles (Quadro 14):

QUADRO 14. **Comparativo entre a primeira e a segunda versão (*Caderno 25*, parágrafo 5) parte 2**

PRIMEIRA VERSÃO	SEGUNDA VERSÃO
"1) a formação objetiva do desenvolvimento e das transformações que ocorreram no mundo econômico, sua difusão quantitativa e origem de outras classes precedentes; 2) sua adesão passiva ou ativa as formações políticas dominantes, ou seja, sua tentativa de influir sobre os programas destas formações com reivindicações próprias; 3) o nascimento de novos partidos da classe dominante para manter o controle sobre as classes subalternas; 4) as formações próprias das classes subalternas de caráter restrito e parcial; 5) as formações políticas que afirmam a sua autonomia, mas no velho quadro; 6) as formações políticas que afirmam a autonomia integral, etc" (Gramsci, 2014b, *Q 3 § 90*, p. 372-373).	"1) a formação objetiva dos grupos sociais subalternos, através do desenvolvimento e das transformações que se verificam no mundo da produção econômica, assim como sua difusão quantitativa e sua origem a partir de grupos sociais preexistentes, cuja mentalidade, ideologia e fins conservam por um certo tempo; 2) sua adesão passiva ou ativa as formações políticas dominantes, as tentativas de influir sobre os programas destas formações para impor reivindicações próprias e as consequências que tais tentativas têm na determinação de processos de decomposição e de renovamento ou de nova formação; 3) o nascimento dos novos partidos dos grupos dominantes, para manter o *consenso e o controle* dos grupos sociais subalternos; 4) as formações próprias dos grupos subalternos para reivindicações de caráter restrito e parcial; 5) as novas formações políticas que afirmam a autonomia dos grupos subalternos, mas nos velhos quadros; 6) as formações políticas que afirmam a autonomia integral, etc" (Gramsci, 2014b, *Q 25 § 5*, p. 2288; *CC*, v. 5, 2002, p. 140, grifo nosso).

FONTE: Elaboração da autora (2023).

É muito interessante os pequenos acréscimos que Gramsci vai introduzindo na segunda versão desse parágrafo: a nosso ver, vai reforçando a partir de pequenos detalhes, a sua concepção de Estado, de maneira a endossar as relações orgânicas entre sociedade política e civil, já apontada quando da abertura da nota. Outra modificação nessa direção pode ser vista quando, ao continuar afirmando que, por meio de um partido, entre os grupos subalternos, um tenderá a exercer a hegemonia (na primeira versão, certamente, encontramos a menção a classes subalternas no lugar de grupos subalternos), podemos extrair do exame das "forças inovadoras italianas" que conduziram o *Risorgimento*, alguns cânones de investigação histórica que servem às classes e grupos subalternos. E continua (Quadro 15):

QUADRO 15. **Comparativo entre a primeira e a segunda versão (*Caderno 25*, parágrafo 5) parte 3**

PRIMEIRA VERSÃO	SEGUNDA VERSÃO
"[...] a burguesia tomou o poder lutando contra determinadas forças sociais, ajudada por determinadas outras forças; para unificar-se no Estado deviria eliminar uma e obter o consenso ativo ou passivo das outras. O estudo do desenvolvimento da classe subalterna deve investigar as fases através das quais ela adquiriu a autonomia em relação aos inimigos a abater e a adesão das forças que a ajudaram ativa ou passivamente e sem as quais não poderia unificar-se no Estado" (Gramsci, 2014b, *Q 3 § 90*, p. 373).	"[...] estas forças tomaram o poder, unificaram-se no Estado moderno italiano, lutando contra determinadas outras forças e ajudadas por determinados *auxiliares ou aliados;* para se tornarem Estado, deviam subordinar a si ou eliminar as primeiras e ter o consenso ativo ou passivo das outras. Portanto, o estudo do desenvolvimento destas forças inovadoras, *de grupos subalternos a grupos dirigentes e dominantes,* deve investigar e identificar as fases através das quais elas adquiriram a autonomia em relação aos inimigos a abater e a adesão dos grupos que as ajudaram ativa ou passivamente, uma vez que todo este processo era necessário historicamente para e unificarem em Estado" (Gramsci, 2014b, *Q 25 § 5*, p. 2289; *CC*, v. 5, 2002, p. 141, grifos nossos).

FONTE: Elaboração da autora (2023).

Gramsci parece aperfeiçoar sua redação quando assinala que as forças inovadoras italianas no *Risorgimento*, apoiadas por algumas e combatendo outras, conseguiram se unificar no Estado, ou seja, passaram de grupos subalternos a condição de grupos dirigentes e dominantes. Aqui é interessante ver que não apenas os grupos subalternos estão em oposição unicamente a "grupos dominantes" ou "grupos dirigentes" na redação gramsciana. Na nova passagem, parece se desenvolver a premissa de que todo grupo dominante deve ser também dirigente e vice e versa. Isso porque, como demonstra com a nota em questão, todo grupo que almeja conquistar e lutar pelo poder deve ser dominante das forças adversárias e dirigente dos grupos aliados ou auxiliares, a exemplo do que fez as forças inovadoras italianas. Para nós, esta exata compreensão por parte de Gramsci também só pode decorrer depois do amadurecimento de sua concepção de Estado integral, dado que prescinde do entendimento das trincheiras a serem construídas na sociedade civil, funcionando como casamatas e fortalezas para a sociedade política, além da história do *Risorgimento* italiano e o seu caso de revolução passiva, em que "A burguesia italiana não soube unificar em torno de si o povo, e esta foi a causa de suas derrotas e das interrupções de seu desenvolvimento" (Gramsci, 2014b, *Q 25 § 5*, p. 2289; *CC*, v. 5, 2002, p. 141).

O *§ 6* do *Caderno 25* é mais um registro histórico-político por parte de Gramsci: retomando os *§ 98* e *§ 99* do *Caderno 3*, Gramsci atribui a nota o título de "Os escravos em Roma" e nela ressalta o episódio de Espártaco na Roma Antiga. O segundo parágrafo contém uma observação interessante, cabendo verificar o registro de suas duas versões (Quadro 16):

QUADRO 16. **Comparativo entre a primeira e a segunda versão (*Caderno 25*, parágrafo 6)**

PRIMEIRA VERSÃO	SEGUNDA VERSÃO
"Em Roma, os escravos não podiam ser reconhecidos como tal. Quando um senador certa vez propôs que os escravos recebessem roupas distintas, o Senado se opôs à medida, por temer que os escravos se tornassem perigosos se soubessem de seu grande número" (Gramsci, 2014b, *Q 3 § 99*, p. 377).	"Em Roma, os escravos não podiam ser reconhecidos exteriormente como tais. Quando, certa feira, um senador propôs que se desse aos escravos uma roupa que os distinguisse, o Senado foi contrário à medida por temor de que eles se tornassem perigosos, ao se darem conta de seu grade número [...] *Neste episódio, estão contidas as razões político-psicológicas que determinam uma série de manifestações públicas: as procissões religiosas, as passeatas, as assembleias populares, as paradas de todo tipo e também, em parte, as eleições (a participação nas eleições de alguns grupos) e os plebiscitos*" (Gramsci, 2014b, *Q 25 § 6*, p. 2290; *CC*, v. 5, 2002, p. 141-142, grifos nossos).

FONTE: Elaboração da autora (2023).

Ao somar o novo fragmento "Neste episódio, estão contidas as razões político-psicológicas que determinam uma série de manifestações públicas...", Gramsci destaca os grupos subalternos e a potencialidade destes de colocarem em cheque e, mesmo, ameaçar o poder exercido pelo grupo dominante. Essa potencialidade se desperta primeiro quantitativamente, porque é quando os escravos se dão conta de seu grande número e, depois, qualitativamente, visto que, nesse episódio, se situam as razões "político-psicológicas" que desencadeariam uma série de manifestações públicas, quando compreendessem a sua condição subalterna.

Ainda que esteja elucidando sobre uma proposta realizada no Senado, Gramsci parece deduzir que os grupos subalternos representam, de certa forma, uma ameaça aos grupos dominantes, uma vez que poderiam se "tornar perigosos" para esses. Isso pode justificar, em certa medida, a necessidade de criminalizar, folclorizar e patologizar os seus movimentos e insurgências, como constantemente os grupos dominantes, as elites e seus intelectuais tentam disseminar e incutir.

Sob o título "Fontes indiretas". As "utopias" e os "romances filosóficos", o *Q 25 § 7* consiste na segunda versão dos parágrafos *§ 69, § 71, § 75* e *§ 113* do *Q 3* e reúne uma série de bibliografias a se aprofundar, constituindo-se como um possível campo de pesquisa (Quadro 17):

QUADRO 17. **Comparativo entre a primeira e a segunda versão (*Caderno 25*, parágrafo 7)**

PRIMEIRA VERSÃO	SEGUNDA VERSÃO
"*Utopias e romances filosóficos* e suas relações com o desenvolvimento da crítica política, mas especialmente com as aspirações mais elementares e profundas das multidões. Estudar se há um ritmo no surgimento desses produtos literários: eles coincidem com determinados períodos, com os sintomas de profundas mutações históricas? Compilar uma lista dessas obras, utopias propriamente ditas, romances filosóficos, livros que atribuem a países distantes e desconhecidos [mas existentes] determinados costumes e instituições que se querem contrapor aos do próprio país" (Gramsci, 2014b, *Q 3 § 69*, p. 347-348).	"Foram estudados para a história do desenvolvimento da crítica política, mas um dos aspectos mais interessantes a ver é que eles refletiam, inconscientemente, as aspirações mais elementares e profundas dos grupos sociais subalternos, inclusive os mais baixos, ainda que através do cérebro de intelectuais dominados por outras preocupações. Este gênero de publicação é ilimitado, se também se consideram livros que não têm nenhuma importância literária e artística, isto é, se se parte do ponto de vista de que se trata de um fenômeno social. Por isto, aparece o primeiro problema: a publicação em massa (relativa) de tal literatura coincide com determinados períodos históricos, com os sintomas de profundas perturbações político-sociais? Pode-se dizer que ela é como um conjunto de *cahiers de doléance* indeterminados e genéricos, e de um tipo particular? *Mas deve-se também observar que uma parte desta literatura expressa os interesses dos grupos dominantes ou apeados do poder e tem caráter retrógrado e reacionário.* Seria interessante elaborar uma relação destes livros, "utopias" propriamente ditas, romances chamados filosóficos, livros que atribuem a países longínquos e pouco conhecidos, mas existentes, determinados costumes e instituições que se querem contrapor aos do próprio país" (Gramsci, 2014b, *Q 25 § 7*, p. 2290-2291; *CC*, v. 5, 2002, p. 142, grifos nossos).

FONTE: Elaboração da autora (2023).

Na primeira redação do parágrafo, a menção aos "grupos sociais subalternos" sequer aparece. Gramsci realiza essa referência somente na segunda redação, conectando e anunciando explicitamente o interesse em estudar esse gênero de publicação (Utopias, romances filosóficos) para ver se esse, de fato, vem expressando as aspirações mais elementares e profundas dos "grupos sociais subalternos". Na segunda redação, as aspirações elementares e profundas das multidões é substituída pelos grupos sociais subalternos.

Poder-se-ia dizer que a publicação em massa, ilimitada, coincide com o registro das profundas perturbações político-sociais? Quer dizer, vem devidamente escrevendo e registrando a história das classes e grupos subalternos? Parece que uma parte dessa literatura é, para Gramsci, ao contrário, retrógrada e reacionária, pois está mais para expressar os interesses dos grupos dominantes. Aqui, Gramsci demarca novamente a valorização da história dos de "baixo", que deve registrada, contada, adquirir formas de expressão e manifestação. Não por acaso, neste *Caderno* de natureza *especial* está reunindo vários fatos históricos, priorizando o destaque para o protagonismo dos grupos subalternos de diferentes períodos históricos: é o próprio historiador que quer fazer a história de modo integral!

O último parágrafo deste *Caderno especial*, o *§ 8*, intitulado "Cientificismo e sequelas do baixo romantismo", é a reelaboração do *Q 1 § 27*: diz respeito a um registro muito breve sobre a tendência da sociologia de esquerda na Itália (Quadro 18):

QUADRO 18. **Comparativo entre a primeira e a segunda versão (*Caderno 25*, parágrafo 8)**

PRIMEIRA VERSÃO	SEGUNDA VERSÃO
"A tendência da sociologia de esquerda na Itália ocupa-se da criminalidade. Estaria ligada ao fato de que a tal corrente havia aderido Lombroso e outros que pareciam a expressão suprema dessa ciência? Ou estaria ligada a uma sequela do baixo romantismo de 1848 (Sue etc?) Ou estaria ligada ao fato de que na Itália impressionava a estes homens a grande quantidade de crimes de sangue e eles pensavam que não podiam ir adiante sem ter explicado "cientificamente" este fenômeno?" (Gramsci, 2014b, *Q 1 § 27*, p. 22).	"Deve-se ver a tendência da sociologia de esquerda, na Itália, para ocupar-se intensamente do problema da criminalidade. Estaria ligada ao fato de que à tendência de esquerda aderiram Lombroso e muitos de seus mais "brilhantes" seguidores, que então pareciam a suprema extensão da ciência e que influíam, com todas as suas deformações profissionais e seus problemas específicos? Ou se trata de uma sequela do baixo romantismo de 1848 (Sue e suas elaborações de direito penal romanceado)? Ou estaria ligada ao fato de que, na Itália, impressionava a certos grupos intelectuais a grande quantidade de crimes de sangue, e eles pensavam que não podiam ir adiante sem ter *explicado "cientificamente" (isto é, naturalisticamente) esse fenômeno de barbárie?"* (Gramsci, 2014b, *Q 25 § 8*, p. 2293-2294; *CC*, v. 5, 2002, p. 145, grifos nossos).

FONTE: Elaboração da autora (2023).

Gramsci encerra o *Caderno 25* com o *§ 8*, de modo a retomar o mesmo argumento a partir do qual o iniciou no *§ 1*: sabemos a que se refere a tendência da sociologia de esquerda na Itália que, naquela época, correspondia a tendência dominante presente na cultura italiana. Diz respeito a tentativa de "desqualificação" das classes e grupos subalternos, assim como de suas insurgências e movimentos, atribuindo-as à característica de "bárbaras". Não obstante, essa característica se apoiava em uma explicação dita "científica", por isso, configurava-se em uma naturalização do fenômeno da barbárie, supostamente nata aos grupos subalternos. Não por acaso, a adição dos adjetivos "barbárie" e "naturalisticamente" é acrescentada na segunda versão da nota.

A grande quantidade de crimes de sangue deveria ser explicada, mas, certamente, não a partir das causas que verdadeiramente a originava! Nessa perspectiva, os grandes intelectuais precisavam justificá-la: a tendência da sociologia de esquerda foi o meio encontrado. Gramsci evidencia essa nota para, obviamente, contrapor-se às explicações conferidas aos movimentos das classes subalternas. Ao divergir com essa tendência tão presente na cultura de seu tempo, a escolha de Gramsci é desconstruir a visão bárbara sob os grupos subalternos que se difundia através dos grandes intelectuais. A situação do *Mezzogiorno* e dos camponeses assemelhava-se muito a esta tentativa de criminalizar e identificar na própria região e em seu povo as causas do atraso, culpabilizando-os pela "bola de chumbo" de que, supostamente, se constituíam. Nos parece que também, aqui, para combater esta tendência é preciso recuperar as causas político-históricas, tão valorizadas por Gramsci: seja da "questão meridional" e do *Mezzorgiorno*, seja dos movimentos e insurgências das classes e grupos subalternos.

"Um valor inestimável"

O desague no *Caderno 25* que se dedica a reflexão sobre as classes e grupos subalternos, tem seus elementos propulsores já acumulados por Gramsci desde a sua intensa vivência prático-social: a conexão que estabelece com o "popular" é forjada desde a Sardenha, sua terra natal, tendo Gramsci forte pertencimento ao "mundo popular". A sensibilidade (e indignação) que desenvolve quanto às massas marginalizadas de sua terra, as rebeliões camponesas, à condição dos operários de Turim, tudo isso influencia no modo com que faz a leitura da realidade social e o impulsiona a sua militância política. Não por acaso, desde cedo, seu interesse pela cultura, pelo senso comum, pela religião, pela linguagem, não são aspectos marginais no pensamento de Gramsci, mas, ao contrário, expressam sua vinculação orgânica com as classes e grupos subalternos que, nos *Cadernos do Cárcere*, encontra *lócus* privilegiado para uma reflexão teórica: Gramsci está imerso, desde sempre, no "universo" dos subalternos e quer saber como estes podem deixar de sê-lo! (Semeraro, 2014b).

Nessa perspectiva, se o *Caderno 25* possivelmente indica um "projeto preliminar de estudos", em que Gramsci está registrando critérios para a produção de uma historiografia subalterna, buscando valorizar a história das classes e grupos subalternos, essa não é a única perspectiva aberta pelo *Caderno 25:* nele, é possível encontrar uma inovadora análise sobre os grupos sociais subalternos, que também se centra em fornecer indicações para a sua unificação, tendo em vista a construção de uma nova hegemonia, ou seja, a construção de uma nova sociedade em que os subalternos possam ascender a condição de classes dirigentes e dominantes, fundando um novo tipo de Estado. Eis porque, os fatos históricos registrados neste *Caderno* (o caso de Davide Lazzaretti, das classes populares nas Comunas italianas, dos escravos em Roma), ao mesmo tempo em que representam a valorização de uma história dos subalternos, também está indicando para uma estratégia política revolucionária que coloque fim a subalternidade. Afinal, não é possível dissociar o pensamento gramsciano de uma perspectiva revolucionária e isso, sem dúvida, *é de "um valor inestimável":* possibilita compreender que, seja na historiografia, seja nas relações sociais concretas, as classes e grupos subalternos são marginalizados, isso é, colocados "às margens da história". A questão está precisamente em romper com esta condição, de maneira que os subalternos devem passar a construir a sua própria história, o que em outros termos significa narrar e viver uma história que seja propriamente a sua e não a imposta pelos grupos dominantes.

Gradativamente e, sobretudo, no *Caderno 25*, afora essa vinculação que não pode ser deixada de lado (das classes e grupos subalternos com a perspectiva revolucionária de Gramsci), uma das mais evidentes mudanças que ocorre na redação gramsciana nesse *Caderno* é a substituição da expressão "classes subalternas" por "grupos subalternos". Nas primeiras aparições dos verbetes, o substantivo "classes" é priorizado ao preceder o adjetivo "subalternas". Não obstante, no *Caderno 25*, vemos uma modificação: Gramsci se utiliza com frequência de grupos subalternos e grupos sociais subalternos, sendo que, inclusive, escolhe esse último verbete para dar título ao *Caderno monográfico* em questão. A expressão "classes subalternas" é mencionada apenas uma única vez e isso acontece no *§ 5*. O que esta modificação na redação gramsciana pode significar? É somente uma questão de semântica ou representa modificações substantivas?

De acordo com Galastri (2014), Gramsci quase sempre opta por utilizar termos como "classes subalternas" e "grupos subalternos" no lugar de "proletariado" e "campesinato". Isso acontece porque, segundo o autor, Gramsci está pensando nas especificidades nacionais da Itália, de maneira que, os verbetes de "classes e grupos subalternos" poderiam melhor designar, representar e especificar a luta de classes na Itália contemporânea de seu tempo, do que propriamente o par proletariado / campesinato.

Pensando nisso, a utilização de grupos subalternos por parte de Gramsci serve para abarcar o conjunto "[...] das massas dominadas, mas sem possuir agregação de classe. Os grupos subalternos não estão necessariamente unificados em classes sociais, pois, para que isso ocorresse, deveriam possuir formações, agregados próprios que interviessem politicamente na relação de forças sociais vigente em determinada formação social" (Galastri, 2014, p. 36-37, grifo nosso).

Aí está o argumento que poderia justificar a possível mudança na redação gramsciana, vista, especialmente, no *Caderno 25*: a substituição gradativa de *classes subalternas* por *grupos subalternos* expressa o amadurecimento de que os subalternos, na verdade, sequer vêm se constituindo e se organizando enquanto "classe" e, por isso, "grupo" seria a designação que melhor poderia lhes representar.

Se uma "classe social", segundo Marx, se define quando, indivíduos antes isolados passam a travar uma luta contra outra classe social, comportando-se estas como inimigas na concorrência, para Gramsci, os subalternos constituem-se de um conjunto bastante heterogêneo, com diferentes níveis e graus de subalternidade, ou seja, não são unificados e a característica da desagregação marca a sua história.

Por esse motivo, também acreditamos que a tendência e a escolha de Gramsci pelos "grupos subalternos" (que tende a ocupar cada vez mais sua redação), refere-se a compreensão de que "grupos" engloba tanto as classes, quanto as não classes, quer dizer, tanto aqueles com "grau" de consciência superior e mais avançado na luta de classes, quanto aqueles que não conseguem sair sozinhos de sua condição marginal e periférica: "classes" e "grupos" não corresponde somente a uma semântica, equivalência ou alternância na redação de Gramsci sem significado, ao contrário, está para poder melhor particularizar a variedade de estratos que compõe o conjunto dos grupos subalternos, que não conseguem ainda formar uma união ou unidade política.

Em outras palavras, isso significa que o conceito de "grupos subalternos" é o que possibilita melhor representar a condição de desagregação e ausência de organização entre as grandes massas, já que a condição de "classe social" pressupõe uma já articulada organização política entre elas, de modo que unifica os interesses em comum. Não obstante, a passagem da condição de "grupos" dispersos para a de "classe social" organizada é possível, mas, essa passagem se inicia apenas na medida em que os grupos passam a se organizar politicamente, reivindicando por questões comuns que os fazem distinguir dos interesses de outros grupos. Para Galastri (2014, p. 44), "Daí a importância da distinção entre 'grupos sociais subalternos' como categoria mais abstrata e 'classes sociais subalternas' como fenômeno histórico de unificação política de frações e segmentos determinados dos subalternos".

Nessa perspectiva, os subalternos não podem ser confundidos como o contingente "excluído" da sociedade, tampouco ausentes de iniciativa histórica e de condições para intervir e superar a própria condição de subalternidade. A centralidade de Gramsci é, precisamente, questionar-se sobre como os grupos subalternos podem desenvolver as suas iniciativas históricas, quer dizer, como podem organizar-se enquanto "classe" (Galastri, 2014).

A relação que os "grupos subalternos" estabelecem com a condição de "classe social" é a de aproximação-distinção: a) aproximação, porque todos os segmentos diversos das classes dominadas (operários, trabalhadores urbanos e rurais, campesinato, funcionários, pedintes, sem-terra, sem-teto, mendigos etc.) conformam relações sociais de classe na sociedade capitalista, estando inscritos em condições econômicas de exploração; b) distinção, haja vista que a condição de subalternidade entre os diversos segmentos das classes dominadas não gera necessariamente unidade ou, mesmo, união política, constituindo-se de um grupo bastante diverso e heterogêneo (Galastri, 2014).

> É nesse sentido, e neste momento analítico, que a concepção gramsciana de *grupos subalternos* é útil para reunir, em suas diferenças e características distintas, todos aqueles sujeitos e grupos elencados acima, *grupos subalternos* enquanto grupos formados por e formadores de *relações sociais de classe* sob a hegemonia burguesa, uma rede primordial de relações de onde emergem as classes sociais dominadas, *classes enquanto tal*, ou seja, *politicamente orientadas para a luta* num campo de relações de força inicialmente desfavorável. Ou seja, a constituição dos grupos e frações de grupos subalternos em classes sociais *é a própria luta de classes* (Galastri, 2014, p. 53, grifos do autor).

Somente com o desenvolvimento de uma práxis política e com a agregação sistemática dos "grupos subalternos" é que se tornaria possível colocá-los em direção a disputa pela hegemonia. Vê-se, portanto, que a necessidade de se constituir uma fração unificada dos subalternos, cuja vanguarda deverá se originar de seu seio mesmo, é tarefa a ser construída, estando diretamente relacionada com a formação e multiplicação de seus intelectuais orgânicos, como veremos (Galastri, 2014).

Mas, não obstante, o desenvolvimento geral da temática das *classes e grupos subalternos no pensamento gramsciano* também revela e expressa uma originalidade da qual compartilhamos: o fato de que a relação imbricada entre subalternidade e hegemonia, ou ainda, o par hegemônico / subalterno, indica uma atualização do par categorial do marxismo clássico, burguesia / proletariado, indispensável para compreender a sociedade burguesa moderna. Isso por que a dupla hegemônico / subalterno permite melhor entrelaçar a "[...] *colocação social e subjetiva com o dado estrutural e cultural e ideológico*" (Liguori, 2016, p. 124, grifo nosso), uma vez que "[...] quando [Gramsci] está falando de classes e grupos sociais subalternos, *está compreendendo seja os grupos mais ou menos desagregados e marginais, seja o proletariado de fábrica:* seja os camponeses sardos e os operários turinenses" (Liguori, 2016, p. 124, grifo nosso). As novas condições colocadas pelo capitalismo de seu tempo, especialmente, a ampliação do Estado através do desenvolvimento de uma "robusta" sociedade civil, também possibilitaram a Gramsci desenvolver uma fértil abordagem sobre a hegemonia e, por isso, sobre a subalternidade, tendo nas classes e grupos subalternos uma melhor compreensão de que como suas "teias" conformam uma subjetividade determinada, conduzida pelos grupos que dominam moral e intelectualmente o processo histórico: a conformação de uma subjetividade determinada, ou melhor, de uma desapropriação subjetiva dos subalternos (Modonesi, 2010), é que contribui para que o dado estrutural da sociedade se relacione com o cultural e ideológico, de modo que a dominação política e a dominação cultural são orgânicas na dinâmica moderna (Simionatto, 2009).

A categoria "classes e grupos subalternos" no pensamento gramsciano deve ser reivindicada considerando precisamente os elementos aqui expostos, quer dizer: a vinculação com uma estratégia política revolucionária, o exercício e a disputa pela hegemonia, a captação das formas de dominação inscritas na sociedade moderna, o problema da construção de um novo tipo de Estado.

Por muito tempo, *estas questões permaneceram desarticuladas da discussão sobre as classes e grupos subalternos*, conduzindo a interpretações não só equivocadas dos conceitos, mas, reduzidas. Isso porque a difusão e popularização da categoria ocorreu com limitações: muitas delas relacionadas a ausência de conhecimento sobre a própria obra carcerária.

Nessa perspectiva, sua propagação inicial está vinculada a um coletivo de pesquisadores Sul-asiáticos, da Universidade de Sussex, que fundam, em 1982, o chamado *Subaltern Studies*, liderados por Ranajit Guha: foram os pesquisadores indianos que deram origem aos primeiros estudos sobre a subalternidade, fomentando a ida a obra carcerária para alicerçar suas pesquisas (Capuzzo, 2009).

Mais precisamente, a recepção de Gramsci na Índia se iniciou com a publicação de um artigo de autoria de Susobhan Sarkar em 1968, que lecionava no Departamento de História da Universidade de Jadavpur, em Calcutá: foi o primeiro a difundir e disseminar o pensamento de Gramsci neste país. Guha, fundador dos *Subaltern Studies*, estabeleceu contato com Sarkar quando fora, inicialmente, seu aluno no *Presidence College* de Calcutá e, posteriormente, quando passou a integrar o Departamento de História da Universidade de Jadavpur, tornando-se seu colega (Capuzzo, 2009).

Em 1956, Guha passa a se dedicar a atividade acadêmica nessa Universidade, momento em que deixa a militância política e sindical no Partido Comunista Indiano. Inserindo-se na Universidade de Calcutá nos anos 1950, posteriormente se transferirá para a Inglaterra, momento em que se vincula, a Universidade de Manchester e, posteriormente, a Universidade de Sussex, quando formará, de fato, o coletivo dos *Subaltern Studies* (Capuzzo, 2009).

Entre os anos de 1970-1971, quando de uma temporada na Índia, Guha decidiu se dedicar ao estudo das revoltas camponesas. Afinal, a década anterior de 1960 na Índia foi marcada por uma série de rebeliões camponesas que se desencadearam a partir da Revolta de Naxalbari de 1967. Na origem dessa revolta estava a intensa condição de pobreza e esquecimento que os camponeses foram deixados após a independência indiana.

A Índia, um país colonizado pela Inglaterra, se manteve sob o domínio britânico até a segunda metade da década de 1940. Mesmo com a instauração de um governo independente após a retirada das forças coloniais britânicas, quem assumiu o aparato estatal que nascia foi a elite indiana, que conduziu o processo de independência. Estando no poder, essa elite reprimiu os movimentos e resistências que vieram a se instaurar, utilizando-se do exército e da polícia para fazer valer a nova ordem.

> No final dos anos 1960, *a miséria havia chegado a tal nível que fez com que uma faísca fosse suficiente para explodir a revolta das massas* — essa faísca veio do movimento camponês de Naxalbari. Iniciado como revolta local contra proprietários de terra, logo se tornou sinal de insurreição em pequena escala para outras zonas do campo. [...] A breve experiência do chamado "movimento naxalista" foi derrotada pelas forças conjuntas do Congresso e dos dois partidos comunistas da época [PCI e PCIM], em uma série de operações repressivas que compreenderam o período de 1968 a 1971 (Góes, 2017, p. 317, grifo nosso).

Nesse sentido, mesmo com a independência, continuou a predominar no país uma dominação sem hegemonia, cujo movimento naxalista vem expressar o descontentamento do povo em relação à nova formação política instituída pós-1947. Com um sistema de poder inalterado, passando-se esse somente às mãos da elite indiana, mas reproduzindo a miséria do antigo regime, o país, após a retirada do domínio britânico, não alterou substantivamente sua dinâmica (Capuzzo, 2009).

Como o caso da independência indiana se relaciona com os subalternos e o pensamento de Gramsci? Se relaciona na medida em que é na tentativa de narrar e apresentar uma historiografia colonial indiana que o coletivo dos *Subaltern Studies* é criado em 1982, tendo entre os seus membros: Dipesh Chakrabarty, Partha Chatterjee e Gayatri Chakravorty Spivak, dando origem a uma série de publicações, cuja finalidade é contar a história indiana a partir da perspectiva dos subalternos. Fundando um "projeto subalternista", os *Subaltern Studies* objetivam o registro de uma historiografia indiana sobre o colonialismo, promovendo uma ruptura em relação às interpretações elitistas até então predominantes (Góes, 2017).

Dentre as principais referências e autores que circundavam entre Guha e, por conseguinte, no coletivo no contexto de sua primeira fase, Gramsci é aquele que adquirirá maior centralidade: aparece desde o primeiro volume de publicações lançadas, sendo mencionado no prefácio, de modo que, nele, Guha se ocupa propriamente da noção de *subalterno* (Capuzzo, 2009).

A partir da assimilação dessa categoria, os *Subaltern Studies* conseguiram produzir algo novo e de grande valia para contar e registrar uma nova historiografia indiana, mas ao mesmo tempo, sem deixar de apresentar algumas limitações quanto a sua apreensão, colocando, por isso, distâncias entre si e o próprio pensamento gramsciano: podemos dizer que há, nesse sentido, uma apropriação seletiva deste pensamento por parte do coletivo. Afinal, quando observamos a noção de subalterno a partir dos *Subaltern Studies*, podemos ver que esta não se constitui de uma assimilação que incorpora, em sua totalidade, as determinações presentes no pensamento de Gramsci (Góes, 2017).

Até a década de 1980 na Índia, as leituras e interpretações históricas que se destacavam sobre o colonialismo britânico caracterizavam-se por se configurar em leituras elitistas, que não colocavam em evidência as aspirações já presentes na política dos subalternos. Ou seja, se o período colonial foi marcado pelo exercício de uma política elitista, também desenvolvia-se, em outro polo, uma política dos subalternos. No entanto, esta política sempre foi considerada como secundária ou, mesmo, como insignificante, invisível, pela historiografia. Diante dessa observação, a opção de Guha e dos *Subaltern Studies* foi a de mostrar que, apesar não ter tido forças suficientes para empreender um movimento de libertação nacional, a política dos subalternos sempre permeou a vida e a história colonial, quer dizer, sua escolha foi a de valorizar os movimentos de resistência dos subalternos na historiografia, de modo semelhante ao que supostamente havia feito Gramsci na Itália (Góes, 2017).

As revoltas e insurreições camponesas durante o período colonial no país eram consideradas como anacrônicas e a figura do camponês como símbolo do atraso, pois a historiografia o considerava como incompatível com o governo colonial e a lógica da modernidade e do capitalismo. Por isso, os subalternistas, na contramão dessa interpretação oficial, valorizavam a figura do camponês como um sujeito da história, capaz de protagonizar movimentos com elementos de direção consciente no lugar de sua naturalização e descaracterização (Góes, 2017).

O ponto de partida dos *Subaltern Studies* com esta proposta está alicerçado nas anotações que Gramsci desenvolve nas Notas sobre a história da Itália. Para o grupo indiano, Gramsci havia tratado sobre a noção de *subalterno* quando investigou a história italiana, não considerando as demais notas dos *Cadernos* em que se desenvolve a problematização deste conceito. Isso ocorre não apenas porque os *Subaltern Studies* negligenciaram o pensamento e as reflexões gramscianas, mas sobretudo, porque o conhecimento que o grupo detinha sobre a totalidade da obra carcerária era limitado, haja vista que a edição de que possuíam acesso era anterior à edição crítica de Valentino Gerratana, utilizando-se de uma antologia organizada por Quintin Hoare e Geoffrey Nowell Smith, que compilava algumas notas a respeito do *subalterno*. Assim é que, nessa analogia, por exemplo, tais notas estavam agrupadas em torno da reflexão gramsciana sobre a história da Itália, de maneira que o coletivo sequer possuía ciência de que Gramsci havia dedicado um *Caderno especial* inteiro para os que estão às margens da história (Buttigieg, 1999).

Os únicos parágrafos do *Caderno 25* de que os *Subaltern Studies* tiveram conhecimento foram os *§ 2* e *§ 5*, que também foram retirados de contexto e inseridos no conjunto com os demais parágrafos que tratavam sobre a história italiana. Por não considerar a totalidade da reflexão gramsciana é que o projeto subalternista indiano comprometeu em um aspecto fundamental a abordagem sobre a noção de *subalterno:* não problematizou o conceito na relação direta com o esboço de uma estratégia revolucionária gramsciana para o Ocidente contida nas páginas dos *Cadernos* (Buttigieg, 1999), um projeto no qual Gramsci se dedicou durante toda a sua vida, até mesmo nas condições mais adversas do cárcere.

Mas, ainda assim, é possível dizer que, durante a primeira fase dos *Subaltern Studies*, com a liderança de Guha, predominava uma tentativa de aproximação e recurso ao pensamento de Gramsci, mesmo que o conjunto desses esforços tenha resultado em uma apropriação com diversas limitações. Não obstante, quando, em 1988, Guha se afasta do editorial, o coletivo adentra em uma segunda fase, sendo liderado por Edward Said e Gayatri Spivak. A partir daí, se Gramsci, em um primeiro momento, foi a fonte principal de referência que impulsionou os trabalhos indianos, a posterior aproximação e o flerte com Foucault e Derrida promoveu um distanciamento cada vez maior do coletivo em relação à figura de Gramsci, que jamais poderia ali se reconhecer (Mussi; Góes, 2016).

> A sorte desse termo e desse conceito de origem gramsciana é devida também a uma série de equívocos [...] a difusão dessa categoria gramsciana tinha partido de estudiosos — indianos em um primeiro lugar — que possuíam um conhecimento apenas parcial dos escritos de Gramsci [...] Os estudiosos indianos que, no início dos anos 1980, deram vida aos *Subaltern Studies* pensaram que as observações de Gramsci sobre os subalternos fossem relativas somente à história da Itália, em particular à história do processo de unificação. Assim, escreveram para fazer pela Índia o que Gramsci havia feito estudando as relações entre "dirigentes" e "dirigidos" no *Risorgimento* [...] O grupo de historiadores indianos liderados por Guha, em geral, inspirou-se em

> Gramsci para afirmar a necessidade de uma historiografia que não se limitasse à ação das elites ou das classes dirigentes [...] Com o desenvolvimento do termo "subalterno" — ou "subalternos" — para universidades anglo-americanas, ocorreu uma guinada. Estudiosos, influenciados sobretudo pelo "desconstrucionismo" de Derrida ou pelo pensamento de Foucault, utilizaram a categoria de "subalterno" e o conceito de "subalternidade" de modo frequentemente descuidado. *Perdeu-se qualquer ligação da categoria com a constelação político-teórica da qual fazia parte no âmbito da construção teórica de Gramsci* [...] (Liguori, 2017, p. 24-25, grifos nossos).

Esse percurso é válido para recuperar o fio condutor que conecta a reflexão sobre as classes e grupos subalternos: a reivindicação revolucionária por parte de Gramsci! Se a noção de *subalterno* pôde contribuir para a produção de uma historiografia indiana, impulsionando a difusão da categoria, por outro lado, não pode deixar de se relacionar com a luta política e a perspectiva revolucionária que permeia o conjunto dos *Cadernos*. Sem essa relação, corre-se o risco de se enveredar nos mais variados abusos relacionados ao seu uso: não por acaso, diversos sentidos são atribuídos às classes subalternas, sendo empregadas como equivalentes para classes baixas, inferiores, pobres, classes discriminadas, grupos minoritários etc., no lugar de assumir a posição de um importante conceito que auxilia a compreender a sociedade moderna, constituindo-se como chave analítica.

CLASSES E GRUPOS SUBALTERNOS *LATO SENSU*: ENTRE OS *CADERNOS* 3 E 25

4

OS *CADERNOS 10* E *11*: A FILOSOFIA DA PRÁXIS

A RECONSTRUÇÃO DO MARXISMO nos termos da filosofia da práxis põe em relevo a recepção da obra de Marx por parte de Gramsci, manifestando-se por meio de três momentos fundamentais: 1) o primeiro, que abarca os anos de juventude de 1917-1918, quando confronta-se com as interpretações dominantes do marxismo comuns no contexto do socialismo italiano; 2) o segundo, entre os anos de 1922-1923, quando de sua estadia na Rússia; e 3) o terceiro, que contempla o período de reflexões dos anos da prisão (Cospito, 2022).

Seguindo as indicações apontadas por Cospito (2022), desde o início da atividade jornalística e o contato com o socialismo turinense, Gramsci colocou-se contra as deformações e leituras parciais dos textos de Marx em voga no caldo cultural dos anos 1910 na Itália. Tais leituras, oriundas de fontes e traduções pouco confiáveis (uma vez que os "Manuscritos econômico-filosóficos, A ideologia alemã" e "O Capital", não haviam sido ainda publicados), fizeram predominar uma interpretação economicista, vulgar e determinista do marxismo. Por isso, não é incomum encontrar diversos artigos desse período, redigidos por Gramsci, em grande polêmica e distinção contra as leituras marxistas predominantes, a exemplo de "Nosso Marx" e "A revolução contra O'capital".

A experiência moscovita em 1922, porém, permitiu um salto qualitativo no amadurecimento político e teórico de Gramsci, haja vista que, além de conhecer pessoalmente Lênin e os bolcheviques, o marxista italiano obteve o conhecimento direto das obras de Marx. Isso porque a edição crítica integral dos escritos de Marx e Engels começava a ser editada pela Mega, sob a direção de Riazanov, estando "[...] marcada por um grande rigor filológico e que não apenas trazia à luz textos até então inéditos, mas que, antes de mais nada, colocava em evidência o caráter atormentado, fragmentário e incompleto da obra de Marx" (Cospito, 2022, p. 104). Não por acaso, as indicações sobre as Questões de método do *Q 16 § 2* de Gramsci são anotações sugestivas para realizar a leitura desse denso material, de modo a expressar o seu extraordinário interesse pelo trabalho filológico na busca pela exposição sistemática da concepção de mundo do autor-pensador.

Nos *Cadernos*, Gramsci aprofundará o pensamento de Marx, traduzido na reinterpretação da filosofia da práxis. Aliás, a discussão sobre a filosofia é empreitada que ocupa lugar privilegiado na reflexão do cárcere, já que as anotações dedicadas a temática, se consideradas apenas as realizadas nos *Cadernos 10* e *11*, estão espraiadas através de um volume de mais de trezentas páginas (Semeraro, 2014a).

Intitulados respectivamente de "A filosofia de B. Croce", escrito entre 1932-1935, e "Introdução ao estudo da filosofia", redigido entre 1932-1933, ademais dos *Cadernos 10* e *11*, Gramsci ainda reúne várias anotações nos chamados Apontamentos de filosofia, presentes nos *Cadernos miscelâneos 4*, *7* e *8*. Dessa mirada, é possível perceber a centralidade que Gramsci confere ao tema, reivindicando-o a partir da relação indissociável com a história e a política (Semeraro, 2014a). Mas, afinal, como a filosofia da práxis é apresentada por Gramsci? Como esta temática se vincula à reflexão sobre as classes e grupos subalternos e, ao mesmo tempo, auxilia na compreensão destes conceitos?

A formação filosófico-cultural inicial de Gramsci é, sem dúvida, determinante para sua adesão ao materialismo histórico. Autores situados no campo liberal e neoidealista italianos, como são Croce e Gentile, forneceram o cimento para que Gramsci combatesse a cultura positivista e as simplificações a que o marxismo estava imerso na Itália, decorrentes, sobretudo, das interpretações deterministas da Segunda Internacional (Fresu, 2022b).

Aderindo as posições de Antonio Labriola, Gramsci o considerava como ponto de renovação do marxismo na Itália: "[...] se destacou ao postar *o marxismo como uma filosofia independente e original,* tentando *construir cientificamente* a filosofia da práxis" (Fresu, 2022b, p. 29, grifo do autor). Por isso, nos *Cadernos*, reivindicando a originalidade anunciada por Labriola, Gramsci, empresta-lhe a categoria filosofia da práxis, interpretando o marxismo como expressão dessa filosofia, promovendo um retorno a Marx, ao mesmo tempo em que realiza um acerto de contas com Croce, uma das fontes referenciais de sua formação inicial, sem deixar de reconhecer o seu mérito: não é coincidência que o *Caderno 10* seja dedicado à filosofia de Benedetto Croce, enquanto o *Caderno 11*, remeta ao estudo da filosofia, combatendo o marxismo de inspiração positivista que tem, naquele momento, sua maior expressão na Teoria do materialismo histórico. Manual Popular de Sociologia Marxista (ou "Ensaio Popular", como costuma fazer referência nos *Cadernos*), de Nikolai Bukharin, lançado em 1921. Em suma, "Gramsci formulou a *concepção de filosofia da práxis [...] na crítica tanto ao revisionismo idealista de Croce quanto ao materialismo positivista de Bukharin*" (Aliaga, 2021, p. 51, grifo nosso).

Distanciando-se das afirmações de que a filosofia da práxis é expressão para burlar a censura do cárcere, pretendendo Gramsci referir-se ao marxismo e/ou ao materialismo histórico, afirma-se a filosofia da práxis como "[...] grande reforma dos tempos modernos [...]" (Gramsci, 2014b, *Q 10 § 41* p. 1292; *CC*, v.1, 1999, p. 362). É na revisão crítica do pensamento de Croce que Gramsci no *Caderno 10*, ora o apresenta como aquele tem *valor instrumental*, uma vez que atraiu a atenção para a *cultura, "[...] para a função dos grandes intelectuais na vida dos Estados, para o momento da hegemonia e do consenso como forma necessária ao bloco histórico concreto [...]"* (Gramsci, 2014b, *Q 10*, p. 1211; *CC*, v.1, 1999, p. 283, grifo nosso), ora como aquele que promove um certo "[...] hegelianismo degenerado e mutilado [...]" (Gramsci, 2014b, *Q 10 § 6*, p. 1220; *CC*, v.1, 1999, p. 291).

Isso porque ao mesmo tempo em que Croce representa uma reação ao economicismo, assim como ao mecanicismo fatalista que impregnava o marxismo, também tem seu mérito por reconhecer a frente da luta cultural, auxiliando na elaboração da teoria da hegemonia e da ampliação da noção de Estado para além da identificação da relação Estado-força. Afinal, Croce já distinguia em seu conceito de história ético-política, dois momentos ("ética" e "política") constitutivos: a) o da ética (de direção, fazendo referência a hegemonia e a sociedade civil) e o da política (de domínio, fazendo referência a iniciativa estatal-governamental) (Fresu, 2022a). Gramsci assimila essa valorização do "momento da hegemonia" de Croce, reconhecendo que a historiografia ético-política é o que "[...] realmente coroa todo o trabalho filosófico de Croce" (Gramsci, 2014b, *Q 10 § 29*, p. 1267-68; *CC*, v.1, 1999, p. 338).

Não obstante, no decorrer do *Caderno 10*, ao passo em que o reconhecimento de Croce para o estudo dos fatos da cultura é valorizado, Gramsci não deixa de apontar uma série de críticas ao mais popular filósofo napolitano do período na Itália:

> O maior limite de Croce, segundo Gramsci, *foi pensar que o marxismo não reconhecia o momento da hegemonia,* até subestimar dolosamente o tema da direção cultural. Na sua legítima reação ao determinismo econômico, *Croce teria confundido a essência do materialismo histórico com o desenvolvimento vulgarizado da vertente positivista* (Fresu, 2022a, p. 178, grifos nossos).

Nessa perspectiva, em oposição ao fortalecimento do marxismo de inspiração positivista que, na realidade, acabava por ser reforçado por Croce, Gramsci afirma que a filosofia da práxis não julga os fatos da superestrutura como "aparência": o reconhecimento da história ético-política (de direção e domínio) por parte da filosofia da práxis consiste "[...] precisamente na reivindicação do *momento de hegemonia como essencial à sua concepção estatal e à 'valorização' do fato cultural como necessária, ao lado das frentes meramente econômicas e políticas"* (Gramsci, 2014b, *Q 10 § 7*, p. 1224; *CC*, v.1, 1999, p. 295, grifo nosso).

Em outras palavras, para Gramsci, a filosofia da práxis não desconhecia e não desconsiderava a superestrutura, ou seja, não a tomava como mera "aparência". Croce comete, porém, o equívoco de acreditar que "[...] a filosofia da práxis 'destaca' a estrutura das superestruturas [...]" (Gramsci, 2014b, *Q 10 § 41*, p. 1300; *CC*, v.1, 1999, p. 369), quer dizer, a estrutura é o deus oculto que a tudo determina, daí que a recaída em um marxismo determinista e de viés positivista, adensando, em alternativa a ele, um excesso de ideologismo. Não compreende que o conceito de estrutura da filosofia da práxis deve ser concebido historicamente, "[...] *como o conjunto das relações sociais* nas quais os homens reais se movem e atuam, como um conjunto de condições objetivas que podem e devem ser estudadas com os métodos da 'filologia' e não da 'especulação' [...]" (Gramsci, 2014b, *Q 10 § 8*, p. 1226; *CC*, v.1, 1999, p. 297, grifo nosso).

Isso porque na perspectiva de Gramsci a despeito da filosofia da práxis, essa está fundada em uma concepção historicista da realidade. Ao contrário de colocar em lados opostos e completamente separados estrutura e superestrutura, objetividade e subjetividade, cujos primeiros termos da equação determinariam em absoluto os segundos, as forças produtivas não podiam ser identificadas somente como coisas materiais, como se de seu conjunto se desconsiderassem as forças e relações sociais que lhes são intrínsecas, afinal: "*A filosofia da práxis 'absorve' a concepção subjetiva da realidade (o idealismo) na teria das superestruturas; absorve-o e o explica historicamente* [...] A teorias das superestruturas é a tradução da concepção subjetiva da realidade em termos de historicismo realista" (Gramsci, 2014b, *Q 10 § 6*, p. 1244; *CC*, v.1, 1999, p. 315, grifo nosso).

No *Caderno 11*, quando da sucessiva análise crítica do "Ensaio Popular", de Bukharin, Gramsci, continua a demonstrar esta perspectiva: a filosofia da práxis não cinde objetividade e subjetividade e, tampouco, parte de um "quase fetichismo" de que as ideologias são reflexos diretos e automáticos da estrutura, sendo aquelas modificadas somente na medida em que essa também se modificar. A íntima imbricação entre condições objetivas e subjetivas é declaradamente expressa: "[...] Objetivo significa sempre 'humanamente objetivo', o que pode corresponder exatamente a 'historicamente subjetivo', isto é, objetivo significaria 'universal subjetivo'" (Gramsci, 2014b, *Q 11 § 17*, p. 1415-1416; *CC*, v.1, 1999, p. 134).

O nexo entre estrutura e superestrutura é, para Gramsci, "necessário e vital" (Gramsci, 2014b, *Q 10 § 41*, p. 1321; *CC*, v.1, 1999, p. 389): conformam um bloco histórico, em que ambas relacionam-se dialeticamente, visto que o terreno das superestruturas é onde os homens adquirem a consciência de sua posição social. Entre estrutura e superestrutura não pode haver uma relação de causa-efeito, ou seja, "[...] não acredito que existam muitos a sustentar que, com a modificação de uma estrutura, todos os elementos da superestrutura correspondente *devam necessariamente desaparecer*. Ao contrário, ocorre que, de uma ideologia surgida para guiar as massas populares [...] sobrevivam vários elementos [...]" (Gramsci, 2014b, *Q 10 § 41*, p. 1322; *CC*, v.1, 1999, p. 390-391, grifo nosso). Aliás, a categoria "bloco histórico" (assim como "filosofia da práxis" em Gramsci é emprestada de Antonio Labriola e traduzida em novos termos), faz parte do vocabulário de Georges Sorel, que é apropriada e, sobretudo, reformulada: com ela, Gramsci combate veementemente a dicotomia entre estrutura e superestrutura, já "[...] que os elementos ideais se fundem com os materiais e que esses se alimentam daqueles e vice-versa. [...] *De forma mais simples, o bloco histórico é definido como uma síntese de estrutura a superestrutura*, na qual as forças materiais se encontram e quase se fundem com as ideologias [...]" (D'Orsi, 2022, p. 321, grifo nosso).

Com estas referências, Gramsci inscreve a filosofia da práxis como subjetividade histórica de um grupo social, forjada na relação dialética com o processo histórico, "[...] ou seja, a forma de um concreto conteúdo social e o modo de conduzir o conjunto da sociedade a forjar para si uma unidade moral" (Gramsci, 2014b, *Q 10 § 8*, p. 1225; *CC*, v.1, 1999, p. 297), compreendendo que ela não se identifica, nem com o idealismo de Croce, nem com o materialismo determinista de Bukharin.

Se para um (quer dizer, o materialismo determinista), a economia é "tudo", para outro (quer dizer, o idealismo), a superestrutura é tomada de maneira independente da base material, reproduzindo dois extremos de uma mesma equação. Em Gramsci, ao contrário, não está presente quaisquer tipos de apriorismos:

> Embora seja certo que, para as classes fundamentais produtivas (burguesia capitalista e proletariado moderno), o Estado só é concebível como forma concreta de um determinado mundo econômico, de um determinado sistema de produção, disso não deriva que a relação de meio e fim seja facilmente determinável e assuma o aspecto de um esquema simples e óbvio à primeira vista. É verdade que a conquista do poder e afirmação de um novo mundo produtivo são indissociáveis; que a propaganda em favor de uma coisa é também propaganda em favor da outra; [...] *mas se manifesta o complexo problema da correlação de foças internas ao país em questão, da correlação das forças internacionais, da posição geopolítica do determinado país* (Gramsci, 2014b, *Q 10 § 61*, p. 1360; *CC*, v.1, 1999, p. 427-248, grifo nosso).

Aliás, é a partir dessa reivindicação, quer dizer, da indissociável relação entre objetividade e subjetividade deduzida da leitura dos *Cadernos 10* e *11* que também no *Caderno* dedicado a filosofia de B. Croce, Gramsci vai esclarecendo os conceitos de Estado integral e hegemonia. No *§ 15*, que o prisioneiro intitula de "*Noterelle di economia*"[58], encontramos a seguinte redação: "Entre a estrutura econômica e o Estado com a sua legislação e a sua coerção, *está a sociedade civil, e esta deve ser radical e concretamente transformada não apenas na letra da lei e nos livros dos cientistas* [...]" (Gramsci, 2014b, *Q 10 § 15*, p. 1253-1254; *CC*, v.1, 1999, p. 324, grifo nosso).

Em nome dos fundadores da filosofia da práxis — para Gramsci; Marx, Engels e Lênin —, ao mesmo tempo em que Croce foi fundamental ao marxista italiano para perceber os fatos da cultura e da direção cultural, as limitações na apropriação da verdadeira dialética hegeliana não deixam de ser percebidas. Uma vez inspirado em Labriola, aquele que na Itália fora discípulo de Bertrando Spaventa e profundo conhecedor da dialética (Fresu, 2022b), Gramsci incorporou suas influências no panorama italiano, carregando as lições de Hegel: não por acaso, propõe o desenvolvimento de um *Anti-Croce*, de maneira semelhante ao *Anti-Düring* de Engels — "Um trabalho deste gênero [...] mereceria que um inteiro grupo de homens lhe dedicasse dez anos de atividade" (Gramsci, 2014b, *Q 10 § 11*, p. 1234; *CC*, v.1, 1999, p. 305).

Resgatando o sentido revolucionário da filosofia hegeliana, Gramsci considera que Hegel foi capaz de conceber a história mundial como processo dialético. Ao libertá-la das explicações baseadas nas leis divinas ou naturais ou, como afirma Fresu (2022a, p. 179): "[...] da razão com letra maiúscula, anterior ao tempo e à história", compreendeu que cada etapa gera, em seu próprio movimento interno, as condições para a etapa seguinte, de modo a ingressar em um ciclo que a conduz a decadência (Fresu, 2022a).

58 "Breves notas sobre economia".

> Segundo Gramsci, a genialidade de Hegel foi não apenas a de mostrar a potência geradora do negativo; ele esclareceu a imanência do negativo na afirmação por ele negada. Assim, se antes dele as transformações ligadas à Revolução Francesa foram explicadas com categorias conceituais externas ao corpo social — como as teorias da conspiração ou aqueles que comparam a revolução às catástrofes naturais (terremoto, erupção, inundação) ou doenças — Hegel é o primeiro a fornecer um quadro conceitual histórico racional dos processos revolucionários (Fresu, 2022a, p. 183-184).

Não obstante, o que "é real é racional e o racional é real", reconhecendo Hegel que a dialética é parte constitutiva de todo movimento, pois "Cada afirmação produz a sua negação, ela *nunca surge fora de si*" (Fresu, 2022a, p. 184, grifo nosso). É claro que, embora a dialética hegeliana ainda *flutue sobre a cabeça* ou, nas palavras de Gramsci (2014b, *Q 10 § 60*, p. 1357; *CC*, v.1, 1999, p. 425), "[...] faz com que os homens caminhem sobre a cabeça", sendo Marx quem inverte essa lógica, *permitindo, pelo contrário, os homens caminharem sobre os pés*, Gramsci considera o valor do hegelianismo por representar a tentativa de "[...] superar as concepções tradicionais de idealismo e de materialismo em uma nova síntese, *que teve certamente uma excepcional importância e representa um momento histórico-mundial da pesquisa filosófica*" (Gramsci, 2014b, *Q 11 § 27*, p. 1437; *CC*, v.1, 1999, p. 155, grifo nosso).

Ademais, os eventos históricos da Revolução Francesa e das guerras napoleônicas exerceram tamanha influência sob o pensamento hegeliano, já que refletiram diretamente no interior da dialética. Realizando esta observação, Gramsci indaga: "É possível fazer uma história da Europa no século XIX sem tratar organicamente da Revolução Francesa e das guerras napoleônicas? *E é possível fazer-se uma história da Itália na época moderna sem as lutas do Risorgimento?*" (Gramsci, 2014b, *Q 10*, p. 1209; *CC*, v.1, 1999, p. 281, grifo nosso).

Assim como Hegel não poderia deixar de tratar organicamente da Revolução Francesa e das guerras napoleônicas, Croce, o maior filósofo italiano contemporâneo à Gramsci, também não poderia deixar de tratar organicamente dos eventos históricos de seu tempo: o *Risorgimento*. Mas, ocorre que precisamente o napolitano *prescinde deste momento de luta*, quer dizer, "[...] por razões extrínsecas e tendenciosas [...]" (Gramsci, 2014b, *Q 10*, p. 1209; *CC*, v.1, 1999, p. 281) não considera o movimento em torno da unificação, o que demonstra o seu "[...] pânico dos movimentos jacobinos, de qualquer intervenção ativa das grandes massas populares como fator de progresso histórico" (Gramsci, 2014b, *Q 10 § 6*, p. 1220; *CC*, v.1, 1999, p. 291). O que isso significa? O que Gramsci pretende demonstrar?

Na abertura do *Caderno 10*, quando Gramsci apresenta sua Introdução, já é possível observar uma anotação registrada juntamente com as observações sobre a Revolução Francesa, o *Risorgimento* e as guerras napoleônicas: Tem um significado "atual" a concepção de "revolução passiva"! Para Gramsci, Croce promove uma modificação na dialética hegeliana, pois, na perspectiva crociana:

> [...] pressupõe-se "mecanicamente" que, no processo dialético, a tese deva ser "conservada" pela antítese a fim de não destruir o próprio processo, o qual, portanto, é "previsto", como uma repetição ao infinito, mecânica e arbitrariamente prefixada. [...] Na história real, a antítese tende a destruir a tese, a síntese será uma superação, mas sem que se possa estabelecer *a priori* o que será "conservado" da tese na síntese, sem que se possa "medir" *a priori* os golpes como em um ringue convencionalmente regulado (Gramsci, 2014b, *Q 10 § 6*, p. 1220-1221; *CC*, v.1, 1999, p. 292).

No lugar da verdadeira dialética, Croce instaura uma "dialética dos distintos": o momento da negação é recusado, afirmando-se uma reprodução infindável da tese, que nunca é ultrapassada pela antítese. Para a dialética croceana, "distintos" significa oposição não antagonista, de maneira que, no lugar do movimento de negação e superação da tese, observamos uma coexistência de seus diferentes elementos (Bianchi, 2007).

Com isso, segundo Gramsci, o historicismo crociano é, na verdade, anti-historicista, pois parte do pressuposto de uma história pré-determinada. Mas, qual é, afinal, a conservação que Croce quer tanto fazer predominar? Qual é a tese infindável que pretende manter intocável? É o próprio Gramsci quem responde: "[...] *é 'vital' e intocável a forma liberal do Estado, isto é, a forma que garante a qualquer força política o direito de movimentar-se e lutar livremente*" (Gramsci, 2014b, *Q 10 § 41*, p. 1327; *CC*, v.1, 1999, p. 396, grifo nosso).

Croce é apontado como um filósofo que, ao "mutilar" a dialética hegeliana, quer conservar a história, preservá-la da intervenção das grandes massas e, por isso mesmo, é o representante direto da revolução-restauração ou revolução passiva, daí que tem um significado "atual" a concepção de revolução passiva! Desempenhou a função de intelectual cosmopolita e de líder mundial da cultura, exercendo influência semelhante se comparada a do papa católico (Gramsci, 2014b).

Diante dessas referências e fontes do marxismo gramsciano, é que podemos, agora, assimilar dos *Cadernos 10* e *11*, as reflexões sobre a filosofia realizadas por Gramsci, uma vez já assinalado os seus esforços para refundar a filosofia da práxis, afastando-a das influências idealistas e deterministas-positivistas e, portanto, recuperado o fio condutor que envereda Gramsci no caminho das discussões filosóficas nos *Cadernos do Cárcere*. O *Caderno 10* desencadeia a partir da revisão crítica da filosofia de Benedetto Croce uma série de conceitos que estão presentes na totalidade da obra carcerária, mas que ali já encontram espaço para se manifestar, como vimos: estrutura, superestrutura, intelectuais, Estado, revolução passiva, hegemonia.

Nessa direção, ademais destas categorias presentes na interlocução com Croce, o *Caderno 10* também esboça as reflexões mais amplas a respeito das definições de filosofia: no *§ 44*, intitulado por Gramsci de "*Introduzione allo studio della filosofia*"[59], ela aparece defi-

---

59 "Introdução ao estudo da filosofia".

nida como sendo uma concepção de mundo, expressão de uma luta cultural para transformar a mentalidade popular. Não por acaso, no *Q 11 §12*, é bastante conhecida a afirmação de que todos os homens são filósofos. Isso porque, para Gramsci, é necessário combater o preconceito de que a filosofia é atividade intelectual própria restrita a um grupo de cientistas e / ou filósofos profissionais: todos são portadores de uma filosofia, ainda que de uma "filosofia espontânea", visto que ela está contida na linguagem, no senso comum e bom senso, na religião popular, no folclore. Mesmo inconscientemente todos os homens são filósofos porque em quaisquer simples manifestações de atividade intelectual está contida uma determinada concepção de mundo. Diante disso, Gramsci continua a questionar-se:

> [...] é preferível "pensar" sem disto ter consciência crítica, de uma maneira desagregada e ocasional, isto é "participar" de uma concepção de mundo "imposta" mecanicamente pelo ambiente exterior, ou seja, por um dos muitos grupos sociais nos quais todos estão automaticamente envolvidos desde sua entrada no mundo consciente [...] ou é preferível elaborar a própria concepção do mundo de uma maneira consciente e crítica, [...] participar ativamente na produção da história do mundo, ser guia de si mesmo e não mais aceitar do exterior, passiva e servilmente, a marca da própria personalidade? (Gramsci, 2014b, *Q 11 § 12*, p. 1375-1376; *CC*, v.1, 1999, p. 93-94).

Certamente, é preferível elaborar a própria concepção de mundo: é a partir dela que podemos identificar o pertencimento a determinado grupo social, afinal, compartilha-se de certo modo de agir e pensar, em que todos são conformistas de algum conformismo, constituindo-se de "homens-massas" ou "homens-coletivos". O problema está em saber a que conformismo o homem-massa compartilha: se de uma concepção de mundo crítica e coerente ou, ao contrário, desagregada e ocasional. Quando ela é desagregada e ocasional, Gramsci explica que "[...] nossa própria personalidade é compósita, de uma maneira bizarra: nela se encontram elementos dos homens das cavernas e princípios da ciência mais moderna e progressista [...]" (Gramsci, 2014b, *Q 11 § 12*, p. 1376; *CC*, v.1, 1999, p. 94). Nesse ínterim, tornar a concepção de mundo coerente e unitária demanda criticá-la: exige um conhece-te a ti mesmo que permita criticar toda a filosofia até hoje existente: "[...] que deixou em ti uma infinidade de traços acolhidos sem análise crítica" (Gramsci, 2014b, *Q 11 § 12*, p. 1376; *CC*, v.1, 1999, p. 94).

Mas, é preciso também distinguir a filosofia da religião e do senso comum. Para Gramsci, a primeira é de ordem intelectual, enquanto as segundas não podem ser. A religião se caracteriza por ser um elemento do senso comum. Aliás, não existe somente um "único" senso comum: ele se refere a um nome coletivo para designar as visões fragmentárias e desagregadas de mundo, dentre as quais, a religião é, especialmente, uma de suas expressões. Por isso, "A filosofia é a crítica e a superação da religião e do senso comum e, nesse sentido, coincide com o 'bom senso', que se contrapõe ao senso comum" (Gramsci, 2014b, *Q 11 § 12*, p. 1378; *CC*, v.1, 1999, p. 96).

Quando falamos sobre filosofia é importante notarmos que não existe somente uma filosofia em geral, mas diversas filosofias (ou concepções de mundo) e se faz sempre uma escolha entre elas. A filosofia de que porta o homem-massa é aquela que se expressa na atividade real de cada um, pois, para Gramsci, a verdadeira filosofia está contida na política dos homens. Com essa passagem, já é possível atentar para a imbricada articulação entre filosofia e política no pensamento gramsciano, pois "[...] pode-se demonstrar que a escolha e a crítica de uma concepção de mundo são, também elas, fatos políticos" (Gramsci, 2014b, *Q 11 § 12*, p. 1379; *CC*, v.1, 1999, p. 97).

Ocorre, porém, que muitas vezes observamos um contraste entre o pensar e o agir quando um determinado grupo social toma "de empréstimo" uma concepção de mundo que não é a sua por "[...] razões de submissão e subordinação intelectual [...]" (Gramsci, 2014b, *Q 11 § 12*, p. 1379; *CC*, 1999, v.1, p. 97). Uma vez que um grupo social afirma verbalmente uma filosofia de empréstimo, a acolhe sem crítica e acredita segui-la, demonstra que, na realidade, a sua verdadeira concepção de mundo ainda é bastante embrionária e ocasional e, portanto, submissa e subordinada.

Gramsci adverte que a filosofia tem em vista superar as "paixões mais bestiais e elementares", de maneira a dotar a ação de uma direção consciente, buscando desenvolver o bom-senso que, segundo ele, é o núcleo sadio do senso comum: esse se caracteriza por comportar características difusas de um pensamento genérico, cabendo à filosofia da práxis apresentar-se como crítica ao senso comum, ou seja, ao emaranhado de visões fragmentadas que não conduzem a ação consciente na história. Ela consiste em uma atividade polêmica e crítica, "[...] como superação da maneira de *pensar precedente e do pensamento concreto existente* (ou mundo cultural existente)" (Gramsci, 2014b, *Q 11 § 12*, p. 1383; *CC*, v.1, 1999, p. 101, grifo nosso). Em referência ao pensamento marxista, a filosofia da práxis, no dizer gramsciano, representa não a introdução de algo ex novo, mas é o tornar crítico uma atividade já existente. Afinal, fazer com que uma multidão de homens pense coerentemente e unitariamente é um fato filosófico mais original do que qualquer descoberta.

Por isso, ao contrário da Igreja Católica, por exemplo, que historicamente manteve os simples na filosofia primitiva do senso comum, a filosofia da práxis é antitética a essa posição: quer conduzir os simples a uma concepção de vida superior — condição que se inicia pela crítica ao senso comum, já que esse influi "[...] sobre as massas populares como força política externa, como elemento de força coesiva das classes dirigentes, e, portanto, como elemento de subordinação a uma hegemonia exterior, que limita o pensamento original das massas populares de uma maneira negativa" (Gramsci, 2014b, *Q 11 § 13*, p. 1396; *CC*, v.1, 1999, p. 114-115). Nessa relação de elaboração de uma filosofia superior e crítica ao senso comum, o nexo é assegurado pela política, pois é a elevação dos simples por meio da atividade dos intelectuais que torna possível a construção de um bloco intelectual-moral que deve ser, ao mesmo tempo, expressão do grande progresso intelectual das massas: a atividade política dos intelectuais através de um contato cultural com os simples é, portanto, uma exigência!

A relação entre a filosofia e a política é o horizonte que conduz toda a perspectiva de Gramsci, estando presente em diversas passagens: ainda no *Q 11 § 12*, esta relação aparece quando afirma que a compreensão crítica de si mesmo é obtida através de uma luta de hegemonias políticas, quer dizer, a elaboração de uma concepção de mundo superior e a superação das visões fragmentadas de mundo se dão na luta pela hegemonia. Para Gramsci, é a política dos homens que contribui para a elaboração superior da concepção do real e, por essa razão, o "[...] conceito de hegemonia representa, para além do progresso político-prático, um grande progresso filosófico, já que implica e supõe necessariamente uma unidade intelectual e ética adequada a concepção do real que superou o senso comum e tornou-se crítica [...]" (Gramsci, 2014b, *Q 11 § 12*, p. 1385-1386; *CC*, v.1, 1999, p. 104).

Nessa perspectiva, a filosofia da práxis representa a unidade indissociável entre teoria e prática e demonstra que essa unidade não é um dado mecânico, mas um devir histórico, isso é, não existe uma correspondência automática entre o lugar ocupado no processo produtivo e a concepção de mundo a que o homem-massa se vincula: esta correspondência se constrói no bojo da práxis política, de modo que, quando conquistada a autoconsciência crítica ou a compreensão crítica si mesmo, une-se teoria e prática, tão reivindicada pela filosofia da práxis.

A interpretação marxiana contida nas "Teses sobre Feuerbach" recuperada por Gramsci e, mais exatamente, a *Tese XI* (de que os filósofos interpretaram o mundo, trata-se agora de transformá-lo), demonstra o esforço enérgico de Gramsci em afirmar a unidade entre teoria e prática: a prática não pretende "suplantar" a teoria, mas é lugar privilegiado de sua materialização, isso é, representa a historicidade de uma filosofia que se coloca como transformadora do mundo na medida em que se difunde e se torna concepção de mundo e de realidade da massa social. O caráter da filosofia da práxis "[...] é sobretudo o de ser uma concepção de massa e de massa que opera unitariamente, isso é, que tem normas de conduta não só universais em ideia, mas também 'generalizadas' na realidade social" (Gramsci, 2014b, *Q 10 § 31*, p. 1271; *CC*, v.1, 1999, p. 343).

Com essas referências, Gramsci também está em oposição direta ao marxismo determinista e vulgar, cuja referência é o "Ensaio Popular", de Bukharin, e a tática social-fascista fortemente defendida pela Internacional e o movimento comunista no período. Realizando duras críticas, Gramsci considera a obra de Bukharin como sendo "[...] uma adaptação a lógica formal aos métodos das ciências físicas e naturais" (Gramsci, 2014b, *Q 11 § 14*, p. 1402-1403; *CC*, v.1, 1999, p. 121), já que se fundamenta na previsibilidade dos acontecimentos históricos: assim como nas ciências naturais é possível prever a evolução dos processos, a mesma lógica é aplicada aos processos históricos. Refutando diretamente esta perspectiva, Gramsci relembra o Prefácio da "Crítica da Economia Política", de Marx, quando ali já estão anunciadas duas proposições:

> 1) A humanidade só se coloca sempre tarefas que pode resolver; a própria tarefa só surge quando as condições materiais da sua resolução já existem ou, pelo menos, já estão em vias de existir; 2) Uma formação social não desaparece antes que tenham desenvolvido todas as forças produtivas que ela ainda comporta (Gramsci, 2014b, *Q 11 § 22*, p. 1422-1403; *CC*, v.1, 1999, p. 140).

A partir dessa reivindicação, Gramsci compreende que estas premissas já permitem combater qualquer mecanicismo e traço de superstição milagrosa, indicando que os acontecimentos históricos não se desenvolvem a partir de uma evolução dos processos *a priori* determinados, como nas ciências naturais, mas demanda e coloca o problema da formação de grupos políticos ativos e, portanto, de sua intervenção no fazer da história. No *Q 11 § 2*, Gramsci, inclusive, chama a atenção para o fato de que são os homens, caminhando sob os próprios pés, que os coloca como artífices conscientes da história, "[...] e não joguetes da fatalidade, na medida em que os princípios, isto é, os seus ideais, centelhas que brotam das lutas sociais, são precisamente estímulos a práxis [...]" (Gramsci, 2014b, *Q 11 § 2*, p. 1369; *CC*, v.1, 1999, p. 88).

Com isso, a ortodoxia precisa ser resgatada em sua lógica original. Não deve, como demonstra Gramsci, "[...] ser buscada neste ou naquele seguidor da filosofia da práxis [...]" (Gramsci, 2014b, *Q 11 § 27*, p. 1434; *CC*, v.1, 1999, p. 152), mas no fato de que a filosofia da práxis basta a si mesma, ou seja, contém "[...] em si todos os elementos fundamentais para construir uma total e integral concepção do mundo [...] para fazer viva uma integral *organização prática de sociedade* [...]" (Gramsci, 2014b, *Q 11 § 27*, p. 1434; *CC*, v.1, 1999, p. 152, grifo nosso). Em outras palavras: para compreendê-la, não é necessário buscá-la nas interpretações de outros autores e tendências "estranhas" a própria doutrina original (aqui, a referência de Gramsci é tanto a Croce, quanto a Bukharin), mas em si mesma, visto que é robusta e fecunda das novas verdades. A busca a partir de outras tendências e de outros autores podem levar (e, como, de fato, levou) a corrupção da própria filosofia da práxis. Por esse motivo, a reivindicação de Gramsci é pelo retorno aos seus próprios fundadores, evidenciando o seu esforço em recuperar o pensamento marxiano, especialmente nas formulações contidas no Prefácio da "Crítica da Economia Política e nas Teses sobre Feuerbach".

Ademais, a unidade entre teoria e prática de que a filosofia da práxis reivindica e é expressão demanda um intenso trabalho por parte dos intelectuais, visto que a autoconsciência crítica só pode ser desenvolvida na medida em que a massa humana se organiza. Mas, para existir organização deve-se prescindir da existência de organizadores e dirigentes, isso é, de intelectuais, que são o elemento de ligação entre teoria e prática: não se confundem, portanto, com um estrato de pessoas especializadas, mas sim ao elo de ligação que torna possível a "elevação da massa dos simples" aos níveis superiores de cultura (Gramsci, 2014b).

Em outros termos, a filosofia da práxis pressupõe e tem como ponto de partida a catarse, pois é quando a passagem do momento econômico (ou egoístico-passional) ocorre em direção ao momento ético-político: quando verifica-se a passagem da estrutura a superestrutura, do objetivo ao subjetivo, em que a necessidade se transcende para a liberdade. O processo cartático é "[...] a elaboração superior da estrutura em superestrutura na consciência dos homens" (Gramsci, 2014b, *Q 10 § 6*, p. 1244; *CC*, v.1, 1999, p. 314).

Dessa mirada, a filosofia da práxis deve ser vivida como profissão de fé: inspirada em Croce, a fé representa o momento em que o homem "[...] elaborou para si opiniões, convicções, critérios de discriminação e normas de conduta" (Gramsci, 2014b, *Q 11 § 12*, p. 1391; *CC*, v.1, 1999, p. 109), tornando uma determinada concepção de mundo em norma de vida. De modo semelhante, Gramsci afirma que também a filosofia da práxis deve tornar-se fé na vida dos homens: "Mas [...] fé em quem e em quê? Sobretudo no grupo social ao qual pertence [...]" (Gramsci, 2014b, *Q 11 § 12*, p. 1391; *CC*, v.1, 1999, p. 109). A defesa da filosofia da práxis como fé representa crer na concepção de mundo de seu grupo social, tê-la enraizada como conduta ou norma de vida: é quando "Ele [o homem] não se recorda concretamente das razões apresentadas e não saberia repeti-las, mas sabe que elas existem, já que ele as ouviu expor e ficou convencido delas [...]" (Gramsci, 2014b, *Q 11 § 12*, p. 1391; *CC*, v.1, 1999, p. 109).

Se Gramsci inscreve a filosofia na relação direta com a política, também a dimensão histórica é reivindicada. Para ele, a filosofia da práxis deve se constituir como movimento cultural que pretende substituir o senso comum e as velhas concepções de mundo. Está para mudar o panorama ideológico de uma época. Não por acaso, é apresentada como a reforma de todos os tempos, "[...] uma filosofia integral e original, que inicia uma nova fase na história e no desenvolvimento mundial do pensamento [...]" (Gramsci, 2014b, *Q 11 § 22*, p. 1425; *CC*, v.1, 1999, p. 143).

Conceber a filosofia da práxis de uma maneira historicista significa compreendê-la como uma fase transitória do pensamento filosófico, quer dizer, como uma concepção de mundo que contribuirá para a passagem do "reino da necessidade para o reino da liberdade". Não obstante, Gramsci adverte que a filosofia da práxis está ligada a "necessidade" e não a "liberdade", haja vista que evidencia as contradições históricas da sociedade atual, sendo que a "liberdade" só pode existir historicamente na medida em que a própria filosofia da práxis for superada: "Assim, se se demonstra que as contradições desaparecerão, *demonstra-se implicitamente que também desaparecerá, isto é, será superada, a filosofia da práxis:* [pois] no reino da 'liberdade', o pensamento e as ideias não mais poderão nascer no terreno das contradições e da necessidade de luta" (Gramsci, 2014b, *Q 11 § 62*, p. 1488; *CC*, v.1, 1999, p. 205, grifo nosso).

Com isso, manifesta-se como concepção de mundo transformadora, aquela que pretende não somente conservar e preservar a história da intervenção das grandes massas, mas que se torna histórica precisamente porque se transforma em vida: "[...] *é a consciência plena das contradições*, na qual o próprio filósofo [...] *não só compreende as contradições, mas coloca a si mesmo como elemento da contradição, eleva este elemento a princípio de conhecimento e, consequentemente, de ação*" (Gramsci, 2014b, *Q 11 § 62*, p. 1487; *CC*, v.1, 1999, p. 204, grifo nosso). Nesse sentido, ao contrário de Croce, que se coloca como o filósofo da revolução-restauração ou revolução passiva, em Gramsci a filosofia da práxis é "[...] uma filosofia que também é uma política e uma política que é também uma filosofia" (Gramsci, 2014b, *Q 16 § 9*, p. 1860; *CC*, v.4, 2007b, p. 37), sendo expressão de uma reforma intelectual e moral entre os estratos sociais intelectualmente atrasados. Afinal, "Se a filosofia é história da filosofia, se a filosofia é 'história', se a filosofia se desenvolve porque se desenvolve a história geral do mundo [...], é claro que, ao se trabalhar praticamente para fazer história, *faz-se também filosofia 'implícita'*" (Gramsci, 2014b, *Q 10 § 31*, p. 1273; *CC*, v.1, 1999, p. 343, grifo nosso).

Não por acaso, Gramsci reivindica que a filosofia da práxis deve adquirir as características de massa, como a presente na Reforma Protestante e no iluminismo francês, bem como as características da alta cultura, a exemplo daquela do Renascimento. Isso significa que, ademais de difundir-se entre as massas e tornar-se sua filosofia de vida (como na Reforma), a filosofia da práxis deve também ser traduzida em uma cultura superior (como foi o Renascimento). Mas, a "cultura superior" não significa aqui somente um movimento restrito a pequenos grupos intelectuais, mas sim ao fato de que é preciso elevar o marxismo a um nível superior, distanciando-o das influências que o corrompem, já que ele é o único capaz de fornecer "[...] ao povo reformado uma cultura não mais subalterna" (Dainotto, 2017, p. 689).

A filosofia da práxis representa uma verdadeira "ciência-ação" (Gramsci, 2014b, *Q 7 § 33*, p. 882) que sintetiza a atividade teórico-política dos grupos subalternos: construindo uma concepção de mundo global, coerente e unitária a partir da crítica ao senso comum, é um programa de ação para as classes subalternas que lança as bases para a construção de uma nova civilização (Semeraro, 2005). Por isso, "Não há dúvida de que em Gramsci, a filosofia da práxis é entendida como uma construção própria das classes subalternas, que se organizam, junto com seus intelectuais, para suplantar e superar a visão restrita e desumanizadora das classes elitizadas" (Semeraro, 2005, p. 31).

Dessa mirada, a discussão filosófica de Gramsci e, mais exatamente, o debate sobre a filosofia da práxis, é o elemento que proporciona aos grupos subalternos compreender as contradições postas na realidade, visando transformá-la. Representa a elevação cultural destes grupos (dos simples), dado que a elaboração de uma concepção de mundo superior é premissa para as classes subalternas saírem da condição de subalternidade imposta e assimilada através da hegemonia exterior. Por essa razão, também compartilhamos da perspectiva de que a filosofia da práxis é a "[...] *filosofia da vida, da existência, na superação das contradições das classes fundamentais*" (De Mari, 2023, p. 55, grifo nosso).

O foco de Gramsci é demonstrar como a subjetividade dos grupos subalternos não é dada de maneira automática pela posição que ocupa no processo de produção material, mas sim desenvolvida no processo de construção da hegemonia. Nessa perspectiva, desempenha um papel central o trabalho político-cultural dos intelectuais, afinal Gramsci quer evidenciar sua contribuição para a superação da fragmentação, inércia e submissão a que se encontram os grupos subalternos (Semeraro, 2005).

Não por acaso, "[...] *a tarefa dos intelectuais é determinar e organizar a reforma moral e intelectual, isto é, adequar a cultura à função prática* [...]" (Gramsci, 2014b, *Q 11 § 16*, p. 1407; *CC*, v.1, 1999, p. 126, grifo nosso), destacando o valor da ideologia. Conforme Gramsci, todo aparelho hegemônico cria consigo um novo terreno ideológico, de maneira que esse promove uma reforma das consciências.

Isso porque, no pensamento gramsciano, as ideologias são fatos históricos reais e instrumento de domínio e não simples ilusões ou aparências. Em um bloco histórico, "[...] as forças materiais são o conteúdo e as ideologias a forma [...]" (Gramsci, 2014b, *Q 7 § 21*, p. 869), sendo a distinção entre forma e conteúdo apenas didática, já que as forças materiais e as ideologias não podem ser concebidas isoladamente. Isso significa que as ideologias dão o "cimento" para a sociedade civil e o Estado, uma vez que a estrutura ideológica construída pela classe dominante está para defender e desenvolver sua "frente teórica e ideológica", materializando-se através da imprensa e em "[...] *tudo o que influi ou pode influir sobre a opinião pública* direta ou indiretamente [...] Dela fazem parte: as bibliotecas, as escolas, os círculos e os clubes de variado tipo, até a arquitetura, a disposição e os nomes das ruas" (Gramsci, 2014b, *Q 3 § 49*, p. 333, grifo nosso).

Mas Gramsci pretende destacar a centralidade da filosofia da práxis em relação as outras: as demais ideologias são criações inorgânicas porque se voltam para a conciliação de interesses que são opostos e antagônicos. Já as ideologias historicamente orgânicas (como o marxismo), são aquelas que possuem uma validade psicológica, capazes de organizar a massa humana e formar o terreno no qual os homens se movem e lutam. Por isso, é possível dizer que a filosofia da práxis não procura resolver pacificamente as contradições, mas é a própria teoria das contradições (Gramsci, 2014b, *Q 10 § 41*): "[...] não é o instrumento de governo de grupos dominantes para *obter o consentimento e exercer a hegemonia sobre as classes subalternas; é a expressão destas classes subalternas, que querem educar a si mesmas na arte de governo* [...]" (Gramsci, 2014b, *Q 10 § 41*, p. 1320; *CC*, v.1, 1999, p. 388, grifo nosso).

Nessa perspectiva, a filosofia da práxis representa uma importante ferramenta para as classes e grupos subalternos enfrentarem a hegemonia burguesa. Visto que busca não submetê-las a direção política e intelectual posta, mas inscrevê-las na luta e disputa pela construção de uma nova hegemonia, Gramsci aponta para a necessidade de contrapor-se ao formidável complexo de trincheiras e fortalezas da classe dominante, que forma a sua frente ideológica. Afinal, para que um grupo subalterno consiga se tornar autônomo e hegemônico, "[...] *suscitando um novo tipo de Estado,* nasce concretamente a exigência de construir uma nova ordem intelectual e moral, isso é, um novo tipo de sociedade e [...] a exigência de elaborar os conceitos mais universais, as mais refinadas e decisivas armas ideológicas" (Gramsci, 2014b, *Q 11 § 70*, p. 1508-1509; *CC*, v.1, 1999, p. 225, grifo nosso).

Na trilha de Gramsci, a filosofia da práxis é um ensinamento prático de ciência política: mais do que uma maneira de conceber a realidade, é fundamento que deve conduzir a sua intervenção e transformação. Mas, ocorre que ela atravessa ainda a sua fase popular, ou seja, precisa suscitar um grupo de intelectuais para difundi-la e enraizá-la no grupo social ainda subalterno, visto que a filosofia da práxis é a própria "[...] concepção de um grupo social subalterno, sem iniciativa histórica e [...] sem poder ultrapassar um certo grau qualitativo que está sempre aquém da posse do Estado [...]" (Gramsci, 2014b, *Q 16 § 9*, p. 1860-1861; *CC*, v.4, 2007b, p. 37-38). É, portanto, uma cultura nova ainda em preparação que deverá conduzir ao problema de uma nova formação estatal. Até lá, deve se colocar como atitude crítico--polêmica, preparando e sendo o anúncio de uma nova civilização.

O *CADERNO 12* E A QUESTÃO POLÍTICA DOS INTELECTUAIS

Desde "Alguns temas da questão meridional", Gramsci destaca, de maneira inovadora, o papel desempenhado pelos intelectuais na manutenção do grande bloco agrário constituído no Sul do país. No cárcere, essa discussão se amplia, em especial, no *Caderno 12*, intitulado de "Apontamentos e notas dispersas para um grupo de ensaios sobre a história dos intelectuais", cuja redação é de 1932, embora também encontre algumas referências já nos *Cadernos 10* e *11*, todos iniciados nesse mesmo ano, e nas primeiras formulações dos *Cadernos 1* e *4*[60].

Estando presente desde os primeiros planos de trabalho do cárcere, a questão dos intelectuais italianos sempre foi objeto de interesse anunciado por Gramsci, sendo que, fundamentalmente, o tema encontra-se nos *Cadernos* relacionado aos processos de formação da

---

60 No Q 1 § 43, intitulado de "Revista-tipo", Gramsci retoma as discussões realizadas em "Alguns temas da questão meridional", afirmando a função decisiva dos intelectuais na relação com as classes sociais e o Estado e, especialmente, como o tipo de intelectual bacharel ainda predomina no "*Mezzorgiorno*". Este parágrafo será retomado nos *Cadernos 19, 20* e *24*. Ademais, o *Caderno 4* contará com um conjunto de extensivas notas que serão reelaboradas majoritariamente nos *Cadernos 10* e *11*: serão essenciais para o entendimento "[...] da função dos intelectuais nos processos de formação de uma nova consciência, de uma nova forma de pensar e agir na vida social por parte das classes subalternas" (Duriguetto, 2014, p. 273).

hegemonia e do Estado: uma original interpretação sobre a função dos intelectuais na formação e desenvolvimento da consciência crítica dos subalternos é destacada por Gramsci, visto que a sua atividade é central para a organização das lutas das classes subalternas em direção a emancipação humana.

Nessa perspectiva, Gramsci inicia o *Caderno 12* perguntando-se: os intelectuais constituem-se de um grupo autônomo e independente ou cada grupo social dispõe de sua própria categoria de intelectuais? Duas grandes reflexões se seguem a partir dessa indagação. A primeira se refere ao fato de que, todo grupo social fundamental, nascendo de uma função essencial no mundo da produção econômica, produz uma ou mais camadas de intelectuais. Por isso, "[...] o empresário capitalista cria consigo o técnico da indústria, o cientista da economia política, o organizador de uma nova cultura, de um novo direto, etc, etc" (Gramsci, 2014b, *Q 12 § 1*, p. 1513; *CC*, v. 2, 2001, p. 15). Para legitimar sua posição e interesses de classe, todo grupo social precisa elaborar seus próprios intelectuais, visto que estes são os responsáveis por dar homogeneidade e consciência de sua própria função no campo econômico, social e político.

Utilizando de exemplo o empresário capitalista, Gramsci ressalta que esse deve possuir certa capacidade técnica e dirigente, ou seja, deve ser capaz de organizar uma massa de homens, gerando a confiança de tantos outros que investem em sua empresa. Na medida em que é capaz de exercer essas funções, cria condições favoráveis para a expansão de sua própria classe. Com esse exemplo, Gramsci certamente está fazendo referência aos grupos sociais e os seus intelectuais que nascem no âmbito do capitalismo. A esses intelectuais, denominam-se de orgânicos, visto que se referem aqueles que cada nova classe cria consigo e elabora em seu desenvolvimento: caracterizam-se pela sua "[...] ligação aos modernos grupos sociais do capitalismo *(definidos na relação capital-trabalho)*, que emergem na medida em que superam uma situação social anteriormente dominada e dirigida por antigos grupos no poder" (Aliaga, 2021, p. 122, grifo nosso).

Mas, ocorre que, todo grupo social essencial, ao emergir de uma estrutura econômica anterior, encontrou categorias intelectuais preexistentes. A segunda reflexão a que se segue aos argumentos de Gramsci consiste precisamente na caracterização destas "categorias intelectuais preexistentes": para ele, esse tipo de intelectual corresponde ao tradicional, pois são os representantes de uma continuidade histórica que não foi interrompida. Ao citar como exemplo os eclesiásticos, Gramsci caracteriza que esse grupo está ligado organicamente a aristocracia fundiária, de modo que representam a "[...] ética e a política adequada às antigas classes de um modo de produção superado, como o feudalismo, por exemplo. *E, por isso, esses intelectuais se tornam anacrônicos, isto é, em virtude da superação do modo de produção da vida que representam* [...]" (Aliaga, 2021, p. 122, grifo nosso).

Por essa razão, os intelectuais tradicionais consideram a si mesmos como grupo autônomo e independente do grupo dominante. Porém, na perspectiva de Gramsci, essa é uma posição idealista da questão, uma vez que, mesmo os intelectuais tradicionais (representantes de grupos sociais anteriores ao capitalismo), legitimam relações e interesses de classe no contexto de um determinado bloco histórico. Dotado dessa perspectiva, Gramsci rompe com as interpretações de que os intelectuais são uma camada a parte, ou mesmo, separada dos grupos sociais, de modo a considerá-los diretamente inseridos no conjunto das relações sociais, haja vista que não se constituem de uma casta avulsa, mas pertencem, inclusive, a determinada classe ou grupo social e estão vinculados a determinado modo de produção (Semeraro, 2006).

Se, portanto, os intelectuais estabelecem uma relação direta com os grupos sociais, não sendo uma camada independente e autônoma, Gramsci põe em destaque uma segunda indagação: quais são os limites máximos para a acepção de "intelectual"? Em outras palavras, como pode ser definido um "intelectual"? Aqui é interessante notar que a resposta a esta questão não pode ser buscada no que é intrínseco às atividades intelectuais ou nas qualidades pessoais e específicas do "intelectual", mas sim no conjunto das relações sociais nas quais estas atividades estão inseridas. Isso porque, para Gramsci, "[...] o operário ou proletário, por exemplo, não se caracteriza especificamente pelo trabalho manual ou instrumental, mas por este trabalho em determinadas relações sociais" (Gramsci, 2014b, *Q 12 § 1*, p. 1516; *CC*, v. 2, 2001, p. 18).

Dessa mirada, Gramsci afirma que todos os homens são intelectuais, visto que, em quaisquer trabalhos, mesmo no mais mecânico e degradante, existe um mínimo de atividade intelectual criadora, sendo que, quando se distingue intelectuais e não-intelectuais, na verdade, está se considerando apenas o peso maior a que determinada atividade repousa: se na elaboração intelectual, se no esforço muscular nervoso. Afora isso:

> [...] é impossível falar de não-intelectuais, porque não existem não-intelectuais. [...] Não há atividade humana da qual se possa excluir toda intervenção intelectual, não se pode separar o *homo faber* do *homo sapiens*. Em suma, todo homem, fora de sua profissão, desenvolve uma atividade intelectual qualquer, ou seja, é um "filósofo", um artista, um homem de gosto, participa de uma concepção do mundo, possui uma linha consciente de conduta moral, contribui assim para manter ou para modificar uma concepção do mundo, isto é, para suscitar novas maneiras de pensar (Gramsci, 2014b, *Q 12 § 3*, p. 1550-1551; *CC*, v. 2, 2001, p. 52-53).

Mas, se todos são intelectuais, isso não significa que todos exercem e desempenham a função de intelectuais na sociedade, afinal, "[...] o fato de que alguém possa, em determinado momento, fritar dois ovos ou costurar um rasgão no paletó não significa que todos sejam cozinheiros ou alfaiates" (Gramsci, 2014b, *Q 12 § 1*, p. 1516; *CC*, v. 2, 2001, p. 18). Por isso, são desenvolvidas historicamente categorias especializadas para o exercício da função intelectual, capazes de desempenhar funções conectivas e organizativas, ou seja, de contribuir para os processos de produção da hegemonia por meio da conquista ideológica.

Assim, poder-se-ia dizer que os intelectuais (e, propriamente, aqueles que estão no exercício da função intelectual) são dirigentes políticos, organizadores, visto que legitimam determinados interesses de classes por intermédio de sua atuação, contribuindo para a manutenção ou superação da hegemonia posta. Se estão conectados aos grupos sociais fundamentais da sociedade pois são, de fato, os seus porta-vozes, Gramsci mostra, porém, que a relação entre os intelectuais e o mundo da produção não é imediata: aqui está uma interessantíssima contribuição da reflexão gramsciana!

Enquanto os grupos sociais fundamentais apresentam uma relação imediata com o mundo da produção, para os intelectuais, essa relação é mediatizada. Isso porque é por meio do "conjunto das superestruturas", que os intelectuais se vinculam organicamente a um determinado grupo social — os quais são precisamente seus funcionários. Em Gramsci, o "conjunto das superestruturas" corresponde a dois planos: o da "[...] 'sociedade civil' (isto é, o conjunto de organismos designados vulgarmente como 'privados') e o da 'sociedade política ou Estado', planos que correspondem, respectivamente, à função de 'hegemonia' que o grupo dominante exerce em toda a sociedade e aquela de 'domínio direto' ou de comando [...]" (Gramsci, 2014b, *Q 12 § 1*, p. 1518; *CC*, v. 2, 2001, p. 20-21, grifo nosso).

Os intelectuais são, no dizer gramsciano, os funcionários da superestrutura, os prepostos do grupo dominante para o exercício da hegemonia social e do governo político, já que buscam, por um lado, conquistar o consenso espontâneo das grandes massas à forma de organização da vida social proposta pelo grupo dominante e, de outro, quando necessário, garantem a disciplina daqueles que não consentem ativa ou passivamente através do aparelho de coerção estatal (Gramsci, 2014b). Nessa direção, a atuação dos intelectuais corrobora para determinada maneira de ver o mundo, mais exatamente, a da classe dominante, unindo e conquistando "corações e mentes" (Silva, 2022).

Disso conclui-se que os intelectuais desempenham uma conexão entre o campo econômico e ideológico, embora essa relação não seja automática, quer dizer, não há uma relação determinada *a priori* entre grupo social e projeto político a que se vincula, podendo haver intelectuais orgânicos que tem sua origem vinculada ao trabalho, mas que se colocam como porta-vozes dos interesses do capital: essa vinculação ocorre, afinal, no conjunto das superestruturas! Não por acaso, os intelectuais podem ser os "[...] agentes ativos do combate ou da manutenção de uma determinada concepção de mundo [...] *Por isso, se mostram fundamentais, tanto para o grupo que está no poder, para a obtenção do consenso, quanto para os grupos subalternos, que precisam se unificar* [...]" (Silva, 2022, p. 15, grifo nosso).

Em Gramsci, os intelectuais podem também diferenciar-se pelos diversos graus de atividade intelectual que exercem, havendo certa divisão do trabalho: no mais alto grau estão "[...] os criadores das várias ciências, da filosofia, da arte, etc., no mais baixo, os mais modestos 'administradores' e divulgadores da riqueza intelectual já existente, tradicional, acumulada [...]" (Gramsci, 2014b, *Q 12 § 1*, p. 1519; *CC*, v. 2, 2001, p. 22). Para além dos diversos graus, Gramsci identifica intelectuais de tipo urbano e rural: enquanto os primeiros crescem juntamente com a indústria, sendo responsáveis pela articulação da massa instrumental com o empresário, mesmo que sem autonomia para elaborar planos de produção, os segundos, de tipo rural, são em grande parte, tradicionais, uma vez que estão vinculados as grandes massas do campo e a pequena burguesia, pondo em contato a massa camponesa "[...] com a administração estatal ou local (advogados, tabeliões, etc) e, por essa mesma função, possui uma grande função político-social [...]" (Gramsci, 2014b, *Q 12 § 1*, p. 1521; *CC*, v. 2, 2001, p. 23). É bastante interessante a relação contraditória com que o intelectual de tipo rural (advogado, professor, padre, médico etc.) é visto pelo camponês: de um lado, é admirado, já que representa um "modelo" a ser seguido, visto como meio para sair de sua condição e, de outro, é desprezado, dado que o elemento da admiração se mescla com a inveja e a raiva apaixonada (Gramsci, 2014b).

Dessa distinção entre graus e tipos, Gramsci destaca que o ponto central da questão continua a ser a diferenciação entre intelectuais como categoria orgânica e tradicional, de modo que o partido político moderno se põe em relação direta com o problema dos intelectuais. Isso porque ele representa, para alguns grupos sociais, a possibilidade de elaboração de seus próprios intelectuais orgânicos, isso é, é propulsor da formação de intelectuais não no campo da técnica produtiva, mas no campo político e filosófico. Dessa mirada, é preciso recordar a passagem que Gramsci realiza no *Caderno 11*, quando afirma sobre o aspecto da "questão política dos intelectuais":

> [...] Autoconsciência crítica significa, histórica e politicamente, criação de uma *elite de intelectuais* [...] Deve-se sublinhar a importância e o significado que têm os partidos políticos, no mundo moderno, na elaboração e difusão das concepções do mundo [...] Por isso, pode-se dizer que os partidos são os elaboradores das novas intelectualidades [...] isto é, o crisol da unificação entre teoria e prática entendida como processo histórico real [...]" (Gramsci, 2014b, *Q 11 § 12*, p. 1386-1387; *CC*, v. 1, 1999, p. 101-102, grifo nosso).

O partido político, conforme Gramsci, é capaz de realizar na sociedade civil o mesmo que o Estado realiza na sociedade política, isso é, "[...] proporciona a soldagem entre intelectuais orgânicos de um dado grupo, o dominante, e intelectuais tradicionais [...]" (Gramsci, 2014b, *Q 12 § 1*, p. 1522; *CC*, v. 2, 2001, p. 24). Isso porque, se os intelectuais orgânicos encontram sempre uma "categoria de intelectuais preexistentes", quer dizer, os intelectuais tradicionais, aos primeiros cabem empreender a luta pelo domínio e assimilação dos segundos, uma vez que a "conquista ideológica" dos intelectuais tradicionais é uma das características mais marcantes dos intelectuais orgânicos. Nessa perspectiva, o partido político desempenha uma função fundamental: "[...] a de elaborar os próprios componentes, *elementos de um grupo social nascido e desenvolvido como 'econômico', até transformá-los em intelectuais políticos* qualificados, dirigentes, organizadores de todas as atividades e funções inerentes ao desenvolvimento orgânico de uma sociedade integral, *civil e política*" (Gramsci, 2014b, *Q 12 § 1*, p. 1522; *CC*, v. 2, 2001, p. 24, grifos nossos).

Isso significa que o partido possibilita aos grupos sociais fundamentais superarem a condição econômico-corporativa de classe, ultrapassando os limites da vontade individual ao elevar os seus membros a condição de agentes de atividades gerais nacionais e internacionais. Afinal, para Gramsci, todos os membros de um partido devem ser considerados como intelectuais, pois o partido comporta uma "[...] função, que é diretiva e organizativa, isto é, educativa, isto é, intelectual" (Gramsci, 2014b, *Q 12 § 1*, p. 1523; *CC*, v. 2, 2001, p. 25): está não para que um comerciante, um industrial ou, mesmo, um camponês alcance os seus objetivos econômico-corporativos de comerciar, de produzir mais com custos reduzidos e de apreender novos métodos de cultivar a terra, respectivamente. A esses interesses, que se limitam às conquistas econômicas, Gramsci sinaliza que podem ser satisfeitos por intermédio do sindicato profissional. O partido político pretende ir além: se os interesses econômico-corporativos podem até ser alcançados pelos grupos sociais no partido, sua centralidade, por outro lado, não reside nestas questões; está para organizar a classe, tornando um determinado grupo social "[...] *capaz de superar as demandas meramente econômicas e alcançar o terreno da universalidade*" (Aliaga, 2021, p. 128-129, grifo nosso). Nessa direção, o partido se põe em relação direta com os intelectuais: é *lócus* de sua formação e elaboração, promovendo dirigentes ou organizadores, ao possibilitar a "[...] passagem do elemento *econômico-corporativo* ao *ético-político*, que, em termos marxianos, seria a passagem da *classe em si à classe para si*" (Duriguetto, 2014, p. 292, grifos da autora).

Ao reconhecer a importância da atuação dos intelectuais no conjunto das superestruturas, cujo papel central está no consenso promovido entre os diversos grupos sociais para a adesão aos interesses da classe dominante, permitindo, assim, a manutenção da hegemonia burguesa, Gramsci não se limita a demonstrar somente a centralidade da atividade dos intelectuais na conservação do Estado burguês em suas dimensões, política e civil. Indicando, sobretudo, como as classes e grupos subalternos podem sair da condição de subalternidade a que se encontram, a reflexão sobre os intelectuais assume caráter revolucionário na medida em que Gramsci ressalta a necessidade das classes e grupos subalternos elaborarem seus próprios intelectuais. Afinal:

> A tomada de consciência das contradições vivenciadas na sociedade é a primeira condição para a mobilização social. O que novamente reforça a importância da questão formativa, da atuação do intelectual para o confronto com concepções de mundo arraigadas. Enquanto questionadores e mediadores, os intelectuais em atuação formativa e organizada potencializam o necessário antagonismo para uma vontade coletiva operante (Silva, 2022, p. 5).

Do mesmo modo em que os intelectuais orgânicos da burguesia promovem a conservação da hegemonia e da concepção de mundo dominante, é necessário que se formem e elaborem intelectuais orgânicos vinculados às classes e grupos subalternos. Por isso, Gramsci atenta para a necessidade de criação de uma nova camada intelectual, que deve inovar o "[...] mundo físico e social, [tornar-se] o fundamento de uma nova e integral concepção de mundo" (Gramsci, 2014b, *Q 12 § 3,* p. 1551; *CC*, v. 2, 2001, p. 53). Nessa passagem, Gramsci está, certamente, se referindo ao novo tipo de intelectual que as classes e grupos subalternos devem formar, qual seja: aquele que "[...] não pode mais consistir na eloquência, motor exterior e momentâneo dos afetos e das paixões, mas numa inserção ativa na vida prática, como construtor, organizador, 'persuasor permanentemente' [...]" (Gramsci, 2014b, *Q 12 § 3,* p. 1551; *CC*, v. 2, 2001, p. 53). O intelectual vinculado organicamente aos grupos subalternos é, em suma, não somente o matemático abstrato, o vinculado a técnica-trabalho ou o especialista, mas deve ser, sobretudo, dirigente, isso é, especialista + político, capaz de organizar e suscitar uma vontade coletiva.

Isso porque deve atuar nos processos de elaboração e desenvolvimento da consciência crítica, contribuindo para a construção de uma "[...] *concepção de mundo unitária e coerente dos 'simples'*. Ou seja, que se estabeleça uma relação 'orgânica' entre eles, condição essa necessária para a superação da natureza acrítica do senso comum e pela potencialização da capacidade intelectual e da eficácia da atividade política dos 'simples'" (Duriguetto, 2014, p. 11, grifo nosso): deve concretizar e veicular a unidade entre teoria e prática, reivindicada pela filosofia da práxis, suscitando nos "simples" um novo modo de agir e pensar.

Nessa direção, a sua atuação deve se espelhar no completo e harmônico desenvolvimento das energias nacionais, como ocorreu na França em 1789. Neste momento, um novo agrupamento social ascende politicamente na história. Estabelecendo um domínio total sob a nação, subordina as velhas classes sociais aos seus próprios interesses, afinal, o novo agrupamento social não desempenha senão uma função organizativa e conectiva, promovendo uma intensa reforma intelectual e moral!

Portanto, também os intelectuais de novo tipo, vinculados às classes e grupos subalternos, têm atuação indispensável para a organização destas classes e grupos, pois na perspectiva gramsciana sem intelectuais não há organização! Assim, devem desenvolver uma reforma intelectual e moral, que se traduz, por sua vez, em uma verdadeira transformação da consciência que vai se pondo como uma autoconsciência crítica: esta é a condição para que os grupos subalternos se coloquem ativamente na luta política, isso é, como intelectuais orgânicos, na direção de construção de um novo tipo de Estado e hegemonia. Vejamos, assim, como estes conceitos se inter-relacionam no léxico gramsciano, sendo indispensáveis para a perspectiva revolucionária no debate sobre as classes e grupos subalternos.

O CADERNO 13 E A DUPLA PERSPECTIVA DO CENTAURO NA VIDA ESTATAL

O *Caderno 13*, intitulado de "Notas sobre a política de Maquiavel", é redigido entre 1932-1934, constituindo-se como expressão da práxis revolucionária que fundamenta o pensamento gramsciano, visto que alicerça as reflexões sobre a grande política, necessária às classes e grupos subalternos para a construção de uma nova hegemonia. Aliás, Gramsci é (re)conhecidamente o autor que agrega novos elementos na discussão da hegemonia, sendo essa uma das maiores contribuições para a teoria política do século XX até os dias atuais.

Ocorre que, falar de hegemonia no pensamento gramsciano, implica em recuperar as fontes a partir das quais Gramsci mobiliza para conceber, a seu modo, esse conceito. Certamente, não é o único a empregar a expressão, reconhecendo, em várias passagens dos *Cadernos*, que Ilitch acresceu muito ao desenvolvimento da questão. Assim, no *Q 7 § 33*, *Posizione del problema*[61], Gramsci afirma: "[...] assinalei a importância filosófica do conceito e da realidade da hegemonia, *devido a Ilitch*" (Gramsci, 2014b, *Q 7 § 33*, p. 882, grifo nosso) e no *§ 35*, *Materialismo e materialismo storico,*[62] reforça: "[...] pode-se afirmar que a teorização e a realização da hegemonia desenvolvida por Ilitch foi também um grande acontecimento 'metafísico'" (Gramsci, 2014b, *Q 7 § 35*, p. 886). Além disso, no *Q 10 § 12*, a relação entre a hegemonia e Lênin continua a ser mencionada: "Disso decorre que o princípio teórico-prático da hegemonia possui também um alcance gnosiológico; *e, portanto, é nesse campo que se deve buscar a contribuição teórica máxima de Ilitch* [...]" (Gramsci, 2014b, *Q 10 § 12*, p. 1249-1250; *CC*, v. 1, 1999, p. 320, grifo nosso).

---

61 "Posição do problema".

62 "Materialismo e materialismo histórico".

Observada, especialmente, em "Alguns temas da questão meridional", a influência de Lênin nas elaborações teóricas de Gramsci já se manifesta na medida em que a necessidade da aliança operário-camponesa é, ali, reivindicada. Após a experiência moscovita, entre o final de 1922 e 1923, esse escrito é a expressão mais contundente da absorção das influências leninianas, mas, agora, mediatizadas para pensar sobre a realidade italiana.

Nos *Cadernos*, a presença e reivindicação de Lênin permanecem, mas também o conceito de hegemonia se amplia, de maneira que Gramsci a concebe como fundamento do Estado capitalista, ou seja, como hegemonia burguesa que garante tanto a manutenção do *status quo*, quanto se constitui como imprescindível para a construção de uma nova direção política, ao colocar a possibilidade de elaboração de uma hegemonia por parte das classes e grupos subalternos. Na realidade, Gramsci compreende que a hegemonia não é somente "instrumento" dos subalternos, mas é o próprio modo de operar do Estado burguês, em sua dimensão integral. Por esse motivo, para enfrentar a hegemonia burguesa posta é preciso que também as classes subalternas se dediquem a elaborar uma hegemonia diversa. No percurso dessa elaboração indiscutivelmente inovadora no marco do século XX, Gramsci vai estabelecendo um diálogo crítico com várias fontes que, ademais de Lênin, inclui, originalmente, Marx e Maquiavel.

Não por acaso, o título atribuído ao *Caderno 13* menciona o "secretário florentino" (como faz referência a Maquiavel no cárcere). Ao buscar inspiração em Maquiavel, Gramsci fundamenta a sua concepção de política no sentido mais amplo, isso é, como luta revolucionária. Mas, sendo "devedor" do pensamento maquiaveliano, Gramsci também o atualiza, haja vista que o relaciona aos problemas políticos do século XX, sinalizados, sobretudo, por Marx (Aliaga, 2021).

Isso significa que Gramsci reconhece em Maquiavel um autor que se atenta para a realidade de seu tempo, afinal, ao buscar demonstrar em "O Príncipe" as condições e mudanças necessárias para a fundação de um novo principado, coloca-se como pai da política moderna e do realismo político. É a partir deste reconhecimento que Gramsci retira de Maquiavel perspectivas para enfrentar a crise pela qual o movimento socialista do período passava — decorrente da derrota da revolução no Ocidente e representada pelo exaurimento da Revolução Russa (Aliaga, 2021): assim como Maquiavel, Gramsci era um homem de seu tempo, preocupado com as questões atinentes e contemporâneas, extraindo um programa de ação capaz de intervir na realidade e modificá-la.

Nessa direção, de Maquiavel, Gramsci concebe o seu modo de entender a política, o Estado, o poder e a formação de uma vontade coletiva (Semeraro, 2017) — todas estas questões já estavam presentes e anunciadas pelo secretário florentino, mas, agora, são pensadas a partir da realidade do século XX por Gramsci. Vemos, assim, "[...] de um lado, *a apropriação dos conceitos de Maquiavel para o marxismo [...] de outro, a contribuição de Marx para a 'atualização' do pensamento de Maquiavel*" (Aliaga, 2021, p. 40, grifo nosso).

Nessa simbiose entre Marx-Maquiavel, observamos um verdadeiro tratado político militante inovador que se materializa no *Caderno 13*. Nele, Gramsci refunda a política ao evidenciar uma nova leitura de Maquiavel a partir da perspectiva revolucionária inaugurada por Marx: o resultado não é senão um campo aberto de possibilidades para afirmar uma práxis política sob o protagonismo das classes e grupos subalternos (Semeraro, 2017). Vejamos, assim, como esse "tratado" se dispõe no *Caderno 13*, envolvendo diversos conceitos, mas, entre os quais, Estado e hegemonia apresentam-se, especialmente, como estruturantes.

Ao contrário do que muito se difunde a respeito de Maquiavel, Gramsci adverte que existem dois tipos de "maquiavelismos": um falso e um verdadeiro, ou seja, existe um que é do próprio autor e outro que é disseminado por seus discípulos e, mesmo, inimigos. Nesses termos, já é possível atentar, (re)colocando a questão e a observando mais a fundo, que não se está em jogo somente dois tipos de "maquiavelismos", mas, agora, três: *de Maquiavel, dos maquiavelianos e dos anti-maquiavelianos.* Afora esses, contraditoriamente, um quarto tipo se apresenta: os que nunca leram Maquiavel! O que pretende sinalizar com isso?

Pretende sinalizar que Maquiavel foi um homem de seu tempo estreitamente conectado com as exigências de sua época: compreendeu as lutas internas ligadas a república florentina, indicando a estrutura particular do Estado italiano, que não havia alcançado ainda, até aquele momento histórico, uma unidade estatal territorial, ao contrário da França e da Espanha. Por isso, a partir dessa realidade, em "O Príncipe", deduz as regras para a constituição de um Estado forte, o que representava à época a necessidade de "[...] organização das monarquias nacionais absolutistas, a forma política que permite e facilita um novo desenvolvimento das forças produtivas burguesas" (Gramsci, 2014b, *Q 13 § 13*, p. 1572; *CC*, v. 3, 2007a, p. 30).

Gramsci põe em destaque o significado que Maquiavel teve para seu tempo e os fins a que se propunha ao escrever seus livros, em especial, "O Príncipe". Para ele, Maquiavel não produziu apenas uma obra de caráter livresco, afinal, sendo, sobretudo, um homem de ação (e que quer induzir a ação, propriamente dita), não se limitou a escrever e teorizar sobre o real, mas revelou algo sobre o real. Sua redação, segundo Gramsci, parece ter sido direcionada não para os que já sabem, mas, especialmente, tem em vista alcançar os que não sabem, promovendo uma verdadeira educação política, isso é, "[...] quem é que 'não sabe'? A classe revolucionária da época, o 'povo' e a 'nação' italiana [...]" (Gramsci, 2014b, *Q 13 § 20,* p. 1600; *CC*, v. 3, 2007a, p. 58). Estamos, assim, diante de uma obra que consiste, em algo parecido a um manifesto político, pois Maquiavel quer convencer sobre a necessidade de um "líder" (o príncipe), "[...] que saiba o que quer e como obter o que quer, e de aceitá-lo com entusiasmo, ainda que suas ações possam estar ou parecer estar em contradição com a ideologia da época [...]" (Gramsci, 2014b, *Q 13 § 20,* p. 1601; *CC*,

v. 3, 2007a, p. 58). Aliás, Maquiavel chama a atenção para a necessidade do "povo" ser educado para a política, sendo que "[...] Gramsci acentua ainda que esta posição de Maquiavel coincide com a proposta da filosofia da práxis, que é de formação política das classes trabalhadoras [...]" (Schlesener, 2022, p. 29).

Dessa mirada, "O Príncipe" não é um livro escrito para ninguém, mas para todos, uma vez que representa as necessidades históricas de uma época: diante da necessidade de unificação territorial da Itália já observada naquele momento por Maquiavel, o príncipe deve conduzir o povo a fundação de um novo Estado (ou principado), instaurando a monarquia absolutista. Mas, na conclusão do livro, é preciso reconhecer que o secretário florentino se faz povo e se confunde o próprio povo, por isso, para Gramsci, "O Príncipe" corresponde a uma autorreflexão sobre o povo, que se "[...] *esquecem os meios empregados para alcançar um fim se este fim é historicamente progressista,* isto é, se resolve os problemas essenciais da época e estabelece uma ordem na qual seja possível mover-se, atuar, trabalhar tranquilamente" (Gramsci, 2014b, *Q 13 § 25,* p. 1618; *CC*, v. 3, 2007a, p. 75, grifo nosso).

A obra está, portanto, em relação direta com as massas populares, dando visibilidade a forma de fazer a grande política. Isso porque se na representação maquiaveliana, o príncipe só poderia ser uma espécie de *condottiero* ideal, um "herói" individual, dotado de elementos passionais e místicos, ou seja, de "[...] qualidades, traços característicos, deveres, necessidades de uma pessoa concreta [...]" (Gramsci, 2014b, *Q 13 § 1,* p. 1555; *CC*, v. 3, 2007a, p. 13), Gramsci retira dessa "personificação" de Maquiavel alguns ensinamentos práticos, sendo que tais ensinamentos estão voltados, em particular, para o povo. Assim, nessa analogia, de maneira semelhante ao príncipe maquiaveliano que persegue um fim historicamente progressista e conectado organicamente com as exigências de seu tempo, em Gramsci, ele se torna não mais um líder ou herói pessoal, um indivíduo concreto, mas a sua existência está dada na forma de um organismo já presente na sociedade moderna: o partido político.

Por essa razão, o moderno-príncipe, no dizer gramsciano, representa uma classe politicamente organizada para alcançar determinados fins. Assim como em Maquiavel, o príncipe funda um novo Estado, também em Gramsci, o partido político deve realizar essa tarefa, mas ocorre que, enquanto ao primeiro, sua defesa só pôde chegar até a instauração de um Estado moderno unificado sob a liderança de uma monarquia absolutista, sinalizando a necessidade de superar os resíduos comunal-municipais, o segundo vai além: nos tempos de Gramsci, o novo Estado a ser fundado com a direção do moderno-príncipe é o Estado socialista, aquele que rompe com a direção política e cultural burguesa, cumprindo as exigências histórico-orgânicas de uma época.

Nessa perspectiva, Gramsci, tratando de "O Príncipe", sinaliza que Maquiavel já anunciou duas questões fundamentais, cujo *condottiero* é expressão: 1) da vontade coletiva nacional-popular e 2) da reforma intelectual e moral. A formação de uma vontade coletiva nacional-popular deve servir para atuar sob um povo disperso e pulverizado, com vista a despertá-lo e organizá-lo, afinal, ela conduz a um determinado fim político. Para Gramsci, o moderno-príncipe é, assim, o organismo que sintetiza os germes da vontade coletiva, que devem se tornar universais e totais.

A vontade coletiva representa uma "[...] *concreção e racionalidade ainda não verificadas e criticadas por uma experiência histórica efetiva e universalmente conhecida*" (Gramsci, 2014b, *Q 13 § 1*, p. 1558; *CC*, v. 3, 2007a, p. 16, grifo nosso), ou seja, é a consciência operosa da necessidade histórica, que deve se colocar como protagonista para que os grupos sociais consigam influir na vida política. A exemplo dos jacobinos franceses, Gramsci destaca que esses foram a encarnação categórica de Maquiavel, pois revelaram como pode se formar concretamente uma vontade coletiva, produzindo algo ex novo na história. Gramsci identifica, portanto, em Maquiavel, um jacobinismo precoce, haja vista que anuncia uma revolução nacional que só pode adquirir materialidade na medida em que se inicia pela formação de uma vontade coletiva.

Mas, ao passo da elaboração de uma vontade coletiva, também a reforma intelectual e moral deve ser conduzida. Ela diz respeito a questão das concepções de mundo, cujo moderno-príncipe é o anunciador e organizador, "[...] o que significa [...] *criar o terreno para um novo desenvolvimento da vontade coletiva nacional-popular no sentido da realização de uma forma superior e total de civilização humana*" (Gramsci, 2014b, *Q 13 § 1*, p. 1560; *CC*, v. 3, 2007a, p. 18, grifo nosso). Vê-se que a vontade coletiva nacional-popular e a reforma intelectual e moral estão em relação direta, uma vez que abrem caminhos para a formação de uma autoconsciência crítica, condição para elaborar uma vontade coletiva organizada, expressa e manifestadamente unificada. Se na perspectiva de Gramsci é de Maquiavel que estas questões estão implicitamente presentes, o prisioneiro de Mussolini delas se apropria para indicar que também o moderno-príncipe deve estruturar seu trabalho a partir desses dois pontos fundamentais: "[...] formação de uma *vontade coletiva nacional-popular*, da qual o moderno Príncipe é ao mesmo tempo o organizador e a expressão ativa e atuante, e *reforma intelectual e moral* [...]" (Gramsci, 2014b, *Q 13 § 1*, p. 1561; *CC*, v. 3, 2007a, p. 18, grifos nossos).

É importante situar que a reforma intelectual e moral a ser conduzida pelo moderno-príncipe e seus intelectuais significa uma verdadeira "[...] elevação civil das camadas mais baixas da sociedade [...]" (Gramsci, 2014b, *Q 13 § 1*, p. 1561; *CC*, v. 3, 2007a, p. 19). Mas, para Gramsci, se essa elevação é imprescindível para perseguir um fim historicamente progressista, por outro lado, não é suficiente para fundar uma nova e total civilização humana, visto que "[...] sem uma reforma econômica e uma modificação na *posição social e no mundo econômico* [...]" (Gramsci, 2014b, *Q 13 § 1*, p. 1561; *CC*, v. 3, 2007a, p. 19, grifo nosso), esse fim não adquire concretude.

Isso porque a reforma intelectual e moral não pode ser tomada somente como transformação pura da consciência e das ideias, de modo desconectado da realidade objetiva: ela pressupõe todo um programa de reforma econômica, quer dizer, "[...] uma reforma intelectual e moral não pode deixar de estar ligada a um programa de reforma econômica; *mais precisamente, o programa de reforma econômica é exatamente o modo concreto através do qual se apresenta toda reforma intelectual e moral*" (Gramsci, 2014b, *Q 13 § 1*, p. 1561; *CC*, v. 3, 2007a, p. 19, grifo nosso).

A transformação total em direção a uma nova civilização humana implica, por isso, em uma transformação tanto subjetiva da consciência, quanto objetiva da realidade, de modo que, ao inspirar-se nas lições maquiavelianas no *Caderno 13*, Gramsci traduz originalmente uma "[...] *práxis política coletivamente vivenciada, organizada e democraticamente conduzida* [...]" (Semeraro, 2017, p. 38, grifo nosso) pelas classes e grupos subalternos. Não por acaso, valoriza as massas populares e sua afirmação enquanto sujeitos ativos da práxis revolucionária. Na interpretação de Semeraro (2017), o *Caderno 13* expressa, em termos políticos, a filosofia da práxis desenhada nos *Cadernos 10* e *11*, bem como a função do intelectual na formação das subjetividades políticas para o exercício da luta política, cujo *Caderno 12* é dedicado temática e monograficamente. Se assim pudéssemos dizer, Gramsci está preocupado em fazer a grande política, de modo semelhante ao que Maquiavel realizou.

No *Q 13 § 5*, intitulado de "Grande política (alta política) — pequena política (política do dia-a-dia, política parlamentar, de corredor, de intrigas)", Gramsci caracteriza a grande política enquanto aquela que compreende as questões relativas à fundação de novos Estados, bem como "[...] à luta pela destruição, pela defesa, pela conservação de determinadas estruturas orgânicas econômico-sociais" (Gramsci, 2014b, *Q 13 § 5*, p. 1564; *CC*, v. 3, 2007a, p. 21). A pequena política, ao contrário, atenta-se para as questões parciais e cotidianas, sendo resultante das disputas travadas dentro de determinada estrutura já estabelecida. Não obstante, a pequena política não deve ser descartada, visto que cada um de seus elementos deve se tornar uma questão de grande política, contribuindo para a reorganização total e radical do Estado. Na sequência, uma reflexão interessante é assinalada:

"Maquiavel examina sobretudo as questões de grande política: criação de novos Estados, conservação e defesa de estruturas orgânicas em seu conjunto; *questões de ditadura e de hegemonia em ampla escala, isto é, em toda a área estatal*" (Gramsci, 2014b, *Q 13 § 5*, p. 1564; *CC*, v. 3, 2007a, p. 22, grifo nosso).

Apesar de no conjunto dos *Cadernos*, Gramsci oscilar entre um sentido mais restrito e amplo de hegemonia, quer dizer, entre a) hegemonia como oposição puramente a domínio e, portanto, como referência ao momento de direção e b) como a imbricação de ambos (direção / domínio), pode-se dizer que, ao longo da reflexão carcerária, é essa segunda acepção que vai adquirindo centralidade (Cospito, 2017). Afinal, o caráter fluido da redação gramsciana vai conferindo uma série de modificações, bem como revisões e adições derivadas do ritmo de seu pensamento no cárcere.

Se Lênin chamou a atenção de Gramsci para as questões relacionadas a hegemonia (de modo que, no período pré-carcerário, predomina a defesa gramsciana de uma aliança operário-camponesa, que se amplia posteriormente no cárcere para a unificação das classes e grupos subalternos); e se Croce forneceu a importância do momento ético-político (embora tenha exercido a função de um intelectual orgânico da burguesia), da leitura inovadora marxista realizada de Maquiavel, Gramsci obtém vários elementos para caracterizar o Estado e a hegemonia.

No *Q 1 § 44*, tratando do *Risorgimento* e das disputas entre o Partido da Ação e os Moderados, Gramsci assinala: "Pode e deve haver uma 'hegemonia política' antes mesmo de ir ao governo e não devemos confiar apenas no poder e na força material que ela confere para exercer a liderança política ou hegemonia" (Gramsci, 2014b, *Q 1 § 44*, p. 41). Aqui, Gramsci estende o conceito de hegemonia a qualquer classe e / ou grupo social que pretende a conquista e o exercício do poder (e não somente ao proletariado ou operários e camponeses, como vinha assinalando nos escritos pré-carcerários). Além disso, hegemonia, nessa passagem, parece estar relacionada ao momento de direção, estando, por isso, em oposição a domínio e coerção (Cospito, 2016).

Mas, ocorre que, em outras passagens dos *Cadernos*, a expressão vai ampliando-se, de modo a gerar novas interpretações: no *Q 1 § 48*, por exemplo, Gramsci caracteriza que o exercício normal da hegemonia no regime parlamentar combina força e consenso, equilibrando estes dois elementos. A referência ao momento da hegemonia nessa nota está para indicar o sentido mais amplo do termo, isso é, hegemonia como direção + domínio (Cospito, 2016).

Desde os primeiros *Cadernos*, a relação entre hegemonia e sociedade civil também aparece, uma vez que a sociedade civil se refere ao terreno sob o qual a luta pela conquista ou conservação da hegemonia se desenvolve: no *Q 4 § 38*, Gramsci assinala que, um grupo social subalterno, para que possa sair de sua fase econômico-corporativa, deve elevar-se a fase de hegemonia político-intelectual na sociedade civil e ser dominante na sociedade política. Não obstante, no *Q 6 § 24*, a distinção entre a sociedade civil de Hegel e a sociedade civil a que se faz referência nos *Cadernos*, é demarcada: a primeira refere-se a sociedade familiar e a Igreja, e a segunda corresponde a hegemonia política e cultural de um grupo social sob a sociedade inteira.

Fortalecendo a sociedade civil como *lócus* em que a hegemonia é disputada, no *Q 7 § 83*, a hegemonia política é entendida como "[...] ponto de contato entre a 'sociedade civil' e a 'sociedade política', entre *consenso e força*" (Gramsci, 2014b, *Q 7 § 83*, p. 914, grifo nosso), de maneira que o conceito de Estado permite maior compreensão da relação entre hegemonia, direção e domínio. Nessa direção, no *Q 6 § 88*, Gramsci afirma que "[...] *na noção geral de Estado entram elementos que reportam a noção de sociedade civil* (no sentido, seria possível dizer, Estado = *sociedade política* + *sociedade civil*, isto é, hegemonia couraçada de coerção)" (Gramsci, 2014b, *Q 6 § 88*, p. 763-764, grifos nossos). Aqui, o Estado integral de Gramsci apresenta-se, introduzindo uma leitura inovadora e contemporânea em relação a sua forma de atuar: no *Q 6 § 87*, analisando a ordem social instituída após a Revolução

Francesa de 1789, considera que os jacobinos uniram os elementos constitutivos do Estado em seu sentido orgânico e mais amplo, ou seja, Estado propriamente dito e sociedade civil — momento em que o Estado laico moderno se constituiu, independentemente da Igreja.

É evidente que Gramsci demarca esforços para evitar identificar o aparelho de Estado apenas como aparelho coercitivo: o consenso encontra lugar indispensável no âmbito do Estado! Não por acaso, se no *§ 88*, Gramsci já ressalta a "fórmula" Estado = sociedade política + sociedade civil, no *Q 6 § 155*, o Estado integral é identificado como ditadura + hegemonia, enquanto no *Q 6 § 137*, ele aparece como expressão de um "aparelho governativo" e de um "aparelho privado de hegemonia" ou "sociedade civil".

Nessa perspectiva, o Estado integral, formado pela unidade-distinção entre sociedade civil e sociedade política, possui instituições e aparelhos próprios a partir dos quais exercem suas atividades de consenso e coerção, uma vez que o Estado é compreendido em sentido "mais orgânico e amplo", quer dizer, integral. Por sua vez, às instituições e aparelhos que conformam a administração pública, o exercício legal do poder, a justiça, o direto e a repressão (como são as forças policiais e o exército), Gramsci os denomina de aparelhos repressivos de Estado, sendo próprios da sociedade política. Às instituições e aparelhos que funcionam como suporte material a difusão de ideologias e concepções de mundo das classes ou grupos sociais, como são os partidos, as escolas, os jornais, as revistas etc., Gramsci os denomina de aparelhos privados de hegemonia, sendo próprios da sociedade civil, que veiculam e formam a opinião pública e o consenso.

Importa assinalar que a distinção realizada por Gramsci entre sociedade civil e política não é orgânica, mas sim metodológica, afinal, ambas conformam o conjunto das superestruturas, ainda que possuam aparatos próprios, isso é, os vinculados a sociedade política (aparelhos repressivos de Estado) e os vinculados a sociedade civil (aparelhos privados de hegemonia). Mas, participando das mesmas relações, objetivam a conservação (ou construção) de uma (nova) hegemonia de classe, uma vez que o "[...] Estado tem e pede o consenso, *mas também 'educa' este consenso* através das associações políticas e sindicais [...]" (Gramsci, 2014b, *Q 1 § 47*, p. 56, grifo nosso).

No *Q 8 § 142*, Gramsci chama a atenção para a identidade-distinção entre sociedade política e civil, afirmando que há uma identificação orgânica entre indivíduos de um determinado grupo social e Estado, visto que a ação desses indivíduos que "agem espontaneamente" corrobora com os fins do Estado. Com isso, quer ressaltar que é necessária a identificação entre sociedade civil e política, quer dizer, o conjunto dos indivíduos que agem espontaneamente e consentem passivamente na sociedade civil é o pressuposto para a afirmação de toda sociedade política. Por isso, o Estado:

> [...] não se resume ao aparelho governamental encarregado da administração direta e do exercício legal da coerção, ele inclui também a esfera civil, onde os aparelhos privados de hegemonia possuem sua sede. Dito de outro modo, cada uma das esferas possui características próprias e não se confundem entre si, contudo, a distinção entre elas só poderá ser metodológica porquanto estão organicamente ligadas (Aliaga, 2021, p. 108).

Dessa mirada, na perspectiva gramsciana, o Estado não apenas reprime, mas, principalmente, educa, quer dizer, dissemina o consenso, conquista a adesão, promove determinado equilíbrio entre força e consenso. Nas palavras de Gramsci: "A classe burguesa põe a si mesma como um organismo em contínuo movimento, capaz de absorver toda a sociedade, *assimilando-a ao seu nível cultural e econômico:* toda a função do Estado é transformada: o *Estado torna-se 'educador'* [...]" (Gramsci, 2014b, *Q 8 § 2,* p. 937, grifos nossos). Ainda no *Caderno 8*, especialmente no *§ 179*, Gramsci reforça que, a exemplo do que a classe burguesa foi capaz de realizar, todo Estado deve ter como uma de suas funções centrais elevar a grande massa da população a um nível cultural e moral que se identifica com um determinado grau de desenvolvimento das forças produtivas. Para isso, observa que há uma série de "[...] iniciativas e atividades chamadas privadas, *que formam o aparelho de hegemonia política e cultural das classes dominantes*" (Gramsci, 2014b, *Q 8 § 179*, p. 1049, grifo nosso).

A influência de Maquiavel é, nesse ponto, do Estado e da hegemonia explícita: no *Q 13 § 14*, Gramsci retoma a metáfora do Centauro maquiavélico (meio animal, meio homem) para caracterizar a "dupla perspectiva" da concepção unitária de Estado integral:

> Outro ponto a ser fixado e desenvolvido é o da "dupla perspectiva" na ação política e na vida estatal. Vários graus nos quais se pode apresentar a dupla perspectiva, dos mais elementares aos mais complexos, mas que podem ser reduzidos teoricamente a dois graus fundamentais, correspondentes à natureza dúplice do Centauro maquiavélico, ferina e humana, *da força e do consenso, da autoridade e da hegemonia*, da violência e da civilidade, do momento individual e daquele universal (da "Igreja" e do "Estado"), da agitação e da propaganda, da tática e da estratégia, etc. (Gramsci, 2014b, *Q 13 § 14*, p. 1576; *CC*, v. 3, 2007a, p. 33, grifo nosso).

Força e consenso configuram a atuação unitária do Estado, sendo que tratar da hegemonia a partir de Gramsci é também tratar do Estado (e vice e versa): "[...] a reflexão sobre hegemonia, que articula força e consenso, é precisamente uma reflexão sobre o Estado, isso é, sobre como o equilíbrio instável das relações de forças sociais se estabelece entre os diversos grupos na sociedade civil em disputa pela direção do aparelho estatal" (Aliaga, 2021, p. 105). Na perspectiva de Gramsci, o poder político fundamenta-se na relação dialética entre força e consenso, em que um não substitui, tampouco exclui o outro, mas ambos interagem no interior do Estado integral. A hegemonia é, nessa relação, um elemento indispensável para conquistar o consentimento e a adesão ao projeto político do grupo social que é dominante na sociedade política, "[...] caracterizada pela combinação da força e do consenso, que se equilibram de modo variado, sem que a força suplante em muito o consenso, mas, ao contrário, tentando fazer com que a força pareça apoiada no consenso da maioria [...]" (Gramsci, 2014b, *Q 13 § 37*, p. 1638; *CC*, v. 3, 2007a, p. 95).

Dessa mirada, no *Caderno 13* encontramos o esboço de uma estratégia revolucionária para as classes e grupos sociais subalternos que pretendem se fazer dirigentes na sociedade civil e dominantes na sociedade política. Não por acaso, os conceitos de Estado e hegemonia encontram-se ali implícitos.

Desse *Caderno*, é interessante destacar o *§ 17*, intitulado de "Análise das situações: relações de forças". Esse parágrafo, cuja primeira versão está localizada no *Q 4 § 38*, discorre sobre os diversos "momentos" ou "graus" a partir dos quais as relações de forças entre as classes e grupos sociais vão se constituindo. No primeiro momento das relações de forças, Gramsci situa o nível econômico, que está ligado a estrutura objetiva, cujos agrupamentos sociais se constituem a partir do desenvolvimento das forças materiais de produção, ocupando determinada função e posição na própria produção. No segundo nível, estão as relações das forças políticas, que correspondem ao momento em que se torna possível avaliar o grau de homogeneidade, autoconsciência e organização dos grupos sociais, ou seja, é através deste momento que podemos identificar o desenvolvimento da consciência política coletiva na história. Para tanto, como já assinalou no *Q 4 § 38*, a consciência política coletiva desenvolve-se a partir de três momentos: 1) o primeiro vincula-se ao nível econômico-corporativo, em que um grupo profissional partilha da solidariedade entre si, embora não interaja ainda com os demais membros de outros grupos profissionais; 2) o segundo vincula-se ao alcance da consciência da solidariedade entre os membros de um mesmo grupo social, independentemente do grupo profissional, mas somente para atender os interesses relacionados ao campo econômico e 3) o terceiro corresponde ao momento ético-político, cuja consciência ultrapassa os interesses meramente corporativos, tornando-se universal ao também incorporar e tornar seus os interesses de outros grupos subordinados.

Gramsci esclarece que esta fase estritamente política representa a unidade dos fins econômicos e políticos de diversos grupos sociais, mas também sua unidade intelectual e moral, ou seja, é o momento em que está posta a questão da hegemonia, mais exatamente, "[...] a hegemonia de um grupo social fundamental sobre uma série de grupos subordinados" (Gramsci, 2014b, *Q 13 § 17*, p. 1584; *CC*, v. 3, 2007a, p. 41). Essa passagem contribui, sem dúvida, para compreender a necessidade de unificação dos grupos subalternos afirmada por Gramsci no *Caderno 25*: a consciência econômico-corporativa, avançando sob o momento ético-político, permite incorporar e assimilar os interesses dos diversos grupos sociais, sob a direção de um grupo social fundamental, para a construção de uma nova hegemonia e de um novo Estado, afinal, a unificação total das classes e grupos subalternos só podem ocorrer no Estado e no momento em que se tornarem Estado. Por isso, na sequência dessa nota Gramsci assinala:

> O Estado é certamente concebido como organismo próprio de um grupo, destinado a criar as condições favoráveis a máxima expansão desse grupo, mas este desenvolvimento e esta expansão são concebidos e apresentados como a força motriz de uma expansão universal, de um desenvolvimento de todas as energias "nacionais", isto é, o grupo dominante é coordenado concretamente com os interesses geras dos grupos subordinados e a vida estatal é *concebida como uma contínua formação e superação de equilíbrios instáveis [...] entre os interesses do grupo fundamental e os interesses dos grupos subordinados* [...] (Gramsci, 2014b, *Q 13 § 17*, p. 1584; *CC*, v. 3, 2007a, p. 41-42, grifo nosso).

Aqui, o Estado é apresentado como aquele que prima pelos interesses de determinado grupo social, porém, não se faz inteiramente a partir da defesa dos interesses exclusivos desse grupo, pois, na perspectiva de Gramsci, o Estado exige certo equilíbrio, isso é, a capacidade de atender alguns dos interesses dos grupos subordinados para não comprometer, por outro lado, a "máxima expansão" dos interesses do grupo fundamental dominante. Certamente, é perceptível que a formação do "equilíbrio" no âmbito do Estado tem como premissa obter o consentimento voluntário dos grupos subordinados, criando condições para o exercício da hegemonia por parte do grupo que é dirigente e dominante.

Não obstante, afora as relações de forças econômicas e políticas, que configuram o primeiro e o segundo nível dessas relações respectivamente, Gramsci ainda situa um terceiro nível: o das forças militares. Para ele, essas se distinguem em dois graus: 1) o militar ou técnico-militar, que se refere ao domínio das armas e 2) político-militar, quer dizer, a incorporação do consenso aliado ao domínio na construção da hegemonia. Na realidade, observa que é a utilização simultânea das forças militares e político-militares que torna possível a independência de um Estado, afinal, "[...] se a nação oprimida, para iniciar a luta pela independência, tivesse de esperar a permissão do Estado hegemônico para organizar seu próprio exército no sentido estrito e técnico da palavra, teria de esperar bastante tempo" (Gramsci, 2014b, *Q 13 § 17*, p. 1586; *CC*, v. 3, 2007a, p. 43).

Com essa extensiva nota, Gramsci quer demonstrar que, das flutuações nas relações de forças, o elemento decisivo é a organização sistemática e paciente das forças que protagonizarão a agitação política. Para tanto, é necessário desenvolvê-las, torná-las homogêneas a fim de adquirirem consciência de si. Daí que o *§ 18* do *Q 13*, intitulado de "Alguns aspectos teóricos e práticos do "economicismo" — movimento teórico pelo livre-cambismo — sindicalismo teórico", cuja primeira versão está também localizada no *Q 4 § 38*, Gramsci põe em relevo a hegemonia ético-política a ser exercida na sociedade civil.

Afirmando a distinção do conceito de sociedade civil empregado pelo movimento do livre-cambismo, ou seja, liberalismo, Gramsci adverte: ao contrário dessa narrativa que entende a atividade econômica como própria da sociedade civil, não devendo o Estado interferir em sua regulamentação, a sociedade civil e Estado se identificam no pensamento gramsciano, no sentido mesmo de que sociedade civil também é Estado! Aqui é interessante registrar que se, sociedade civil na acepção de Gramsci não se confunde com a sociedade civil de Hegel, tampouco se identifica com a sociedade civil dos liberais: é, antes, onde um grupo social subalterno deve desenvolver-se até sair de sua fase econômico-corporativa para exercer a hegemonia ético-política.

Aliás, nessa passagem, Gramsci assinala que se a hegemonia é ético-política (pois visa obter o consenso na sociedade civil, demandando, por vezes, "sacrifícios" de ordem econômico-corporativa por parte do grupo fundamental dominante para promover um certo equilíbrio), também não deixa de ser econômica: se o grupo dirigente faz concessões econômico-corporativas, não pode sacrificar, porém, o essencial, ou seja, a função decisiva que exerce no núcleo da atividade econômica produtiva. Com isso, chamamos a atenção para o fato que Gramsci não é o autor das superestruturas (como muito se difunde), negligenciando ou desconsiderando a sua relação com a estrutura. O próprio conceito de bloco histórico, como unidade dos contrários e dos distintos, representa o seu esforço em expressar a articulação radicalmente dialética entre estrutura e superestrutura. Não obstante, o que Gramsci evita são os esquemas deterministas, de modo a tomar o aspecto econômico como determinante em face dos demais: mas, esse fato não autoriza por si só a desconsideração do aspecto econômico no conjunto de suas reflexões, ao contrário, a construção de um novo Estado e de uma nova hegemonia prescinde da transformação objetiva da realidade, ou seja, da estrutura, ou seja, da promoção de uma verdadeira reforma econômica. Se esse pressuposto é retirado do pensamento de Gramsci, predomina uma leitura reformista e social-democrata de um marxista que foi, na realidade, substantivamente revolucionário.

Nessa direção, como as classes e grupos subalternos podem construir um novo Estado e uma nova hegemonia? Por onde se inicia esse caminho? No *Q 13 § 7*, Gramsci registra algumas anotações interessantes! Afirmando a tarefa educativa e formativa do Estado, compreende que o aparelho estatal deve sempre adequar a moralidade das massas populares às necessidades do aparelho econômico de produção, dado que precisa difundir coletivamente costumes, modos de pensar adequados etc. Em seguida, o conceito de revolução permanente é posto em evidência: conforme Gramsci, ele é próprio de uma época em que os grandes partidos de massa e os sindicatos não existiam, estando a sociedade em um estado de fluidez, ou seja, o aparelho estatal era pouco desenvolvido. O que esses argumentos apresentados por Gramsci podem sinalizar? Atentemos para o esclarecimento seguinte:

> No período posterior a 1870, com a expansão colonial europeia, todos estes elementos se modificam, as relações de organização internas e internacionais do Estado tornam-se mais complexas e robustas; e a fórmula da 'revolução permanente', própria de 1848, é elaborada e superada na ciência política com a fórmula da 'hegemonia civil' (Gramsci, 2014b, *Q 13 § 7*, p. 1566; *CC*, v. 3, 2007a, p. 24).

Aqui Gramsci parece sinalizar que, enquanto a revolução permanente foi a fórmula que tornou possível empreender uma estratégia revolucionária até 1848, nos tempos presentes, ela parece já se colocar como fórmula superada. Isso porque, atualmente, a guerra de movimento vai se tornando cada vez mais guerra de posição: a estrutura das democracias modernas desenvolve-se como algo similar as trincheiras, fazendo com que seja somente parcial o elemento do "movimento", que antes representava a guerra inteira.

Isso significa que, reconhecendo o desenvolvimento da tarefa educativa e formativa do Estado (ou do "Estado educador" que forma para o consenso), Gramsci atenta para o fato de que uma nova estratégia revolucionária para a luta dos grupos subalternos é necessária considerando a atuação mais orgânica e ampla do aparelho estatal nas democracias modernas. Por isso, a fórmula da revolução permanente é elaborada e superada: as condições objetivas do tempo e da realidade de Gramsci indicam para a atualidade da fórmula da hegemonia civil, haja vista a captura da atuação do Estado, que acontece de maneira integral, sendo que, nos tempos presentes, "[...] para os subalternos, a ação política implica um processo continuado de educação na medida em que se encaminham as lutas [...]" (Schlesener, 2022, p. 28).

Nessa perspectiva, no *Q 13 § 24*, a analogia entre arte militar e arte política é adensada, tendo em vista explicitar a relação entre a guerra de posição e a guerra de movimento já anunciada no *§ 7* desse mesmo *Caderno*: Gramsci argumenta que, no contexto dos Estados mais avançados do ponto de vista civil e industrial, a guerra de manobrada (de movimento) deve ser considerada de maneira mais tática do que estratégica, sendo que considera como "Estados mais avançados" aqueles em que "[...] a 'sociedade civil' tornou-se uma estrutura mais complexa [...]" (Gramsci, 2014b, *Q 13 § 24*, p. 1615; *CC*, v. 3, 2007a, p. 73). Na realidade, não se pode simplesmente escolher a forma de guerra que se pretende adotar, pois são as condições objetivas que indicam o tipo de guerra a ser travada, ou seja, na arte política (de modo semelhante a arte da guerra), Gramsci sinaliza que, no conjunto dos Estados em que as superestruturas da sociedade civil organizam seus sistemas de trincheiras, a guerra moderna deve se constituir, cada vez mais, como guerra de posição.

Por sua vez, quando escreve sobre a arte política realizando um paralelo com a arte militar e, mais precisamente, quando discorre sobre os tipos de guerra, Gramsci está se referindo a discussão da estratégia adequada para a conquista do Estado. No *Caderno 13*, especialmente nos *§ 7* e *§ 24*, afirma que nos Estados mais avançados, impõe-se a necessidade da guerra de posição (ou de assédio ou de trincheira). Mas, afinal, ao que corresponde esse "tipo" de guerra e por que ela se coloca como atual e necessária no contexto dos Estados mais avançados? É o *Caderno 6* que nos fornece grandes indicações para estas questões.

No *§ 138*, a passagem da guerra de manobrada ou ataque frontal à guerra de posição é vista como a questão política mais importante do período pós-guerra: ao passo em que a primeira conquista posições não decisivas, a segunda, uma vez vencida, é definitivamente decisiva. Isso porque, a guerra de posição exige que se organize permanentemente a desagregação interna, com paciência e espírito interventivo. Essa passagem, quando conjugada com o *§ 155* do *Caderno 6*, nos permite aprofundar mais algumas questões, pois no parágrafo em destaque, Gramsci ressalta que na política "[...] *o erro acontece por uma inexata compreensão do que é o Estado (no significado integral: ditadura + hegemonia)*" (Gramsci, 2014b, *Q 6 § 155*, p. 810-811, grifo nosso), sendo que a guerra de posição e de movimento se situam sob a questão dos grandes líderes e dos subalternos. Com isso, deduz-se que a discussão em tela acerca dos tipos de guerra envolve, além da estratégia a ser conduzida pelas classes e grupos subalternos para a conquista do Estado, a compreensão do que é o Estado. Aliás, é a partir dessa exata compreensão que se impõe um determinado tipo de guerra: é o que fica evidente no *Q 7 § 16*, quando Gramsci caracteriza que, nos Estados mais avançados do Ocidente, "[...] havia entre o Estado e a sociedade civil uma relação apropriada e, ao oscilar o Estado, podia-se imediatamente reconhecer uma robusta estrutura da sociedade civil. O Estado era apenas uma trincheira avançada, por trás da qual se situava uma robusta cadeia de fortalezas e casamatas [...]" (Gramsci, 2014b, *Q 7 § 16*, p. 866). Nas sociedades orientais, ao contrário, o Estado era tudo, de modo que a sociedade civil se apresentava ainda como primitiva e gelatinosa.

A distinção entre Oriente e Ocidente na perspectiva adotada por Gramsci não se refere e não se limita apenas ao aspecto geográfico da questão, mas para o atento de que, a depender das diferentes sociedades e países, o Estado podia encontrar-se ora mais, ora menos desenvolvido em seu sentido integral, ou seja, no caso da Rússia, por exemplo, que foi dominada a séculos pela ordem do *czar*, os elementos conspícuos da sociedade civil eram pouco desenvolvidos. A esses tipos de sociedade, cuja sociedade política (ou Estado) era, portanto, "tudo", Gramsci denominou de Oriente. Aquelas, ao contrário, em que a sociedade civil já se encontrava em um estágio avançado de desenvolvimento, de modo a alicerçar a vida nacional a partir de uma grande trincheira, Gramsci denominou de Ocidente. Dessa mirada, afirma que Ilitch (Lênin) já havia reconhecido esta questão, sinalizando a necessidade da mudança da guerra de manobrada para a guerra de posição — daí que, na interpretação de Gramsci, no Oriente de 1917, a guerra de movimento pôde sair vitoriosa, enquanto no Ocidente, ela fracassou, como comprova a experiência do movimento conselhista na Itália. Para que pudesse sair vitoriosa, a alternativa possível estaria colocada pela transição a guerra de posição.

Nessa direção, nos *Cadernos*, Gramsci também ressalta que, para que os grupos subalternos pudessem construir um novo tipo de Estado, obtendo a vitória decisiva (como ocorreu na Rússia em 1917), a guerra a ser travada é a de posição. Isso porque pela configuração assumida pelo Estado nos tempos presentes, cuja síntese está dada pela fórmula ditadura + hegemonia, é necessário conquistar o consenso dos grupos aliados na sociedade civil (disseminando as concepções de mundo das classes e grupos subalternos através dos aparelhos privados de hegemonia e, portanto, sendo dirigentes), antes da conquista da sociedade política. Não por acaso, impõe-se a atualidade da fórmula da hegemonia civil, em que a guerra de posição vai assumindo um lugar estratégico em detrimento de tático. Nesse contexto, a noção de hegemonia é fundamental, já que é expressão de uma "[...] correlação de forças, nunca estável e definitiva, *mas cambiante e fluida*, alterando-se no processo social [...]" (Schlesener, 2022, p. 39, grifo nosso).

Por isso, pode-se afirmar que Gramsci desenha, especialmente, no *Caderno 13* uma estratégia política revolucionária, que leva em conta as novas determinações assumidas pelo Estado no cenário contemporâneo de sua época. Mas, é preciso advertir que, ao contrário dessa estratégia se postar como uma regra ou manual a ser seguido indistintamente (condição que seria estranha ao seu próprio autor), Gramsci foi um atento observador da realidade objetiva de seu tempo: analisando concretamente as situações concretas, a fórmula da hegemonia civil expressa sua recusa aos dogmatismos, colocando-se, ao mesmo tempo, em contraponto aos rumos da Internacional stalinizada. Uma vez em contraste com as orientações da Internacional de Stálin, que julgava atual a guerra de manobrada, quer dizer, o ataque frontal a sociedade política, evitando quaisquer tipos de aliança nacional, Gramsci compreende a necessidade da passagem a guerra de posição, dada a atuação integral do Estado e o fortalecimento da ofensiva fascista. Isso significa que, na perspectiva adotada por Gramsci, não basta apenas a tomada da sociedade política, visto que, dada as novas configurações do aparelho estatal, o poder político não se mantém somente com coerção: é preciso antes um intenso trabalho de penetração cultural, ou seja, de elevação da consciência das grandes massas ao momento ético-político, ocupando as trincheiras da sociedade civil — razão pela qual a guerra de posição torna-se estratégica.

Assim, da inspiração colhida de Maquiavel e da tradução que realiza de seu realismo político, Gramsci aprofunda de modo original e inovador uma concepção de Estado, adensando a perspectiva revolucionária inaugurada por Marx, ao mesmo passo em que capta o fio condutor que estrutura o seu funcionamento nas democracias modernas: a hegemonia. Mas, para além disso, Gramsci também nos mostra que, a "vértebra central" (Semeraro, 2017), que se assenta a política e o Estado é o permanente desafio de formar uma atuante vontade coletiva, de maneira que ela é tanto necessária ao grupo social dominante para a manutenção do poder (fazendo as grandes massas assentirem ao projeto político em curso), quanto para as classes e grupos subalternos que pretendem ascender ao poder. Dessa mirada, a formação da consciência ético-política ou das subjetividades assume uma tônica imprescindível na reflexão gramsciana — estando presente desde os escritos pré-carcerários e permanecendo mesmo no conjunto da redação do cárcere: ela é a condição para desencadear as relações de forças na sociedade, abrindo caminho para a unificação das classes e grupos subalternos, os quais põem-se em direção a construção de um novo Estado e de uma nova hegemonia.

OS *CADERNOS 19* E *22*: A REVOLUÇÃO PASSIVA

A expressão "revolução passiva" é utilizada por Gramsci para caracterizar ao menos três (03) fenômenos distintos no tempo e no espaço, a saber: 1) o *Risorgimento* italiano no final do século XIX, 2) o advento do fascismo no início do século XX na Itália, bem como 3) o exame da produção fordista nos Estados Unidos, que se desenvolve *pari passu* a ascensão do fascismo na Itália. Conforme Aliaga (2021), esses três fenômenos possuem em comum a) o transformismo, b) a subalternização das classes populares e c) o conformismo e passividade das massas.

Especialmente nos *Cadernos 19* e *22*, intitulados, respectivamente, de "*Risorgimento italiano*" e elaborado entre 1934-1935, e "Americanismo e fordismo", de 1934, Gramsci desenvolve com maior densidade o conceito de revolução passiva, ainda que as reflexões sobre o tema já estivessem presentes desde o *Caderno 1*: no *§ 44*, por exemplo, o *Risorgimento* aparece caracterizado como uma revolução sem revolução, sendo a seguinte observação adicionada mais tardiamente a frente por Gramsci entre parênteses: "ou revolução passiva segundo a expressão de V. Cuoco" (Aliaga, 2022).

Ademais, o contraponto da revolução passiva é sempre realizado levando em consideração a Revolução Francesa: ainda no *Caderno 1*, precisamente no *§ 150*, Gramsci registra que o advento dos Estados modernos na Europa ocorre como uma "reação-superação nacional" da Revolução Francesa e assinala no *§ 44* (acima mencionado) sobre a importância dos fatores internacionais para a análise do *Risorgimento*. Essas anotações são imprescindíveis para compreendermos o raciocínio esboçado por Gramsci sobre o conceito!

Sendo uma expressão utilizada originalmente por Vincenzo Cuoco, a "revolução passiva" é empregada por Gramsci que, na semelhança com outras categorias, dela se apropria para lhe atribuir um novo significado, guardando somente em alguns aspectos seu sentido original. Não por acaso, no *Caderno 8*, mais exatamente no *§ 25*, Gramsci aproxima a revolução passiva de Cuoco ao conceito de revolução-restauração de Quinet: "*Investigar o que significa e como é justificada em Quinet a fórmula de equivalência da revolução-restauração na história italiana* [...] Este conceito de Quinet pode ser aproximado àquele de 'revolução passiva' de Cuoco?" (Gramsci, 2014b, *Q 8 § 25*, p. 957, grifo nosso).

Partindo dos pressupostos apontados por Modonesi (2019) de que, no conceito de revolução passiva de Gramsci, o substantivo "revolução" se refere ao conteúdo da transformação (e, desde já, podemos sinalizar que, na revolução passiva, a transformação ocorre sem a irrupção revolucionária, ou seja, sem revolução social e protagonismo das classes subalternas), o adjetivo "passiva" especifica o tipo ou modalidade de revolução, cuja realização não ocorre através de um movimento subversivo das classes populares, mas, ao contrário, é operada pelo "alto", pois caracteriza um contramovimento das classes dominantes que induzem taticamente algumas transformações para garantir a estabilidade das relações de domínio.

Nessa perspectiva, o *Caderno 19* apresenta uma valiosa análise do processo de unificação na Itália, de maneira que Gramsci o interpreta como um caso de revolução passiva. Bastante diferente do processo que originou a formação do Estado Moderno na França, o *Risorgimento* italiano não foi um movimento impulsionado pelos mesmos vetores nacionais que os franceses. Por esse motivo, à luz da Revolução Francesa, Gramsci adensa a sua análise sobre a revolução burguesa italiana, reconstruindo o processo de constituição do Estado unitário no país e do desenvolvimento capitalista na periferia. É nesse largo temporal que alguns conceitos outros como transformismo e, mesmo, hegemonia vão, no decorrer da exposição, sendo elucidados.

Em uma nota de texto B do *Q 4*, precisamente o *§ 57*, Gramsci afirma que a revolução passiva se aplica não apenas ao caso italiano de formação do Estado unitário, mas também aos outros países que se modernizaram por meio de uma série de reformas e guerras nacionais, sem passar por uma revolução política de tipo radical-jacobino: temos aí o primeiro elemento indicativo que estrutura e fundamenta o conceito de revolução passiva na interpretação gramsciana! Mas, o que significa uma revolução política de tipo radical-jacobino?

No *Q 19 § 2*, a importância de considerar o *Risorgimento* italiano como um movimento cujas origens se situam não somente na Itália, mas nos desdobramentos da Revolução Francesa é sinalizado por Gramsci. Isso porque, para ele, o processo que levou a Itália a unificar-se deve ser buscado não em um evento e/ou episódio específico, mas no processo histórico desencadeado pelas transformações do sistema europeu em seu conjunto, em que a Revolução Francesa é o marco. Dessa mirada, conecta a importância dos fatores e dos influxos internacionais para a análise da formação do Estado unitário na Itália, afinal, "[...] a história do *Risorgimento* não se estuda apenas com os documentos italianos, e como fato somente italiano, mas no quadro geral da vida europeia; trata-se de correntes de cultura, de transformações econômicas, de situações internacionais novas, que induzem os italianos a novas ideias [...]" (Gramsci, 2014b, *Q 19 § 3*, p. 1965; *CC*, v. 5, 2002, p. 19).

Assim, se a unificação italiana não pode ser dissociada das transformações internacionais que se transcorrem no final do século XVIII, Gramsci vai além: não apenas a necessária articulação entre condições nacionais e situação internacional deve ser ressaltada na análise do *Risorgimento*, mas, na realidade, o próprio *Risorgimento* é impulsionado pela situação internacional! Isso porque, no *Q 19 § 3*, ao contrário das demais forças europeias do século XVIII, as forças nacionais italianas que se vinculavam a unidade apareciam ainda como bastante dispersas e escassas na realidade do país: a Igreja constituía-se de uma força opositora a unidade poderosíssima que absorvia o pessoal nacional dirigente. Não obstante, precisamente pela deflagração dos fatores internacionais e da Revolução dos jacobinos franceses, o enfraquecimento das forças reacionárias, em especial, ligadas a Igreja, passava a se intensificar em escala mundial. Na análise de Gramsci, essa é "[...] a contribuição mais importante da Revolução Francesa, muito difícil de avaliar e definir, mas que se intui como de peso decisivo na preparação do movimento do *Risorgimento*" (Gramsci, 2014b, *Q 19 § 3*, p. 1972; *CC*, v. 5, 2002, p. 25-26).

Portanto, ademais de se constituir em um movimento impulsionado pelos influxos externos, também sua dinâmica interna se desenvolveu de maneira muito diferente da Revolução Francesa: no *Q 8 § 42*, nota de texto B e intitulada de *Francia-Italia*[63], a Revolução Francesa é caracterizada como a participação efetiva das massas populares na vida política e estatal; representou uma revolução marcada pela existência de correntes de opinião, pela desprovincialização dos partidos e pelo exercício da atividade parlamentar. Esses elementos, por sua vez, não existiam e não se faziam presentes no solo italiano, de maneira que a Revolução Francesa pode ser tomada como uma revolução ativa, jacobina, que envolveu intensamente o movimento popular, comportando elementos construtivos: os jacobinos da Revolução Francesa representaram um verdadeiro partido de ação com um programa determinado, conseguindo contar com o apoio de determinadas forças sociais. Isso foi possível porque adotaram as reivindicações das massas populares, organizando o elemento político nacional no lugar do sectarismo e do individualismo de pequeno grupo (Gramsci, 2014b): essas constituem as características típicas de uma revolução de tipo radical-jacobino que, ao envolver as massas populares, promovem com força enérgica uma transformação radical. Afinal, absorvendo e incorporando as reivindicações do terceiro estado, os jacobinos mostraram ser o único partido da revolução em ato:

---

63 "França-Itália".

> [...] uma vez que não só representaram as necessidades e aspirações imediatas das pessoas físicas reais que constituíam a burguesia francesa, *mas representavam o movimento revolucionário em seu conjunto, como desenvolvimento histórico integral,* porque também representavam as necessidades futuras e, de novo, não só daquelas determinadas pessoas físicas, mas de todos os grupos nacionais que deviam ser assimilados ao grupo fundamental existente (Gramsci, 2014b, *Q 19 § 24,* p. 2028; *CC,* v. 5, 2002, p. 80, grifo nosso).

É certo que o terceiro estado conduziu a uma posição muito mais avançada de reivindicações do que pretendiam os núcleos burgueses, porém, importa que essa é a característica mais importante de toda grande revolução, isso é: "[...] de forçar a situação (aparentemente) e criar irremediáveis fatos consumados [...]" (Gramsci, 2014b, *Q 19 § 24,* p. 2027; *CC,* v. 5, 2002, p. 79); os jacobinos exerceram a função de partido dirigente! Com ação enérgica, conseguiram cumprir duas exigências: aniquilaram as forças adversárias, reduzindo-as à impotência, e ampliaram suas bases de apoio, reunindo as forças nacionais e identificando os interesses e exigências em comum, de modo a conduzi-las à luta. Apesar de, posteriormente, os jacobinos permanecerem no terreno da burguesia, apresentando limites amplos de classe e da política de alianças formada quando da Revolução, abrindo um período de Restauração, que se segue após a inovação (Aliaga, 2022), o fato é que sua função e atividade exercida de dirigente das forças nacionais, suscitaram a organização e a criação de condições para a ruptura subversiva com a velha ordem.

Assim, ao passo em que a Revolução Francesa expressou a formação de uma situação interna que permitiu a aglutinação de forças para a explosão revolucionária, o *Risorgimento* italiano foi um movimento que, colocando-se no largo temporal dos anos 1815-1870, apresentou-se de modo muito distinto da revolução jacobina: como, afinal, ele transcorreu-se?

Gramsci esclarece que, ao contrário dos jacobinos na França, o movimento de unificação na Itália foi conduzido por uma minoria que se preocupava mais em assegurar os seus próprios interesses econômicos e impedir que o povo intervisse em seu programa, evitando qualquer transformação mais radical com a formação de uma luta social no país. Nessa direção, o *§ 24* do *Caderno 19*, intitulado "O problema da direção política na formação e no desenvolvimento da nação e do Estado moderno na Itália", é um dos parágrafos mais significativos que consubstanciam a análise gramsciana a respeito do *Risorgimento*. Nele, Gramsci identifica que duas forças disputaram o processo de unificação no país, haja vista a debilidade da burguesia italiana que assimilava traços da velha aristocracia: a) o Partido dos moderados, que personificava as forças monárquicas nas figuras de Vitor Emanuelle II e Conde Cavour e b) o Partido da Ação, que representava as forças republicanas, tendo como representantes Garibaldi e Mazzini. Dessas forças em disputa, Gramsci destaca que a unificação se realizou de modo a ser conduzida pelos moderados: o Partido da Ação foi guiado pelos moderados, afinal, "[...] o Partido de Ação foi dirigido 'indiretamente' por Cavour e o Rei" (Gramsci, 2014b, *Q 19 § 24*, p. 2010; *CC*, v. 5, 2002, p. 62). Isso porque os moderados foram capazes de provar como a supremacia de um grupo social se manifesta: a) como domínio e b) como direção intelectual e moral. "Um grupo social *domina* os grupos adversários, que visa 'liquidar' ou a submeter inclusive com a força armada, e *dirige os grupos afins e aliados*" (Gramsci, 2014b, *Q 19 § 24*, p. 2010; *CC*, v. 5, 2002, p. 62, grifos nossos).

Com isso, Gramsci põe, inclusive, em relevo que um grupo social deve ser dirigente antes de conquistar o poder governamental, quer dizer, antes de se tornar dominante: a conquista dos grupos afins e aliados é condição para chegar à conquista do poder e, mesmo, quando após conquistado, e sendo o grupo social dominante, deve continuar a ser dirigente. Dessa mirada, como os moderados conseguiram conquistar e absorver o Partido da Ação?

A conquista e a absorção do Partido da Ação foi possível porque os moderados exerceram a atividade hegemônica sob os iminentes adversários, sendo que "*A partir da política dos moderados, torna-se claro que pode e deve haver uma atividade hegemônica mesmo antes da ida ao poder* e que não se deve contar apenas com a força material que o poder confere para exercer uma atividade eficaz [...]" (Gramsci, 2014b, *Q 19 § 24*, p. 2011; *CC*, v. 5, 2002, p. 63, grifo nosso). Mais exatamente, os moderados exerceram a prática do transformismo, que Gramsci caracteriza como a absorção, bem como cooptação gradual dos grupos aliados e, mesmo, adversários, levando a sua decapitação por um período bastante longo de tempo. Ao dinamizar e conduzir o *Risorgimento* a partir dessa configuração, a unificação italiana ocorreu sem explosão ou irrupção revolucionária, como na França: ao decapitar as forças adversárias e cooptá-las ao seu programa político, não promoveu uma mudança radical das relações sociais e políticas — como se espera, de fato, de uma revolução. Os moderados conduziram apenas pequenas reformas moleculares, de modo a realizar uma "revolução sem Terror", isso é, "revolução sem revolução", revolução passiva.

No lugar de empreender uma radical transformação do Estado e da sociedade sob novas bases de organização, produziu-se uma modernização do Estado, com pequenas reformas e sem explosões enérgicas: conservando as antigas classes no poder, decapita-se e exclui-se as massas populares dos processos políticos. Se a ausência de uma revolução de tipo radical-jacobino com uma consequente irrupção revolucionária está presente na revolução passiva, também a tentativa de isolar e excluir as massas populares da participação dos processos revolucionários é perseguida pelas forças dominantes do movimento.

O Partido dos moderados, cujos membros eram pertencentes às classes altas, isso é, dirigentes de empresas, grandes agricultores ou administradores, caracterizava-se pela grande organicidade que mantinha com estas classes e com o seu próprio grupo: era uma vanguarda real e exercia a função de verdadeiro intelectual, atraindo toda a massa de intelectuais de todo nível. Por isso, Gramsci adverte, como já realizou no *Caderno 12*, que não existe classe independente de intelectuais. A expansão da classe depende, inclusive, da atuação de seus intelectuais, que exercem "[...] um tal poder de atração que terminam, em última análise, por subordinar a si os intelectuais dos outros grupos sociais e, assim, *criar um sistema de solidariedade entre todos os intelectuais com laços de ordem psicológica* [...]" (Gramsci, 2014b, *Q 19 § 24*, p. 2012; *CC*, v. 5, 2002, p. 60, grifo nosso). Em outra passagem, no *§ 26* desse mesmo *Caderno*, acrescenta: "Por intelectuais, deve-se entender [...] todo o estrato social que exerce funções organizativas em sentido lato, seja no campo da produção, seja no da cultura e no político-administrativo. [...] Para analisar a função político-social dos intelectuais, é preciso investigar e *examinar sua atitude psicológica em relação às classes fundamentais* [...]" (Gramsci, 2014b, *Q 19 § 26*, p. 2041; *CC*, v. 5, 2002, p. 93, grifo nosso).

Na realidade, sendo impossível dissociar a questão dos intelectuais e da hegemonia, uma vez que os intelectuais são responsáveis por cimentar o conjunto das superestruturas, construindo as teias da hegemonia que permitem a disseminação das ideias do grupo social que pretende se tornar (ou se manter) dirigente e dominante, no *Caderno 19* Gramsci elucida a questão a partir da ilustração da própria história italiana do *Risorgimento:* os moderados exerceram tamanho poder de atração sob o Partido da Ação que o cooptou ao seu programa político. Afinal, Gramsci demonstra que o Partido da Ação tanto mantinha uma certa intimidação em relação aos movimentos de 1848, o que o levou a hesitar frente a incorporação das reivindicações das massas populares e desenvolver um programa de ação com ampla participação nacional, quanto o contato pessoal que os seus dirigentes possuíam com os moderados, o fizeram ser assimilados e influenciados pelas forças adversárias: os moderados tiveram, de fato, "no bolso" o Partido da Ação.

Devido a essas limitações — a) a hesitação frente as massas populares e b) a assimilação pelos moderados —, o Partido da Ação não conseguiu tornar-se uma força autônoma na Itália: a unificação não assumiu um caráter popular e democrático, porque o Partido da Ação não foi capaz de desenvolver "[...] um programa orgânico de governo que refletisse as reivindicações essenciais das massas [...] em primeiro lugar os camponeses" (Gramsci, 2014b, *Q 19 § 24*, p. 2013; *CC*, v. 5, 2002, p. 65), deixando a unidade a ser conduzida pelo "alto" pelas forças moderadas. Aliás, Gramsci destaca que, para que o *Risorgimento* italiano pudesse ter adquirido um caráter popular e democrático, de modo a prevalecer as forças vinculadas ao Partido da Ação, esse deveria ter levado adiante a proposta de uma verdadeira reforma agrária: uma vez que a população italiana era majoritariamente camponesa, a reforma agrária expressava a principal reivindicação popular a ser cumprida, tornando, assim, possível as forças mais progressistas exercerem o poder de atração sob as grandes massas no processo de unificação, atraindo-as ao seu programa.

Mas, nessa perspectiva, o Partido da Ação falhou em desenvolver suas tarefas essenciais: foi um organismo de agitação e propaganda, porém, a serviço dos moderados. Não houve uma condução e uma firme direção política dentro do conjunto das forças republicanas. Por esse motivo, é possível fazer uma comparação, conforme Gramsci, entre os jacobinos e o Partido da Ação, mas somente para indicar que o Partido da Ação foi implicitamente antifrancês. Isso porque, enquanto os jacobinos na França conseguiram assegurar a unidade entre cidade e campo (dado que a nascente burguesia buscou nos camponeses uma força aliada e, ao mesmo tempo, uma abundante força de trabalho necessária às cidades), o Partido da Ação não ligou-se as massas rurais, especialmente, as meridionais, de maneira que não pode ser considerado como "jacobino". Ao passo em que os moderados conseguiram formar na Itália uma grande aliança entre diversas classes, o Partido da Ação não conseguiu empreender:

> [...] esforços [que eram necessários] em duas direções: *sobre os camponeses da base,* aceitando suas reivindicações elementares e tornando-as parte integrante do novo programa de governo, e *sobre os intelectuais dos estratos médios e inferiores,* concentrando-os e insistindo nos motivos que mais os pudesse interessar (e já a perspectiva da formação de um novo aparelho de governo, com as possibilidades de emprego que oferece, era um elemento formidável de atração sobre eles, desde que a perspectiva se apresentasse como concreta, porque apoiada nas aspirações das massas rurais) (Gramsci, 2014b, *Q 19 § 24,* p. 2024; *CC,* v. 5, 2002, p. 76, grifos nossos).

Recorde-se que na Itália, a existência das camadas médias de intelectuais, especialmente no campo, corresponde a estratos "parasitários", que ligam o camponês ao grande proprietário rural. Por isso, a advertência de Gramsci é de que o Partido da Ação deveria tanto ter assimilado e estendido seu programa aos camponeses, quanto aos intelectuais de estratos médios e inferiores: afinal, sendo esses uma vez atraídos, também arrastariam consigo as grandes massas camponesas pelo poder de atração que exerce sob elas. Mas, para Gramsci, isso não se realizou: *"No Partido de Ação, não se encontra nada que se assemelhe a esta orientação jacobina, a esta vontade inflexível de se tornar o partido dirigente* [...]" (Gramsci, 2014b, *Q 19 § 24,* p. 2030; *CC,* v. 5, 2002, p. 82, grifo nosso). A prática que absorve o Partido da Ação aos moderados é o chamado transformismo, que Gramsci volta a conferir destaque no *§ 26,* intitulado "A relação cidade-campo no *Risorgimento* e na estrutura nacional italiana". Caracterizado pelo "[...] fato de que o Partido da Ação é incorporado molecularmente pelos moderados e as massas populares são decapitadas, não absorvidas no âmbito do novo Estado" (Gramsci, 2014b, *Q 19 § 26,* p. 2030; *CC,* v. 5, 2002, p. 92), a revolução passiva e a prática transformista que a endossa, tem como um de seus elementos a promoção da passividade das massas.

Segundo Modonesi (2016), Gramsci não define com exatidão a noção de passividade, mas essa remete a noção de subalternidade, de maneira que a revolução passiva, em sua perspectiva, pode ser compreendida como uma revolução subalternizante. É certo que a passividade das massas é sempre relativa e nunca absoluta, visto que em Gramsci, mesmo as classes e grupos subalternos, possuem certo núcleo de consciência que, apesar da sujeição, resiste! Mas, não obstante, retomar esse aspecto (da coexistência entre um determinado grau de resistência e passividade dos subalternos) é importante, porque auxilia a "[...] enriquecer a definição e, assim, a força analítica do conceito de *revolução passiva*" (Modonesi, 2019, p. 114, grifo do autor). Afinal, as revoluções passivas parecem nascer para evitar que as massas se mantenham ativas, assim como protagonistas das transformações sociais, impedindo a expansão de seu núcleo de resistência. Ademais, a condução pelo "alto" da revolução por determinadas forças que pretendem, em realidade, conservar as relações de domínio, induzem e reforçam a passividade das massas, de maneira que, a passividade no contexto de uma revolução passiva, pode ser entendida como processo e projeto:

> Se a atividade das massas, ou sua ameaça, é sempre o que impulsiona a revolução passiva, é preciso um certo grau de passividade que impeça a realização de uma revolução ativa e habilite o caminho de uma passiva, que se apresenta como projeto e processo de passivização, sempre relativa mas predominante, mesmo se eventualmente incorpora formas de mobilização continuada. *A passividade-passivização é, portanto, o objetivo fundamental do projeto, a causa e a condição da realização do processo e a sua consequência mais relevante em termos da codificação da correlação de forças em favor das classes dominantes*, que é — em última instância — o resultado construído e alcançado (Modonesi, 2019, p. 114-115, grifo nosso).

Em outras palavras, a passividade é tanto projeto, haja vista que é almejada para se contrapor ao perigoso movimento ativo das massas, quanto é processo, pois das revoluções passivas colocadas em movimento, a passividade das massas é a sua resultante (ainda que sempre relativa), favorecendo a prevalência das velhas classes dominantes. Nessa direção, o fenômeno do transformismo sinalizado por Gramsci se refere a um dos instrumentos ou mecanismos de passivização, que sempre acompanha a dinâmica das revoluções passivas, induzindo-as a subalternização (Modonesi, 2019).

Não por acaso, a fórmula da revolução-restauração de Quinet que Gramsci sugere no *Q 8 § 25* é assemelhada a uma revolução passiva, sendo que os dois conceitos, de acordo com Aliaga (2022), estão profundamente articulados, embora não se identifiquem totalmente: toda revolução passiva é expressão de uma revolução-restauração, mas nem toda revolução-restauração é expressão de uma revolução passiva. A autora explica que esta distinção é imprescindível para evitar a tamanha elasticidade com que o conceito de revolução passiva vem sem empregado, servindo para caracterizar "revoluções" das mais diversas.

Assim, na busca pela caracterização da revolução-restauração, pode-se dizer que através desse conceito, Gramsci identifica que os movimentos históricos contemplam simultaneamente períodos de expansão e inovação, seguidos por períodos de reação e regressão, sintetizados na dialética revolução-restauração. Dessa mirada, a Revolução Francesa pode ser considerada como um caso de revolução-restauração, uma vez que, para Gramsci, enquanto no período inicial de 1789-1870, empreendeu-se uma intensa transformação da sociedade francesa, quer dizer, transcorreu-se um período de expansão e inovação da revolução, a partir de 1870, o momento de reação se inicia, indicando a abertura de um período de restauração, como comprova o ataque a Comuna de Paris. Ainda que possa ser entendida como uma revolução-restauração, a Revolução Francesa não é uma revolução passiva, de maneira que a sua dinâmica interna apoia-se, ao contrário, em uma revolução ativa, como já assinalamos, com participação das massas populares e irrupção revolucionária. "O caso francês, nesse sentido, pode ser caracterizado como a concretização histórica da dialética revolução-restauração, sem ser também um caso de revolução passiva" (Aliaga, 2022, p. 312).

Não obstante, em sentido oposto a Revolução Francesa, o *Risorgimento* italiano foi também um caso de revolução-restauração, mas cuja realização ocorreu de uma forma particular, isso é, através de uma revolução passiva. Enquanto a revolução-restauração caracteriza de forma mais genérica, bem como abrangente o progresso histórico — podendo ser aplicada a diversas transformações, em que o critério seja a realização de uma profunda inovação seguida de um período de restauração —, Aliaga (2022) sugere que a revolução passiva é uma das variantes da revolução-restauração, isso é, uma forma particular de realização dessa ou, ainda, um de seus operadores: "[...] propomos aqui interpretar a revolução-restauração como um movimento histórico, nas palavras de Gramsci, uma dialética, da qual, o conceito de revolução passiva seria um dos seus operadores, isto é, [...] pode-se dizer, a *forma histórica particular* de realização da dialética revolução-restauração" (Aliaga, 2022, p. 316, grifo da autora).

Nessa direção, a revolução passiva, enquanto forma particularizada da revolução-restauração, se distingue da revolução-restauração da Revolução Francesa porque, além da exclusão das massas organizadas dos processos revolucionários e a sua passivização, não acontece um período de intensa inovação seguido de restauração: na realidade, revolução e restauração acontecem simultaneamente! Isso porque no lugar de uma nova hegemonia e de uma nova classe se afirmar como dominante, são as velhas forças sob nova roupagem que assimilam e aniquilam os grupos potencialmente inovadores da situação. Por isso, o que ocorre é uma modernização do Estado, dirigida pelas velhas classes sociais dominantes (Aliaga, 2021): como indica Modonesi (2019), na revolução passiva, as transformações são induzidas por meio de reformas, de modo que essas têm como finalidade (re)compor as relações de comando-obediência entre classes dominantes e classes subalternas, conservando a velha estrutura hierárquica de domínio e mantendo-a intocada.

Não por acaso, quando Gramsci no *Q 19 § 24* está analisando a situação italiana no contexto pós-unidade territorial, a qual, de certa forma, recorda muito as ponderações já elencadas em Alguns temas da questão meridional, revela que a política de Estado conduzida pelo então primeiro-ministro Francesco Crispi (um dos primeiros representantes italianos a ocupar o cargo após a unificação erigida a partir de uma monarquia parlamentar), continua a ser uma política colonial.

Se as disparidades regionais entre Norte e Sul, mesmo no período anterior ao *Risorgimento*, já estavam presentes na formação social de um país como a Itália, quando concluída a unidade, elas permanecem e, mesmo, se ampliam: ao conduzirem a unificação, absorvendo o Partido da Ação, os moderados, representantes do Piemonte (do Norte industrial do país), promovem uma unidade sem igualdade. Afinal, solução a que empreendem diante do "problema nacional" da unificação é a de um bloco de aliança entre todas as forças de direita, que inclui, inclusive, grandes proprietários fundiários, mas sob a liderança, condução e predomínio do Estado do Piemonte.

Nesse sentido, Gramsci realiza duras críticas à política de Crispi, afirmando que esse abraça a hegemonia piemontesa, reforçando o industrialismo setentrional e, por isso, era o verdadeiro homem que representava os interesses da nova burguesia. Para tanto, ligou-se estreitamente aos latifundiários do Sul com receio das reivindicações das massas camponesas: a consequência é que Crispi "[...] não hesita em lançar o *Mezzorgiorno* e as ilhas numa crise comercial tremenda, para reforçar a indústria que podia dar ao país uma independência real e ampliar os quadros do grupo social dominante [...]" (Gramsci, 2014b, *Q 19 § 24*, p. 2018; *CC*, v. 5, 2002, p. 70). Aliás, outro elemento que se soma a sua política colonial e que a reforça é o estímulo ao conjunto de sentimentos que incita no Norte do país em relação ao *Mezzorgiorno*: a miséria a que o Sul e as ilhas estavam imersas não era explicada historicamente pelo favorecimento da hegemonia do Norte, isso é, "[...] que o Norte concretamente era um 'sanguessuga' que se enriquecia à custa do Sul e que o seu desenvolvimento econômico-industrial estava em relação direta com o empobrecimento da economia e da agricultura meridional" (Gramsci, 2014b, *Q 19 § 24*, p. 2021-2022; *CC*, v. 5, 2002, p. 73). Mas, ao contrário, as condicionantes da condição a que se encontrava o Sul do país eram justificadas não pelos fatores externos ligados à hegemonia predatória setentrional, mas sim internos, numa espécie de culpabilização da população meridional que, dessa mirada, era considerada bárbara, incapaz e, mesmo, biologicamente inferior. Afirmando esse fato como "verdade científica", predomina a difusão de uma cultura no Norte, em que o Sul é tido como "peso morto" do país — daí que os progressos da Itália estariam na civilização industrial setentrional em detrimento das massas camponesas do Sul, análise esta que recorda muito as reflexões gramscianas pré-carcerárias.

No *§ 26*, a temática é aprofundada na medida em que Gramsci elucida a grande frente única formada na cidade contra o campo: desenvolveu-se um verdadeiro ódio e desprezo pelo camponês, de maneira que Norte e Sul do país pareciam se constituir de dois grandes territórios com tradições civil e cultural bastante diversas. Nessa configuração e na complexa relação entre cidade e campo, os representantes do Estado italiano, após a unificação, buscavam reforçar a hegemonia setentrional por meio da constituição de um bloco urbano no Norte, que ligava industriais e operários através da função exercida pelo intelectual de tipo técnico de fábrica, isso é, aquele que serve de ligação entre a grande massa operária e os empresários. Ademais, esse bloco buscava assimilar e cooptar os intelectuais de tipo bacharel que predominava no *Mezzorgiorno*: aqueles que ligavam a massa dos camponeses com os proprietários de terra. Para tanto, oferecendo vantagens pessoais, cargos na administração pública, permissão para saques nas administrações locais, pôde-se incorporar esse estrato social aos interesses do bloco urbano setentrional, reduzindo o *Mezzorgiorno* a condição de um mercado semicolonial, o qual era tido como fonte de poupança pela arrecadação de impostos e mantido sob disciplina pelas medidas policiais de repressão sob os camponeses.

O poder de atração sob os intelectuais de ligação que predominavam no Sul era estratégica, porque, como demonstra Gramsci, esta era a camada que poderia organizar o descontentamento das massas camponesas meridionais, mas que, não obstante, acabaram servindo como um instrumento da política setentrional ou, como menciona, um acessório de polícia privada dessa política. Por sua vez, as massas camponesas não conseguiram se afirmar coerentemente pela falta de direção política, não podendo colocar-se organizadamente no terreno político como uma grande força nacional.

À época do *Risorgimento*, Gramsci recorda que o Partido da Ação não considerava nacional os milhares de camponeses, mas a sim aristocracia e os proprietários, por isso, com a unificação, o que ocorre é a "[...] permanência de elites reacionárias e antiliberais no poder, bem com a existência de enormes diferenças sociais (e regionais) [estes] são, sob esse ponto de vista, fenômenos produzidos e reproduzidos pela estrutura a partir da qual o Estado burguês se formou [...]" (Aliaga, 2021, p. 153).

Se a revolução passiva é um conceito utilizado por Gramsci para caracterizar a particularidade nacional de formação do Estado burguês na Itália, seu adensamento é registrado quando passa a ser empregado em relação aos fenômenos do fascismo e do americanismo. Afinal, conforme Ruy Braga (1996), diante das possibilidades revolucionárias internacionais abertas pela Revolução Bolchevique, o fascismo e o americanismo se constituíram em revoluções passivas cuja finalidade foi de consolidar a defesa do bloco histórico da sociedade capitalista: serviu para designar os processos e/ou respostas conservadoras que foram implementadas após a Revolução socialista de caráter internacional.

Especialmente no *Caderno 22*, de 1934, essa senda interpretativa é sugerida quando Gramsci coloca a problemática:

> [...] questão de saber se o americanismo pode constituir uma "época" histórica, ou seja, se pode determinar um desenvolvimento gradual do tipo [...] das "revoluções passivas" próprias do século passado, ou se, ao contrário, representa apenas a acumulação molecular de elementos destinados a produzir uma "explosão", ou seja, uma revolução de tipo francês (Gramsci, 2014b, *Q 22 § 1*, p. 2140; *CC*, v. 4, 2007b, p. 242).

Para ele, o americanismo e o fordismo se constituíram de uma nova lógica para reorganizar a economia capitalista, em que as forças subalternas deveriam ser manipuladas e racionalizadas nesse processo. Assim, se o fordismo introduziu uma forma mais "moderna" e aperfeiçoada de produzir a partir da indústria de Henry Ford, a essa nova indústria era preciso fornecer um tipo de trabalhador compatível e adequado as novas condições da produção fordizada: era necessário promover um certo americanismo, "[...] desenvolver em grau máximo, *no trabalhador, os comportamentos maquinais e automáticos,* quebrar a velha conexão psicofísica do trabalho profissional qualificado, que exigia uma certa participação ativa da inteligência, da fantasia, da iniciativa do trabalhador [...]" (Gramsci, 2014b, *Q 22 § 11*, p. 2165; *CC*, v. 4, 2007b, p. 266, grifo nosso).

Com essa observação, Gramsci pontua que a reestruturação da produção em curso na América do Norte não correspondia apenas a uma reorganização dos aspectos econômicos e produtivos, mas, a americanização envolvia, sobretudo, um complexo processo político e cultural, daí a afirmação de Gramsci de que a hegemonia nasce na fábrica, mas, para ser exercida, precisa de intermediários na política e na ideologia, ou seja: diante da estrutura industrial erigida no século XX, é necessária uma adequação ou um florescimento superestrutural que a legitime, de maneira a produzir um novo tipo humano para o novo tipo de trabalho e de processo produtivo.

Nessa perspectiva, para desenvolver a racionalização do trabalho e da produção necessárias, Gramsci indica que combinou-se força e persuasão: destruição do sindicalismo operário com altos salários e benefícios aos trabalhadores. Ao mesmo tempo, a americanização valeu-se da disseminação de ideologias puritanas, destinadas a estabelecer maior controle sob o trabalhador. Não por acaso, no *Q 19 § 11*, intitulado "Racionalização da produção e do trabalho", Gramsci destaca o crescente interesse dos industriais na vida íntima dos operários. Uma vez que o novo industrialismo coloca-se contra o humanismo, o novo tipo de trabalhador difere-se do trabalhador-artesão: enquanto para o artesão, a humanidade era máxima, sendo que esta refletia-se no objeto criado, de modo a haver uma ligação direta entre arte e trabalho, para o novo trabalhador fordizado, o novo industrialismo atua sob si dentro e fora do ambiente de trabalho, isso é, até mesmo no contexto de sua vida íntima e privada. Isso porque faz-se necessário conservar um equilíbrio "[...] psicofísico, *capaz de impedir o colapso fisiológico do trabalhador, coagido pelo novo método de produção* [...]" (Gramsci, 2014b, *Q 22 § 11*, p. 2166; *CC*, v. 4, 2007b, p. 267, grifo nosso).

As ideologias puritanas foram prescritas e disseminadas de modo a estabelecer um conjunto de normas e condutas morais com vista a contribuir e auxiliar na reprodução da existência física dos trabalhadores. Aliás, o grande industrial preocupa-se apenas com a resistência física de seu operário e com a preservação de sua capacidade muscular-nervosa. Dessa mirada, o puritanismo atua quando se recomenda, por exemplo, que os salários devem ser gastos racionalmente, ou seja, utilizado para "[...] *conservar, renovar e, se possível, aumentar sua eficiência muscular-nervosa,* e não para destruí-la ou danificá-la. E é por isso que [...] o álcool [é] o mais perigoso agente de destruição das forças de trabalho [...]" (Gramsci, 2014b, *Q 22 § 11*, p. 2166; *CC*, v. 4, 2007b, p. 267, grifo nosso).

Além da questão do álcool, Gramsci aponta a questão sexual como outro elemento alarmante para os industriais: "[...] o abuso e a irregularidade das funções sexuais são, depois do alcoolismo, os inimigos mais perigosos das energias nervosas [...]" (Gramsci, 2014b, *Q 22 § 11*, p. 2166; *CC*, v. 4, 2007b, p. 268). Era preciso que o trabalhador também racionalizasse o instinto sexual, sendo essa uma das condições para a racionalização do trabalho e da produção. Por esse motivo, Gramsci afirma que o novo industrialismo deseja e quer a monogamia, estimulando uma nova forma de união sexual: "[...] *quer que o homem-trabalhador não desperdice suas energias nervosas na busca desordenada e excitante da satisfação sexual ocasional:* o operário que vai para o trabalho depois de uma noite de 'orgias' não é um bom trabalhador" (Gramsci, 2014b, *Q 22 § 11*, p. 2167; *CC*, v. 4, 2007b, p. 269, grifo nosso). Não por acaso, compreende que a questão sexual passa a se constituir, cada vez mais, de uma questão econômica. Sua consideração é de que inculcando o "espírito puritano", o modo de vida propagado pelo americanismo reduz o homem-trabalhador a condição de gorila amestrado.

Gramsci insiste que esse novo tipo de homem adaptado aos novos métodos de produção não pode se formar empregando-se somente de meios coercitivos: é necessário, sobretudo, persuasão e consenso, de maneira a adequá-lo ao determinado padrão de vida da etiqueta americana. Para tanto, a principal forma de retribuição encontrada ao gorila amestrado são os altos salários: já que o trabalho não lhe dá satisfações imediatas, concede-se a possibilidade de melhorar seu padrão de vida, ou melhor, conferir-lhe um padrão compatível com o particular dispêndio de energias musculares e nervosas, agora, solicitadas.

Assim, o americanismo pode ser compreendido como resposta implementada pelos setores do patronato industrial diante do contexto de crise orgânica que se abre, isso é: após as experiências revolucionárias, sobretudo, a Revolução Bolchevique, e o fim da Guerra Mundial. É um fenômeno que representa a recomposição das classes dominantes no poder, que buscam reproduzir as bases de legitimação da estrutura capitalista e superar a perspectiva histórica de emancipação das classes e grupos subalternos (Braga, 1996). Por esse motivo, é possível realizar um paralelo entre a revolução passiva e o americanismo, visto que a passivização das massas, sua exclusão dos processos em curso, as pequenas reformas moleculares conduzidas pelo alto, os assemelham.

No *Q 19 § 15*, intitulado de "Civilização americana e europeia", Gramsci inclusive indica que o americanismo é uma crítica antecipada e uma reação inconsciente das velhas camadas, vítimas do pânico social causado pela deflagração e ameaça de uma possível nova ordem social. Em sua leitura, esse fenômeno não corresponde a um novo tipo de civilização, mas se constitui de um prolongamento orgânico da civilização europeia sob roupagem americana, ou seja, não altera o caráter da sociedade burguesa e as relações entre os grupos sociais fundamentais, mas apenas recompõe as relações entre estrutura e superestrutura, daí que apresenta-se como revolução passiva.

Para lembrar as reflexões de Del Roio, reproduzimos a seguinte indagação:

> Seria então o americanismo uma variante da revolução passiva? Verificando certo resgate ideológico do passado puritano como identidade da América, a reordenação das classes dominantes e concessão a algumas demandas das classes subalternas (em termos de salários e direitos) em processo de recriação, a resposta pode ser positiva (Del Roio, 2009, p. 25).

Mantendo a hegemonia do velho grupo dirigente da sociedade, o americanismo promove um alargamento em sua base de apoio ao agregar a massa operária: através do consenso e da persuasão, mais exatamente, traduzidos nos altos salários e benefícios, o capital consegue atrai-la para o interior da corporação industrial. Aqui, a compreensão de Gramsci de que o fordismo demanda da formação de uma certa ideologia e de um convencimento para se propagar, isso é, do americanismo, representa a radical imbricação no pensamento gramsciano entre o dado econômico, ideológico e político; entre estrutura e superestrutura; a atualidade da guerra de posição na configuração moderna do Estado, base que sustenta, afinal, uma original leitura sobre as revoluções passivas na conjuntura do século XX e na entrada da modernização capitalista, que tende a desarticular e decapitar as lutas das classes e grupos subalternos.

CONSIDERAÇÕES FINAIS

CONCLUINDO ESSE PERCURSO DE PESQUISA sobre classes e grupos subalternos na obra de Antonio Gramsci, conforme nos provoca o método crítico-dialético, é preciso, após a viagem, fazer o caminho de volta. Nossa abordagem iniciada com o contexto histórico-social da vida de Gramsci na Sardenha, percorre a vida em Turim, os escritos desse período e se centra nos anos da prisão, especialmente, nas reflexões desenvolvidas nas páginas dos *Cadernos*. Esse entrelaçamento nos permitiu um estudo não somente teórico-cronológico, mas que demonstra, sobretudo, o processo de criação, de retomada, do ir e vir nas elaborações e nos temas juvenis que vão adquirindo maturidade na obra carcerária.

Apesar da abordagem temática que Gramsci desenvolve, particularmente, nos *Cadernos* de natureza especial, é possível perceber que passagens muito semelhantes se repetem no decorrer de diversos *Cadernos*, de modo que o limite entre um *Caderno* e outro é muito difícil de ser estabelecido. Isso porque um determinado tema abordado em um *Caderno monográfico* é constantemente retomado no contexto de outras monografias. Dessa percepção, é que percorremos e analisamos a categoria classes e grupos subalternos no pensamento de Gramsci: tão importante quanto apreender as determinações presentes no Caderno *monográfico 25*, é ultrapassar as suas fronteiras e situar a temática no conjunto de tantas outras que se intercruzam na obra carcerária.

A pesquisa possibilitou compreender que, desde os primeiros usos ou empregos que Gramsci faz destes conceitos, especialmente, no *Caderno 3*, uma série de características podem ser deduzidas das classes e grupos subalternos: a desagregação, a falta de autonomia e unificação, a espontaneidade, o apoliticismo, a história desagregada e episódica. É por demais interessante, porém, a contrapartida que Gramsci registra a respeito dos subalternos: ainda que dotados de características que tendem a reforçar a condição de subalternidade, as classes e grupos subalternos não são classes passivas ou excluídas. Afinal, concordamos com Thomas (2015) quando assinala que a subalternidade é um produto ativo da relação hegemônica que constitui o Estado moderno, ou seja, a subalternidade não é nata, ou mesmo própria, das classes e grupos subalternos, tampouco as características dessas classes e grupos lhes são intrínsecas, mas a subalternidade é antes uma condição produzida no contexto do projeto hegemônico burguês.

Em outras palavras, para garantir a manutenção da hegemonia burguesa e para que o Estado moderno se constitua como tal, assegurando os interesses de classe, devem-se produzir e reproduzir determinados grupos sociais como subalternos: aliás, a hegemonia pressupõe que haja subalternos! Por isso, não é possível dizer que eles correspondem aos segmentos excluídos da sociedade, uma vez que participam e estão, inclusive, integrados ao sistema de poder hegemônico, ainda que de forma subalterna (Giustina, 2022).

Dessa mirada, a subalternidade é produzida e nunca inerente a determinados grupos sociais, de modo que Gramsci não culpabiliza ou responsabiliza o subalterno pela condição a que se encontra, quer dizer, muitas vezes, desagregado, faltando-lhe a iniciativa e com uma atuação muito episódica na história. Para ele, no equilíbrio das relações de forças para a manutenção da hegemonia é que as classes e grupos subalternos são passivizados, induzidos a permanecer em estado de desagregação.

Nessa perspectiva, Gramsci escolhe por valorizar a capacidade e a resistência das classes e grupos subalternos em romper com a condição de subalternidade. Muito diferente de serem classes passivas, o marxista sardo destaca como podem irromper na práxis política, emancipando-se através da luta revolucionária. Por esse motivo, se as classes e grupos subalternos estão em uma condição de subalternidade, não são por natureza passivos!

Demarcar esse campo semântico e, sobretudo, analítico, é importante porque Gramsci jamais poderia compartilhar da naturalização da condição subalterna. Como sardo que experienciou as mais diversas injustiças e desigualdades sociais junto ao povo de sua terra, criminalizado pelos intelectuais e porta vozes do Estado italiano, Gramsci opta por desvelar os fundamentos políticos, econômicos e sociais que condicionam a subalternidade e quer indicar como fazer para sair dela. Por essa razão, esta pesquisa nos permitiu compreender que o debate sobre as classes e grupos subalternos a partir do pensamento gramsciano contribui para retirar dos subalternos o rótulo de sujeitos passivos, excluídos, vítimas da fatalidade do destino, pois, nestes termos, não se explica a subalternidade a partir da dinâmica da sociedade concreta, que tem a hegemonia como fundamento do Estado.

Se estão integrados ao sistema de poder hegemônico, mas na condição daqueles que sofrem a influência da classe dominante, Gramsci quer mostrar que se o subalterno, se foi subalterno ontem, hoje pode não ser mais! Mas, como operar a passagem? Pelas mesmas condições cuja subalternidade foi produzida, isso é, pela disputa das relações de forças no contexto do Estado integral, o que significa disputar pela destruição e construção de uma nova hegemonia e de um novo Estado. Vê-se, assim, a imbricada relação entre hegemonia e subalternidade no pensamento de Gramsci, de maneira que no desvelar daqueles fundamentos políticos, econômicos e sociais que condicionam a subalternidade, os conceitos de classes e grupos subalternos vão se articulando diretamente com outros.

Não por acaso, a filosofia da práxis ilumina para a construção de uma filosofia superior das classes e grupos subalternos. É a aquisição de uma teoria das contradições que impulsiona a crítica às concepções de mundo e cultura impostas pela classe dominante, visto que não aceita passivamente os princípios impostos, mas os revê criticamente. A filosofia da práxis é a exigência de construção de um modo de pensar próprio para as classes e grupos subalternos, livre da influência da classe dominante. É a construção de uma subjetividade política que impulsiona as classes subalternas para a tarefa prática de organização de uma nova civilização.

Mas, para que possam dela se apropriar e sair da condição de simples, é necessário a formação e desenvolvimento de intelectuais orgânicos vinculados às classes e grupos subalternos. São eles que organizam a superestrutura complexa das sociedades, conquistando a adesão ativa ou passiva à forma de organização social. Como verdadeiros dirigentes, devem trabalhar para expandir os interesses dos subalternos entre os aparelhos da sociedade civil, contribuindo para que pensem e ajam unitariamente. Afinal, se estão desagregados, apresentando pouquíssimos traços de iniciativas autônomas e bastante dispersos, é preciso mobilizá-los para o desenvolvimento da consciência sobre as contradições da sociedade, contribuindo para uma determinada formação educativa das classes e grupos subalternos: é o desenvolvimento dessa consciência através de um verdadeiro trabalho de educação política, ou mais exatamente, a transição do modo de pensar econômico-corporativo para o ético-político, que coloca a possibilidade dos grupos subalternos questionarem as concepções de mundo e cultura até então enraizadas, promovendo a revisão de todo seu modo de ser.

A atuação dos intelectuais e a filosofia da práxis como filosofia de vida para os subalternos são pontos fundamentais do pensamento gramsciano, sobretudo, no período aberto de revoluções passivas. Essas, ao recolocarem as relações de poder, promovem pequenas reformas tendo em vista a manutenção das relações sociais.

O resultado não é senão a passivização das classes subalternas, de modo a reiterar a condição de subalternidade.

Gramsci, como grande dinamizador do estrutural e conjuntural, compreendeu que não apenas o processo de unificação italiana recompôs sob nova roupagem a histórica relação Norte-Sul no país, mas também o americanismo e o fascismo corresponderam a processos cuja importância esteve em manter inalterada a estrutura da sociedade burguesa: essas revoluções passivas do século XX, ao passo em que deram uma nova face a mesma estrutura, decapitaram o projeto de emancipação das classes e grupos subalternos.

Por isso, é preciso que se ocupem da grande política, aquela que coloca a questão do Estado, e mais exatamente, de sua transformação. Em Gramsci, isso demanda a afirmação de uma sociedade civil em que as classes subalternas disputem pelos aparelhos privados de hegemonia, mas, inclusive, a afirmação de uma nova sociedade política: esse é o movimento que possibilita as classes e grupos subalternos "tornarem-se" Estado.

Esta "costura" na obra carcerária, entrelaçando os conceitos de classes e grupos subalternos no contexto dos *Cadernos*, nos permite afirmar a centralidade da temática para o conjunto orgânico das reflexões gramscianas da prisão. Isso porque as classes e grupos subalternos correspondem aos sujeitos que devem protagonizar a luta política revolucionária: Gramsci quer saber quem são, quais são as características que lhes incidem, o que condiciona a subalternidade que se encontram e como superá-la. Não por acaso, entende que os grupos subalternos não se encontram unificados. Em grande medida, são muito diversos entre si e formam uma grande desagregação social. Possuem formas de manifestação desde as mais primitivas até as mais complexas e, por isso, pode-se deduzir a existência de diferentes níveis ou graus de subalternidade.

Todas essas questões, embora se encontrem condensadas no *Caderno 25*, são trabalhadas de modo transversal no conjunto dos *Cadernos*: a temática das classes e grupos subalternos atravessa as diversas *miscelâneas* e monografias, uma vez que nos parece que os temas trabalhados na totalidade da obra carcerária, a exemplo mesmo da filosofia da práxis, dos intelectuais, do Estado, da hegemonia, da revolução passiva, não fazem senão indicar os caminhos para uma teoria política dos subalternos e para os subalternos. É claro que, em Gramsci, uma teoria só pode incitar para uma transformação prática da sociedade, por isso, a compreensão da subalternidade tem como pressuposto a luta pela sua superação: assim como o secretário florentino, Gramsci se fez povo!

REFERÊNCIAS

ALIAGA, Luciana. *Do sul ao norte:* uma introdução a Gramsci. Marília, SP: Lutas Anticapital, 2021.

ALIAGA, Luciana. Revolução passiva e revolução-restauração: dois conceitos em construção. In: DEL ROIO, Marcos; GALASTRI, Leandro. (Org.). *Gramsci e a verdade efetiva das coisas*. São Paulo: Expressão Popular, 2022. p. 297-317.

AGOSTINO, Antonella. Bandidos / banditismo. In: LIGUORI, Guido; VOZA, Pasquale. (Org.). *Dicionário gramsciano*. Tradução de Ana Maria Chiarini, Diego Silveira Coelho Ferreira, Leandro de Oliveira Galastri e Silvia de Bernardinis; Revisão técnica de Marco Aurélio Nogueira. São Paulo: Boitempo, 2017. p. 61-62.

BARATTA, Giorgio. *As rosas e os Cadernos:* o pensamento dialógico de Antonio Gramsci. Rio de Janeiro: DP&A, 2004.

BIANCHI, Álvaro. Introdução: um sardo no mundo grande e terrível. In: BIANCHI, Álvaro; MUSSI, Daniela; ARECO, Sabrina. (Org.). *Antonio Gramsci:* filologia e política. Porto Alegre, RS: Zouk, 2009. p. 9-15.

BIACNHI, Álvaro. Gramsci além de Maquiavel e Croce: Estado e sociedade civil nos "Quaderni del carcere". In: *Utopìa y Praxis Latinoamericana*, Maracaibo, v. 12, nº 36, mar., 2007. p. 35-55.

BIANCHI, Álvaro. *O laboratório de Gramsci:* filosofia, história e política. São Paulo: Alameda, 2008.

BRAGA, Ruy. Risorgimento, fascismo e americanismo: a dialética da passivização. In: DIAS, Edmundo Fernandes *et al. O outro Gramsci*. São Paulo: Xamã, 1996. p. 167-182.

BUTTIGIEG, Joseph. Subalterno / subalternos. In: LIGUORI, Guido; VOZA, Pasquale. (Org.). *Dicionário gramsciano.* Tradução de Ana Maria Chiarini, Diego Silveira Coelho Ferreira, Leandro de Oliveira Galastri e Silvia de Bernardinis; Revisão técnica de Marco Aurélio Nogueira. São Paulo: Boitempo, 2017. p. 1475-1480.

BUTTIGIEG, Joseph. Sulla categoria gramsciana di "subalterno". In: BARATTA, Giorgio; LIGUORI, Guido. *Gramsci da um secolo all'altro*. Roma: Riuniti, 1999. p. 27-38.

CAMMARANO, Fulvio. *Storia dell'Italia liberale*. Roma-Bari: Laterza, 2011.

CAPUZZO, Paolo. I Subalterni da Gramsci a Guha. In: SCHIRRU, Giancarlo. *Gramsci, le culture e il mondo*. Roma: Viella, 2009. p. 41-51.

COSPITO, Giuseppe. *El ritmo del pensamiento de Gramsci:* una lectura diacrónica de los Cuadernos de la Cárcel. Ciudad Autónoma de Buenos Aires: Continente, 2016.

COSPITO, Giuseppe. Gramsci tradutor e intérprete de Marx: do "marxismo" à "filosofia da práxis". In: DEL ROIO, Marcos; GALASTRI, Leandro. (Org.). *Gramsci e a verdade efetiva das coisas*. São Paulo: Expressão Popular, 2022. p. 101-120.

COSPITO, Giuseppe. Hegemonia. In: LIGUORI, Guido; VOZA, Pasquale. (Org.). *Dicionário gramsciano*. Tradução de Ana Maria Chiarini, Diego Silveira Coelho Ferreira, Leandro de Oliveira Galastri e Silvia de Bernardinis; Revisão técnica de Marco Aurélio Nogueira. São Paulo: Boitempo, 2017. p. 365-368.

DAIANOTTO, Roberto. Renascimento. In: LIGUORI, Guido; VOZA, Pasquale. (Org.). *Dicionário gramsciano*. Tradução de Ana Maria Chiarini, Diego Silveira Coelho Ferreira, Leandro de Oliveira Galastri e Silvia de Bernardinis; Revisão técnica de Marco Aurélio Nogueira. São Paulo: Boitempo, 2017. p. 689-692.

DE MARI, Cezar Luiz. *10 lições sobre Gramsci*. Petrópolis, RJ: Vozes, 2023.

DEL ROIO, Marcos. Apresentação. In: GRAMSCI, Antonio. *Vozes da terra*. Tradução de Rita Coitinho e Carlos Nelson Coutinho, São Paulo: Boitempo, 2023. p. 7-28.

DEL ROIO, Marcos. A mundialização capitalista e o conceito gramsciano de revolução passiva. In: MENDONÇA, Sueli Guadalupe de Lima; SILVA, Vandcí Pinto da; MILLER, Stela. (Org.). *Marx, Gramsci e Vigotski:* aproximações. Marília / Araraquara: Junqueira & Marin Editores; Cultura Acadêmica, 2009. p. 57-106.

DEL ROIO, Marcos. Gramsci e a emancipação do subalterno. In: *Sociologia Política. Curitiba*, nº 29, nov. 2007. p. 63-78.

DEL ROIO, Marcos. *Os prismas de Gramsci:* a fórmula da frente única (1919-1926). São Paulo: Xamã, 2005.

DIAS, Edmundo Fernandes. *Gramsci em Turim:* a construção do conceito de hegemonia. São Paulo: Xamã, 2000.

D'ORSI, Angelo. *Gramsci:* uma nova biografia. Tradução de Cristina Bezerra. São Paulo: Expressão Popular, 2022.

DURANTE, Lea. Cosmopolitismo. In: LIGUORI, Guido; VOZA, Pasquale. (Org.). *Dicionário gramsciano*. Tradução de Ana Maria Chiarini, Diego Silveira Coelho Ferreira, Leandro de Oliveira Galastri e Silvia de Bernardinis; Revisão técnica de Marco Aurélio Nogueira. São Paulo: Boitempo, 2017. p. 153-156.

DURIGUETTO, Maria Lúcia. A questão dos intelectuais em Gramsci. In: *Revista Serviço Social e Sociedade*. São Paulo, nº 118, abr./jun., 2014. p. 265-293.

FIORI, Giuseppe. *A vida de Antonio Gramsci*. Tradução de Sergio Lamarão. Rio de Janeiro: Paz e Terra, 1979.

FRESU, Gianni. Labriola, Gramsci e o materialismo histórico italiano. In: *Revista Outubro*, São Paulo, nº 25, mar. 2016. p. 83-102.

FRESU, Gianni. *Antonio Gramsci, o homem filósofo:* uma biografia intelectual. Tradução de Rita Matos Coitinho. São Paulo: Boitempo, 2020.

FRESU, Gianni. Gramsci e a dialética: nas raízes da filosofia da práxis. In: DEL ROIO, Marcos; GALASTRI, Leandro. (Org.). *Gramsci e a verdade efetiva das coisas*. São Paulo: Expressão Popular, 2022a. p. 171-197.

FRESU, Gianni. Universal e nacional: a dialética da tradutibilidade filosófica. In: ABREU, Marina Maciel; LIMA, Cristiana; SANTANA, Nonata. (Org.). *Gramsci, cultura e luta de classes na América Latina*. São Paulo: Expressão Popular, 2022b. p. 25-58.

FROSINI, Fabio. Trabalhador coletivo. In: LIGUORI, Guido; VOZA, Pasquale. (Org.). *Dicionário gramsciano*. Tradução de Ana Maria Chiarini, Diego Silveira Coelho Ferreira, Leandro de Oliveira Galastri e Silvia de Bernardinis; Revisão técnica de Marco Aurélio Nogueira. São Paulo: Boitempo, 2017. p. 775-776.

GALASTRI, Leandro. *Classes sociais e grupos subalternos:* distinção teórica e aplicação prática. In: Revista Crítica Marxista, IFCH, Unicamp, v. 39, 2014. p. 35-55.

GALASTRI, Leandro. *Gramsci, marxismo e revisionismo*. Campinas, SP: Autores Associados, 2015.

GERRATANA, Valentino. Prefazione. In: GRAMSCI, Antonio. *Quaderni del carcere*. Edizione critica dell'Istituto Gramsci. A cura di Valentino Gerratana. 4. ed. Torino: Einaudi, 2014, p. XI-XLII.

GIUSTINA, Emilie Faedo Della. Notas reflexivas sobre o conceito de subalternidade na obra carcerária de Antonio Gramsci. In: ABREU, Marina Maciel; LIMA, Cristiana; SANTANA, Nonata. (Org.). *Gramsci, cultura e luta de classes na América Latina*. São Paulo: Expressão Popular, 2022. p. 183-203.

GÓES, Camila. Dilemas da tradução do marxismo na periferia: Antonio Gramsci e os fundamentos dos Subaltern Studies. In: *Lua Nova*, São Paulo, nº 102, 2017. p. 299-351.

GRAMSCI, Antonio. *Cadernos do Cárcere*. Volume 1. Edição e tradução de Carlos Nelson Coutinho; Co-edição de Luiz Sérgio Henriques e Marco Aurélio Nogueira. Rio de Janeiro: Civilização Brasileira, 1999.

GRAMSCI, Antonio. *Cadernos do Cárcere*. Volume 2. Edição e tradução de Carlos Nelson Coutinho; Co-edição de Luiz Sérgio Henriques e Marco Aurélio Nogueira. 2. ed. Rio de Janeiro: Civilização Brasileira, 2001.

GRAMSCI, Antonio. *Cadernos do Cárcere*. Volume 3. Edição e tradução de Carlos Nelson Coutinho; Co-edição de Luiz Sérgio Henriques e Marco Aurélio Nogueira. 3. ed. Rio de Janeiro: Civilização Brasileira, 2007a.

GRAMSCI, Antonio. *Cadernos do Cárcere*. Volume 4. Edição e tradução de Carlos Nelson Coutinho; Co-edição de Luiz Sérgio Henriques e Marco Aurélio Nogueira. 2. ed. Rio de Janeiro: Civilização Brasileira, 2007b.

GRAMSCI, Antonio. *Cadernos do Cárcere*. Volume 5. Edição e tradução de Luiz Sérgio Henriques; Co-edição de Carlos Nelson Coutinho e Marco Aurélio Nogueira. Rio de Janeiro: Civilização Brasileira, 2002.

GRAMSCI, Antonio. *Cartas do cárcere*. Volume 1: 1926-1930. Tradução de Luiz Sérgio Henriques; Organização de Carlos Nelson Coutinho e Luiz Sérgio Henriques. Rio de Janeiro: Civilização Brasileira, 2005a.

GRAMSCI, Antonio. *Cartas do cárcere*. Volume 2: 1931-1937. Tradução de Luiz Sérgio Henriques; Organização de Carlos Nelson Coutinho e Luiz Sérgio Henriques. Rio de Janeiro: Civilização Brasileira, 2005b.

GRAMSCI, Antonio. *Escritos políticos*. Volume 1 (1910-1920). Organização e tradução de Carlos Nelson Coutinho. Rio de Janeiro: Civilização Brasileira, 2004a.

GRAMSCI, Antonio. *Escritos políticos*. Volume 2 (1921-1926). Organização e tradução de Carlos Nelson Coutinho. Rio de Janeiro: Civilização Brasileira, 2004b.

GRAMSCI, Antonio. *Lettere 1908-1926*. A cura di Santucci. Torino: Einaudi, 1992.

GRAMSCI, Antonio. *Le questione meridionale*. Molinara: West Indian, 2014a.

gramsci, Antonio. *Quaderni del Carcere*. Edizione critica dell'Istituto Gramsci. A cura di Valentino Gerratana. 4. ed. Torino: Einaudi, 2014b.

GRAMSCI, Antonio. *Vozes da terra*. Tradução de Rita Coitinho e Carlos Nelson Coutinho. São Paulo: Boitempo, 2023.

GREEN, Marcus. Gramsci cannot speak: presentations and interpretations of Gramsci's concept of the subaltern. In: *Rethinking Marxism*, v. 14, nº 3, 2002. p. 1-24.

GREEN, Marcus. Rethinking the subaltern and the question of censorship in Gramsci's Prison Notebooks. In: *Postcolonial Studies*, v. 14, nº 4, 2011. p. 387-404.

GREEN, Marcus. Subalternità, questione meridionale e funzione degli intellettuali. In: SCHIRRU, Giancarlo. *Gramsci, le aculture e il mondo*. Roma: Viella, 2009. p. 53-72.

HENRIQUES, Luiz Sérgio. Os correspondentes de Gramsci e os membros das famílias Gramsci e Schucht. In: GRAMSCI, Antonio. *Cartas do cárcere*. Volume 2: 1931-1937. Tradução de Luiz Sérgio Henriques; Organização de Carlos Nelson Coutinho e Luiz Sérgio Henriques. Rio de Janeiro: Civilização Brasileira, 2005. p. 61-69.

LIGUORI, Guido. "Classi subalterne" marginale e "classi subalterne" fondamentale in Gramsci. In: *Critica Marxista*, jul./ago., 2015. p. 41-48.

LIGUORI, Guido. Estado. In: LIGUORI, Guido; VOZA, Pasquale. (Org.). *Dicionário gramsciano*. Tradução de Ana Maria Chiarini, Diego Silveira Coelho Ferreira, Leandro de Oliveira Galastri e Silvia de Bernardinis; Revisão técnica de Marco Aurélio Nogueira. São Paulo: Boitempo, 2017. p. 261-264.

LIGUORI, Guido. Subalterno e subalterni nei "Quaderni del Carcere". In: *Internacional Gramsci Journal*, nº 2, v. 1, 2016. p. 89-125.

LIGUORI, Guido. Tre accezioni di "subalterno" in Gramsci. In: *Critica Marxista*, nº 6, nov./dez., 2011. p. 33-41

LOSURDO, Domenico. *Antonio Gramsci:* do liberalismo ao "comunismo crítico". Tradução de Teresa Ottoni; Revisão da tradução de Giovanni Semeraro. 2. ed. Rio de Janeiro: Revan, 2011.

MEZZINA, Domenico. Sardenha/sardos. In: LIGUORI, Guido; VOZA, Pasquale. (Org.). *Dicionário gramsciano*. Tradução de Ana Maria Chiarini, Diego Silveira Coelho Ferreira, Leandro de Oliveira Galastri e Silvia de Bernardinis; Revisão técnica de Marco Aurélio Nogueira. São Paulo: Boitempo, 2017. p. 720-722.

MODONESI, Massimo. *Subalternidad, antagonismo, autonomía:* marxismo y subjetivación política. Buenos Aires: Consejo Latinoamericano de Ciencias Sociales (CLACSO); Prometeo Libros, 2010.

MUSSI, Daniela. Antonio Gramsci e a questão feminina. In: DEL ROIO, Marcos; GALASTRI, Leandro. (Org.). *Gramsci e a verdade efetiva das coisas*. São Paulo: Expressão Popular, 2022. p. 403-435.

MUSSI, Daniela. *Política e cultura:* Antonio Gramsci e os socialistas italianos. In: Revista Outubro, São Paulo, nº 22, 2º semestre, 2014. p. 109-139.

MUSSI, Daniela; GOÉS, Camila. *Antonio Gramsci no centro e na periferia:* notas sobre hegemonia e subalternidade. In: Internacional Gramsci Journal, v. 2, nº 1, 2016. p. 271-328.

NERES, Geraldo Magella. *Política e hegemonia:* a interpretação gramsciana de Maquiavel. Curitiba: Ibpex, 2009.

RAPONE, Leonardo. *O jovem Gramsci:* cinco anos que parecem séculos (1914-1919). Tradução de Luiz Sérgio Henriques. Rio de Janeiro: Contraponto; Brasília, DF: Fundação Astrojildo Pereira, 2014.

SCHLESENER, Anita Helena. Maquiavel e a verdade efetiva das coisas: notas sobre a leitura gramsciana. In: DEL ROIO, Marcos; GALASTRI, Leandro. (Org.). *Gramsci e a verdade efetiva das coisas*. São Paulo: Expressão Popular, 2022. p. 25-43.

SCHLESENER, Anita Helena. *Revolução e cultura em Gramsci*. Curitiba: Ed. UFPR, 2002.

SECCO, Lincoln. Prefácio: à margem da história. In: DEL ROIO, Marcos. (Org.). *Gramsci:* periferia e subalternidade. São Paulo: Editora da Universidade de São Paulo, 2017. p. 15-19.

SEMERARO, Giovanni. *A concepção revolucionária da política em Gramsci:* uma análise do Caderno 13. In: Revista Movimento, Niterói, Rio de Janeiro, ano 4, nº 6, jan./jun., 2017. p. 34-53.

SEMERARO, Giovanni. *Da sociedade de massa à sociedade civil:* a concepção da subjetividade em Gramsci. In: Educação e Sociedade, ano XX, nº 66, abr., 1999. p. 65-83.

SEMERARO, Giovanni. Filosofia da práxis e as práticas político-pedagógicas populares. In: *Educação e Filosofia*, Uberlândia, v. 28, nº 55, jul./dez., 2014a. p. 131-148.

SEMERARO, Giovanni. Filosofia da práxis e (neo)pragmatismo. In: *Revista Brasileira de Educação*, nº 29, mai./ago., 2005. p. 28-39.

SEMERARO, Giovanni. *Gramsci e os movimentos populares:* uma leitura a partir do Caderno 25. In: Educação e Sociedade, Campinas, v. 35, nº 126, jan./mar., 2014b. p. 61-76.

SEMERARO, Giovanni. Intelectuais "orgânicos" em tempos de pós-modernidade. In: *Cadernos Cedes*, Campinas, v. 26, nº 70, set./dez., 2006. p. 373-391.

SILVA, Deise Rosálio. Gramsci e os intelectuais, dos orgânicos aos lorianos: uma faceta para pensar o bolsonarismo. In: *Educação em Revista*, Belo Horizonte, v. 38, 2022. p. 1-18.

SILVA, Renan Somogyi Rodrigues da. O trato filológico de Gramsci e seus usos. In: *Lutas Sociais*, São Paulo, v. 24, nº 45, jul./dez., 2020. p. 382-286.

SIMIONATTO, Ivete. *Classes subalternas, lutas de classes e hegemonia:* uma abordagem gramsciana. In: Katálysis. Florianópolis, v. 12, nº 1, jan. /jun., 2009. p. 41-49.

THOMAS, Peter. Cosa rimane dei subalterni alla luce dello "Stato integrale?". In: *Internacional Gramsci Journal*, v. 1, nº 4, jun., 2015. p. 83-93.

VACCA, Giuseppe. *Vida e pensamento de Antonio Gramsci:* 1926-1937. Tradução de Luiz Sérgio Henriques. Brasília: Fundação Astrojildo Pereira; Rio de Janeiro: Contraponto, 2012.

1ª edição	agosto 2024
impressão	eskenazi
papel miolo	pólen natural 80g/m^2
papel capa	cartão supremo 300g/m^2
tipografia	titling gothic e dante